1515
ET
LES GRANDES
DATES
DE
L'HISTOIRE
DE FRANCE

Les vignettes et les résumés qui les accompagnent sont issus de *L'Histoire de France à l'école*, de Désiré Blanchet et Jules Toutain, 26ᵉ édition, 1938, et reproduits avec l'aimable autorisation des éditions Belin.

ISBN : 2-02-067884-5

© Éditions du Seuil, février 2005

Le Code de la propriété intellectuelle interdit les copies ou reproductions destinées à une utilisation collective. Toute représentation ou reproduction intégrale ou partielle faite par quelque procédé que ce soit, sans le consentement de l'auteur ou de ses ayants cause, est illicite et constitue une contrefaçon sanctionnée par les articles L. 335-2 et suivants du Code de la propriété intellectuelle.

www.seuil.com

SOUS LA DIRECTION DE
ALAIN CORBIN

1515
ET
LES GRANDES DATES DE
L'HISTOIRE DE FRANCE
REVISITÉES PAR LES GRANDS HISTORIENS D'AUJOURD'HUI

Seuil

AVANT-PROPOS

Depuis quelques décennies, la chronologie a pratiquement cessé d'être mémorisée à l'école. De ce fait, le sens de la profondeur temporelle, les repères permettant de s'orienter dans la lecture du passé se sont estompés.

Auparavant, les maîtres s'efforçaient, avec plus ou moins de réussite, d'inculquer aux enfants, dès l'école primaire, la série de dates qu'ils estimaient avoir scandé l'histoire de France.

Nous avons soumis aux meilleurs spécialistes l'aide-mémoire chronologique, emprunté à l'un des manuels de l'entre-deux-guerres les mieux diffusés. Nous leur avons demandé de relire chacune de ces dates* du grand récit national à la lumière des acquis de la recherche la plus récente. Avant de revenir en fin de volume, avec Marc Ferro, Pierre Nora et Antoine Prost, sur le problème posé par l'affaissement de la chronologie, écoutons les historiens d'aujourd'hui commenter et déconstruire en partie le tableau naguère imposé à la mémoire des élèves. Tout commence ici en 600 avant J.-C., avec le débarquement des Phocéens sur les rivages de Marseille.

A. C.

---

* Nous reproduisons dans ce livre, pour chacune de ces dates, la gravure, le « récit à raconter » et/ou la « leçon à réciter » correspondants, tels qu'ils figurent dans le manuel retenu.

800 avant J.-C.

Les Grecs fondèrent Marseille, la grande cité phocéenne, la reine de la Méditerranée, 600 ans avant J.-C.

600 AVANT J.-C.
LA FONDATION DE MARSEILLE

La fondation de Marseille

« Vers 600 avant Jésus-Christ, des Grecs de la ville de Phocée, dans l'Asie, abordèrent en Gaule, près des bouches du Rhône. Ils furent accueillis avec bonté par le roi du pays. Leur chef, Euxène, fut invité à prendre part à un grand festin, que le roi offrait aux jeunes nobles gaulois pour le mariage de sa fille, Gyptis. Celle-ci devait choisir un époux parmi les convives.
Elle présenta une coupe pleine à Euxène et le désigna ainsi au choix de son père. Le roi gaulois crut que cet étranger était envoyé par les dieux et il l'accepta pour gendre. Il lui donna tout le rivage du golfe. Euxène y bâtit la ville de Marseille, qui devait être la reine de la Méditerranée.
Les Grecs de Marseille fondèrent des colonies sur tout le littoral. Les principales étaient Arles, Antibes, Nice et Monaco. »

600 : ce chiffre rond – d'une rondeur qui masque une approximation qu'archéologues et historiens s'accordent à trouver correcte – marque, de façon symbolique, les noces de ce qui sera la France et de la Méditerranée. Ou plutôt, de façon plus précise, l'union des peuples venus du Nord avec la plus brillante des civilisations méditerranéennes, celle dont chacun se plaît à se déclarer l'héritier, la civilisation grecque. En passant allégrement par-dessus plusieurs siècles de présence romaine, à dire vrai longtemps sujet de discorde dans l'historiographie française : qui saura jamais si la conquête romaine a brisé les ailes d'une civilisation gauloise en plein essor ou si, au contraire, elle a permis à la Gaule d'échapper à sa barbarie originelle et d'entrer de plain-pied dans la civilisation ? Pour l'arrivée des Grecs à Marseille, nul débat de cet ordre : les noces de Gyptis et de Prôtis (d'après les noms que leur donne Justin, mais Aristote, dans la *Constitution des Massaliètes*, les appelle Petta et Euxenos) ne provoquent ni la colère des indigènes délaissés ni l'arrogance de l'étranger vainqueur.

Dans l'imagerie de la France du XIXe siècle, l'épisode fut maintes fois repris et il vaudrait la peine d'en analyser les images diverses. Celle qui est proposée ici oppose les indigènes blonds et moustachus, tout semblables à l'image que l'on se faisait alors des Gaulois, aux Grecs bruns à la barbe soignée, faisant ainsi cohabiter dans une heureuse harmonie deux composantes de la nation française. Double illusion qui aide sans doute à fonder l'identité nationale, mais qui ne correspond pas aux réalités de l'histoire. D'une part, parce que les indigènes de la côte provençale n'ont, à cette date, rien à voir avec les Gaulois venus plus tard et, d'autre part, parce que l'élément grec dans le peuplement de la France méridionale reste d'une extrême modestie. Mais cela n'empêche pas la fondation de Massalia par les Grecs de représenter un moment important de l'histoire nationale : Marseille la Grecque jouit ainsi d'une antériorité sur toutes les autres, y compris sur Lyon la Romaine.

L'arrivée des Phocéens, des Grecs d'Asie Mineure chassés de chez eux par « l'exiguïté et l'aridité du sol » (Justin), se situe sans doute autour de 600, vers la fin d'une période commencée vers 770 qui a vu de nombreux Grecs quitter le bassin égéen pour trouver des terres nouvelles autour de la mer Noire, en Thrace, en Italie du Sud, en Sicile, sur les côtes méditerranéennes de la Gaule, de l'Espagne, de la Libye. La fondation de Marseille s'inscrit donc dans le mouvement général de ce que l'on nomme la « colonisation grecque ». Le choix du site ne se fit sans doute pas au hasard et rappelle, d'une certaine manière, le site de Phocée même, une baie fermée par quelques îlots. Bien que nombre d'auteurs anciens placent cette fondation en relation avec la conquête perse de l'Asie Mineure en 546, il est assuré que la ville est plus ancienne et les Phocéens qui fuirent alors fournirent au mieux un renfort à la cité occidentale fondée vers 600.

Mais Marseille diffère à bien des égards de la plupart des autres colonies grecques de cette époque. Alors que partout ou presque les colons cherchent des terres à cultiver, à Marseille la nouvelle fondation ne fut longtemps qu'un comptoir isolé, sans territoire étendu, conçu comme un relais favorable au commerce.

Le lieu choisi n'est pas sans avantage : un promontoire rocheux au nord d'une profonde crique (l'actuel Vieux-Port) où se jettent deux minuscules fleuves côtiers, le Lacydon et la Frache. L'ensemble de l'arrière-pays n'est que faiblement occupé par de petites communautés d'agriculteurs-éleveurs dispersées, occupant de préférence des sites en hauteur à quelque distance de la mer, des Ligures peut-être en partie mélangés à des populations alpines.

La nouvelle cité, assez tôt fortifiée et équipée d'un port aménagé, ne dispose en revanche que d'un très petit territoire puisque, à quelques kilomètres vers le nord et vers l'est, existent des établissements indigènes qu'elle ne contrôle pas. Bien disposée pour la vigne et l'olivier, Marseille dépend donc du commerce, y compris pour son approvisionnement en blé. Durant le VIe siècle avant J.-C., elle est sans doute partie prenante dans le commerce de l'étain qui vient de Grande-Bretagne par la vallée de la Seine et de la Saône. Mais les bouleversements qui affectent alors la Gaule perturbent ce trafic. Marseille paraît, à partir de la fin de ce siècle, tourner le dos à la Gaule. Sa zone d'influence économique directe (diffusion de ses monnaies et de ses amphores) ne dépasse guère la vallée de la Durance au nord. En revanche, elle développe un commerce maritime actif, et des explorateurs massaliètes partent reconnaître les côtes de l'Afrique et de l'Europe du Nord-Ouest. Cependant, transitent par Marseille les marchandises venues de tout le sud de la Gaule, alors que les Massaliètes établissent un réseau de postes militaires côtiers tels Agde (fin Ve siècle), Olbia (vers 330), Tauroeis près de Brusc (courant IIIe siècle), Nice (entre 260 et 154) et Antibes (IIe siècle). Les Massaliètes diffusent leurs propres vins, mais aussi ceux d'Italie dans une partie de la Gaule du Sud.

Un changement capital intervient après les guerres puniques (IIIe siècle avant J.-C.) au cours desquelles les Massaliètes ont soutenu Rome contre Carthage. En récompense, les Romains leur confient un large territoire côtier, à dire vrai souvent mal pacifié, ce qui oblige Rome à intervenir militairement à plusieurs reprises. En réalité, le territoire civique de Marseille s'étend sur les plaines voisines d'Aubagne et de Marignane. Mais, déjà, Rome s'installe dans l'arrière-pays (fondation d'Aix en 124-123, de Narbonne en 118), diminuant les possibilités réelles d'expansion de la cité phocéenne. Lorsque Marseille choisit le camp de Pompée contre César, en 49, cela lui vaut un siège de plus de six mois et la privation de l'essentiel de ses possessions ; la ville entre désormais dans la dépendance de Rome.

Il est difficile de mesurer l'influence exacte de Marseille sur le reste de ce qui devint la France. « Tous les citoyens de bonne famille s'adonnent à l'art oratoire et à la philosophie, au point que leur cité servait tout récemment d'école pour les barbares, qu'elle faisait des Gaulois des philhellènes et que ces derniers ne rédigeaient plus leurs contrats qu'en grec », prétend Strabon à l'époque d'Auguste. Et

Justin, résumant l'historien gaulois Trogue Pompée, d'écrire: « Par eux donc, les Gaulois apprirent, en abandonnant et en adoucissant la barbarie, l'usage d'une vie plus cultivée, la culture des champs et à entourer les villes de remparts. » Les historiens ont tendance aujourd'hui à minimiser le rôle de Marseille dans la diffusion des objets et des habitudes grecques en Gaule. Ainsi, le célèbre cratère de Vix, daté de la fin du VIe siècle, fabriqué probablement en Italie du Sud, a pu gagner directement la haute vallée de la Seine à travers les Alpes. Il en va ainsi de nombre d'objets étrusques dispersés en Gaule du Nord. Certes, la cohabitation entre Grecs de Marseille et indigènes a diffusé l'usage du grec, et l'on connaît un assez grand nombre d'inscriptions gallo-grecques, c'est-à-dire de textes en caractères grecs transcrivant du gaulois. Mais l'aire de diffusion de ces textes est limitée, d'Arles à Orange et aux Alpilles. De même, certaines constructions de la région (Saint-Blaise, l'oppidum de Constantine à Lançon, Glanum) peuvent avoir été réalisées par des Grecs de Marseille pour des populations indigènes, ou sous leur influence, mais là encore il s'agit de sites proches de la ville grecque. En réalité, Marseille a sans doute beaucoup commercé, mais Grecs et indigènes sont restés largement étrangers les uns aux autres, jusqu'à la conquête romaine et au-delà. Au IVe siècle après J.-C., l'auteur de la carte dite « de Peutinger » désigne encore la ville comme « Massalia des Grecs » : on ne saurait mieux dire combien elle resta tournée vers le mer plus que vers la Gaule.

Maurice Sartre

de l'an 5850 à l'an 5050 avant J.-C.

Vers l'an 50 avant J.-C., Jules César, à la tête de légions romaines, conquit la Gaule.

DE L'AN 58 À L'AN 50 AVANT J.-C.
CONQUÊTE DE LA GAULE INDÉPENDANTE PAR LES ROMAINS

JULES CÉSAR

« Le général romain, Jules César, le conquérant de la Gaule, était très ambitieux. Un jour, il passait dans un petit village des Alpes habité par une population misérable : "J'aimerais mieux, dit-il à ses amis, être le premier dans ce village que le second à Rome."
Il avait confiance en sa destinée. Une fois, traversant la mer sur une frêle barque, il fut assailli par une violente tempête. Le pilote était effrayé.
"Ne crains rien, lui dit-il, tu portes César et sa fortune." »

Vercingétorix

*« Vercingétorix, roi des Arvernes (Auvergne), l'adversaire de César,
a été un grand patriote. Il était brave, courageux et fier. Il sacrifia
ses biens et sa vie pour défendre son pays contre les Romains.
Les Gaulois qui se rendirent à l'appel de Vercingétorix étaient courageux
comme lui. Malheureusement ils étaient désunis et ils ne se soumettaient
à aucune discipline. Ce fut la cause de leur défaite. »*

La mort de Vercingétorix

*« Vercingétorix se défendit longtemps dans Alésia
(aujourd'hui Alise-Sainte-Reine dans la Côte-d'Or).
Quand tout espoir fut perdu, il se présenta à cheval au camp de César,
et, sans dire un mot, il jeta fièrement ses armes aux pieds du vainqueur.
César, impassible et cruel, fit garrotter le vaincu et l'envoya à Rome,
chargé de chaînes. Puis il le fit mettre à mort.
L'Auvergne a élevé une statue à Vercingétorix, le héros du patriotisme. »*

La date retenue dans ce manuel de l'école primaire de l'entre-deux-guerres est intéressante à plus d'un titre. Elle rappelle, d'une part, la confrontation entre deux mondes, l'un centré en Méditerranée, la République romaine largement héritière de la culture grecque, l'autre issu des grandes plaines de l'Europe du Nord, composé en bonne part de Celtes. Elle oppose également deux sociétés dont l'une a pu s'exprimer dans de nombreux écrits, c'est le cas de Rome, et le commentaire de *La Guerre des Gaules* écrit par le général vainqueur, Jules César, en est un beau témoignage, alors que l'autre parti, les Gaulois, n'a laissé aucun texte : les témoignages sur leur langue viennent de tablettes écrites en caractères grecs, appris au contact des Marseillais, mais avec des mots qui ne sont en rien empruntés à la langue grecque.

DE L'AN 58 À L'AN 50 AVANT J.-C.

La réalité de ce conflit entre Gaulois et Romains est bien différente des images d'Épinal longtemps proposées aux jeunes élèves descendants des Gaulois. Au IIe siècle avant J.-C., le territoire français est habité par des populations très diverses : Ligures et Ibères sur la côte méditerranéenne, Grecs de Marseille et de toutes les fondations coloniales, d'Agde à Nice, Celtes surtout établis dès le IIe millénaire avant notre ère en Europe centrale, rayonnant largement du Danube à l'Espagne, à partir d'un foyer central situé en Bohême et en Bavière. Certains de ces Celtes s'établissent dans la basse vallée du Pô et surprennent Rome en 387, tandis que d'autres franchissent en 280 la frontière septentrionale de la Macédoine, pillent la Grèce jusqu'à menacer le sanctuaire de Delphes ; ces envahisseurs repartent avec leur butin, comme des nomades, vers le Danube, une partie d'entre eux, défaits par Antigone Gonatas en 277, sont établis au centre de l'Asie Mineure, en Grande Phrygie qui devient le pays des Galates. Mais ces populations ne constituent pas une entité politique, elles sont divisées en de nombreux États distincts, en peuples ou tribus séparés et souvent opposés les uns aux autres.

La Gaule qu'envahit César en 58 n'est pas un pays sous-développé ; elle est très peuplée pour l'époque, de neuf à dix millions d'habitants, soit beaucoup plus que l'Italie ou l'Égypte. La société paraît dominée par une noblesse guerrière, autour de laquelle gravite toute une clientèle d'hommes et de femmes, qui comptent sur ces puissantes familles pour assurer leur sécurité. La population vit en villages, mais certains habitent des *oppida* fortifiés, qui sont à la fois centres administratifs, sites défensifs et refuges pour les paysans du voisinage, marchés, centres artisanaux, lieux de culte. Certains *oppida* sont vastes et peuvent prétendre au nom de villes : Bibracte, capitale des Éduens au mont Beuvray, peut abriter dix mille habitants sur plus de deux cents hectares ; elle dispose d'un bon réseau de voies, d'un artisanat actif. Avaricum (Bourges) est qualifié de ville *(urbs)* par César, elle a une superficie proche de cent hectares. Villejoubert, chez les Lémovices, a une surface de trois cents hectares.

Dans les campagnes, la forêt est en recul du Ve au Ier siècle avant J.-C., au profit de l'agriculture. Celle-ci produit des céréales, des légumineuses, des arbres fruitiers comme le prunier. L'élevage de bovins est prospère, ainsi que celui des ovins et des porcins. Strabon, au Ier siècle avant J.-C., évoque les exportations de porc salé et de mouton de Gaule vers Rome. L'artisanat est très actif, notamment la métallurgie du fer : les armes gauloises sont réputées pour leur solidité.

À l'arrivée de César en Gaule, en 58, la Province romaine, conquise de 125 à 118, comprend tout le Midi méditerranéen et la zone alpine jusqu'au territoire des Allobroges souvent en révolte. Les vallées du Rhône et de la Saône ont été les voies de pénétration économique et politique de Rome : les Éduens sont les alliés du peuple romain. Des monnaies d'argent frappées sur l'étalon du denier romain portent au droit l'effigie de la déesse Rome. Les amphores de vin italien retrouvées en Gaule prouvent l'importance des échanges entre l'Italie et la Gaule et les fouilles sous-marines témoignent de ce commerce un siècle avant la conquête romaine.

Le projet d'émigration des Helvètes à travers le nord de la Province romaine entraîne l'intervention de César. Celui-ci joue habilement des rivalités entre tribus celtes, il sait s'assurer le soutien de certaines d'entre elles qui lui fournissent des contingents militaires, tandis qu'il entretient un parti proromain chez d'autres. Néanmoins les exigences du proconsul, les réquisitions et les levées en hommes imposées par les Romains provoquent une révolte en 52 avant J.-C. Les principaux peuples de la Gaule s'allient sous le commandement du chef arverne Vercingétorix, mais certains comme les Rèmes et les Lingons restent alliés de César.

Après un succès à Gergovie, Vercingétorix gagne Avaricum puis s'enferme dans Alésia (Alise-Sainte-Reine), position qu'il juge imprenable. Il y attend l'arrivée d'une armée gauloise destinée à prendre à revers les Romains. La famine et l'échec des renforts contraignent Vercingétorix à se rendre. Le récit de César est bref sur cette scène : « Il ordonne qu'on lui remette les armes, que les chefs lui soient amenés. Lui-même prit place dans ses retranchements, devant son camp ; c'est là que les chefs lui sont amenés ; Vercingétorix lui est livré ; les armes sont jetées devant lui. » Vercingétorix a été le chef éphémère d'une coalition fragile. Les divergences entre chefs de tribus n'ont pas favorisé sa cause et les qualités militaires des légions romaines ont fait le reste.

La victoire de César entraîne une provincialisation de la Gaule au sein de la République romaine, bientôt transformée en Empire romain. La Gaule chevelue est, par la suite, partagée en trois provinces impériales – Belgique, Lyonnaise, Aquitaine –, mais son unité est proclamée par la création du culte de Rome et d'Auguste au confluent de la Saône et du Rhône. La romanisation se poursuit rapidement, comme en témoigne la Table claudienne à Lyon, qui révèle l'aspiration des élites gauloises à entrer au Sénat romain.

César a, en réalité, fabriqué un pays celte réduit à la partie occidentale, limitée par la frontière rhénane, et qualifié de Germains tous les peuples établis à l'est du Rhin. Cette Gaule est une invention de César, car les mêmes peuples celtes s'étendaient jusqu'au Danube. Il a voulu que sa conquête soit perçue comme un ensemble homogène, doté d'une frontière naturelle, le Rhin. Si César a, ainsi, faussé la réalité historique, il faut bien dire que, par la suite, l'interprétation de ces événements a aggravé la situation.

La naissance de l'histoire de France est récente. Traditionnellement, les rois de France descendaient des Francs et, parallèlement, cherchaient à établir une continuité avec Rome, notamment avec Auguste. Au XIXe siècle, on redécouvre les Gaulois, souvent à travers *La Guerre des Gaules* de César ; c'est une époque où la notion de frontières naturelles satisfait les nationalismes et, plus encore, l'opposition aux Germains. C'est à César qu'est empruntée la définition de la Gaule. Napoléon III se passionne pour les campagnes militaires de César, en Grèce à propos de la guerre contre Pompée et la bataille de Pharsale, comme en Gaule (fouille de Bibracte, d'Alise-Sainte-Reine et de Gergovie). Les Gaulois intéressent l'Empereur dans la mesure où ils s'opposent à César. Mais il faut conjuguer les deux courants, le romain et le gaulois. Le premier représente la civilisation ; le Gaulois, lui, est représenté comme vaillant, farouche, désordonné, batailleur. La civilisation ne pouvait pas ne pas l'emporter sur ce peuple gai et sympathique, mais divisé.

C'est à partir de là que les manuels de l'enseignement primaire, sous la IIIe République, enseignent aux enfants cette vision étonnante de l'histoire de nos ancêtres et font de Vercingétorix le chef malheureux d'une lutte qui ne pouvait s'achever que par la victoire de la civilisation sur la barbarie. On pouvait presque ajouter : bienheureuse défaite qui a permis à la civilisation de pénétrer en Gaule.

Pierre Cabanes

DE L'AN 58 À L'AN 50 AVANT J.-C.

Vaincu à Alésia, Vercingétorix se rendit à César qui le fit mourir.

Le roi Mérovée, vainqueur d'Attila, roi des Huns, donna son nom à la dynastie mérovingienne.

451
LE ROI MÉROVÉE, VAINQUEUR D'ATTILA, ROI DES HUNS

Le roi Mérovée

« Un des rois francs, Mérovée, s'illustra par sa victoire sur Attila, roi des Huns, à Châlons-sur-Marne. Il donna son nom à la dynastie des rois mérovingiens.
Les Huns étaient un peuple sauvage, venu de l'Asie.
Ils avaient la peau jaune, la figure plate et osseuse, les cheveux noirs.
Ils vivaient presque toujours à cheval.
Leur roi Attila était farouche et cruel. Il disait que l'herbe ne poussait plus là où avait passé son cheval. À la nouvelle de son arrivée, la terreur se répandit dans la Gaule. Les Parisiens voulaient quitter leur ville. Sainte Geneviève les en empêcha. Attila, vaincu par Mérovée, quitta la Gaule. »

La victoire sur les Huns d'Attila, attribuée au roi Mérovée, est la troisième grande date de l'histoire de France proposée, après la fondation de Marseille, qui rappelle la présence de Grecs, et la conquête de la Gaule par les Romains. Voici donc les Barbares, la troisième strate d'une histoire de l'Occident, après les Grecs et les Romains. Les Gaulois « indépendants » n'ont été qu'à peine évoqués. Mérovée est désigné comme « un roi des Francs », sans autre précision, qui « donna son nom à la dynastie des rois mérovingiens » : il fallait passer par Mérovée pour entrer dans l'histoire de France. La barbarie n'est évidemment pas de son côté, même si rien n'est dit de ses rapports éventuels avec les Gallo-Romains. Il est d'abord le vainqueur du barbare par excellence, Attila, roi des Huns, celui dont le cheval avait la particularité de ne pas laisser repousser l'herbe là où son sabot avait frappé le sol. Les Huns « vivaient presque toujours à cheval » et c'est à cheval, sur de fougueuses montures, leurs lances prêtes à l'attaque, qu'Attila et ses hommes sont représentés sur la vignette. « Venus de l'Asie », ils sont coiffés, à l'orientale, d'une sorte de turban et le mouvement frénétique qui les agite caractérise bien ce roi « farouche et cruel » et son armée.

En regard, la vignette présentant Mérovée et ses Francs est toute de tranquille placidité. Les guerriers reposent fermement sur leurs deux pieds. Lances et boucliers sont au repos. On observe les armes caractéristiques : l'épée, le scramasax ou grand couteau et la fameuse francisque, hache de jet à un seul tranchant, contrairement à celle d'une certaine médaille. Ces Francs portent un vêtement et des casques plus gaulois que francs : les armes mises à part, ce Mérovée-là a quelque chose de Vercingétorix.

451

Dans le « récit à raconter », un troisième personnage bénéficie de deux courtes phrases : « Les Parisiens voulaient quitter la ville. Sainte Geneviève les en empêcha. » Admirable concision du récit qui pouvait laisser les élèves perplexes, sans les explications du maître que l'on peut imaginer différentes selon que l'on a affaire à un maître de « la laïque » ou de « l'école libre ».

Reste la date et le lieu : 451, à Châlons-sur-Marne, devenue naguère Châlons-en-Champagne. La date n'est pas douteuse et le lieu non plus, même si « entre Châlons-sur-Marne et Troyes » eût été plus précis. Les auteurs n'ont pas retenu la désignation « Champs catalauniques », traditionnelle dans les manuels.

Au regard de l'état actuel de la recherche, la victoire définitive sur les Huns en 451 reste une date importante. Mais victoire de qui ? Sans doute pas de Mérovée, qui est un ancêtre mythique des Francs. Victoire de certains Francs peut-être, mais certainement pas des Francs en général, ni des Francs tout seuls. Les Francs qui ont participé à la victoire sont intégrés dans l'armée romaine sous le commandement du maître de la milice Aetius.

Il faut abandonner la représentation des « grandes invasions » par les peuples barbares qui auraient pénétré en force à l'intérieur d'un empire romain qu'ils détruisent. Il y a certes une accélération de la pénétration barbare dans l'Empire aux Ve et VIe siècles, liée précisément à l'arrivée des Huns en Europe centrale, mais le phénomène est plus ancien et, depuis le IIIe siècle au moins, des contingents barbares sont embauchés dans l'armée romaine dont ils finissent par constituer la presque totalité. Et nous savons aujourd'hui qu'il n'y a pas de peuples barbares tout constitués comme des nations modernes (encore moins évidemment en tant que races) : tous ces peuples sont des nébuleuses de tribus plus ou moins alliées, qui progressivement, une fois entrées dans l'Empire, vont se constituer en royaumes, wisigoth, ostrogoth, burgonde ou franc, et prendre alors conscience de leur existence en tant que peuples. On qualifie ce processus d'ethnogenèse.

De fait, l'affrontement de 451 n'est pas du tout un affrontement entre les Francs et les Huns, mais un affrontement entre, 1) ce qu'il reste d'autorité romaine en Gaule en la personne du maître de la milice Aetius, qui a réussi à fédérer autour de lui des éléments wisigoths – avec leur roi Théodoric qui sera tué dans la bataille –, burgondes, alains, saxons et… francs du Nord, appelés Francs saliens ; 2) Attila, à la tête de ses Huns qui ont fédéré aussi des Ostrogoths, des Gépides, des Thuringiens, mais aussi des Burgondes ou même des Francs (du Rhin, ceux-là). Aetius n'avait d'ailleurs sans doute pas les moyens d'exploiter la victoire et il renvoya immédiatement chez eux les contingents, wisigoths vers le sud et francs vers le nord.

Mais ce qui est manifeste en 451, c'est que monde romain et monde germanique sont étroitement imbriqués et s'affirment ensemble, dans ce qui commence à être une communauté culturelle romano-germanique, face à ces Asiatiques que sont les Huns, peuple turco-mongol dit-on en faisant vite, dont l'histoire est très discutée, mais qui appartient incontestablement à une autre aire culturelle. La description donnée dans le manuel s'inscrit dans la tradition de l'historien romain du IVe siècle Ammien Marcellin. Le fait que les Huns se soient agrégés des éléments germaniques soumis ne leur enlève pas ce caractère dominant : ils n'ont pas eu d'avenir en Occident.

L'épisode de sainte Geneviève, dont l'étude a été entièrement renouvelée depuis trente ans, rappelle que cette vierge consacrée aurait, par ses prières et celles de ses compagnes, galvanisé le courage des hommes qui voulaient fuir la défense de Paris : Clovis, un peu plus tard, se fait inhumer auprès d'elle sur la montagne parisienne qui porte son nom. Celle qui, au XVe siècle, était devenue une bergère originaire de Nanterre appartenait en fait à une famille de l'aristocratie gallo-romaine, possédait de grands biens dans la région et exerçait très normalement de hautes responsabilités à la tête de la cité de Paris, dont celle de la défense.

451, victoire sur les Huns d'Attila, victoire d'un Occident romano-germanique sur l'Asie : voilà un point d'accroche important pour une histoire de l'Europe plus que pour une histoire de France. Il faut en effet renoncer au rôle de Mérovée et des Francs… qui ne sont rattachés à l'épisode que parce que Clovis a fait de sainte Geneviève, un demi-siècle plus tard, la protectrice de la royauté qu'il avait établie.

Michel Sot

de 1801 à 1511 après J.-C.

Le roi Clovis, vainqueur à Tolbiac, se fit chrétien et conquit la Gaule.

DE 481 À 511 APRÈS J.-C.
CONQUÊTE DE LA GAULE ROMAINE PAR CLOVIS, ROI DES FRANCS

Le baptême du roi Clovis

« Le roi Clovis, à la bataille de Tolbiac, avait juré que, s'il était vainqueur, il se ferait chrétien. Il tint sa promesse. Il reçut le baptême, dans la cathédrale de Reims, des mains de l'évêque saint Rémi. Trois mille Francs imitèrent son exemple. Ce fut un grand événement. Clovis devint alors le protégé des évêques, il fut appelé par tous les chrétiens de la Gaule ; avec leur alliance, il vainquit les Burgondes et les Wisigoths, qui étaient païens, et établit dans tout le pays la domination des Francs. »

Dans la liste des dates à retenir, de même que les Romains avaient conquis la Gaule « indépendante » de 58 à 50 avant J.-C., de même, Clovis, roi de Francs, conquiert la Gaule « romaine » de 481 à 511. Ces deux dernières dates sont bien celles du règne de Clovis. Un événement retient toute l'attention : le « récit à raconter » est consacré pour moitié au fait que Clovis « se fit chrétien », ce qui lui permit la conquête de la Gaule grâce à la protection des évêques. « Avec leur alliance, il vainquit les Burgondes et les Wisigoths qui étaient païens et établit dans tout le pays la domination des Francs. » Après le baptême, et grâce à lui, la conquête ! Mais cette dernière phrase comporte beaucoup d'erreurs factuelles : les Burgondes et les Wisigoths n'étaient pas païens mais chrétiens hérétiques (ariens) et si Clovis a bien conquis le sud-ouest de la Gaule sous domination wisigothique, il n'a pas pu conquérir le Sud-Est, sous domination burgonde, qui ne deviendra franc que vingt ans après sa mort.

La vignette est plus mystique puisque Clovis est présenté en position d'orant (à cheval, il est vrai, et la hache à la main !), les yeux tournés vers le ciel d'où il implore le salut sous forme de victoire. C'est ce que met en valeur l'illustration, par ailleurs très fantaisiste dans sa représentation des armes, qu'il s'agisse des boucliers, des haches et surtout des flèches qui font plutôt penser à celles des Indiens d'Amérique, à la rigueur à celles des Anglais pendant la guerre de Cent Ans. Cette image, comme le récit qui est donné du marché passé avec Dieu (la victoire en échange de la conversion), est conforme à ce qu'écrivait, un siècle après les événements, l'évêque Grégoire de Tours, lu ici au premier degré.

Conquête de la Gaule par les Francs et conversion de Clovis : où en sommes-nous ?

DE 481 À 511 APRÈS J.-C.

Il est établi que Clovis a succédé à son père Childéric, roi des Francs saliens d'un petit royaume de Tournai, sans doute en 481. Childéric, comme Clovis après lui, est le chef d'une troupe armée importante, qui s'emploie au service des Romains. Il défend pour eux la province de Belgique seconde qui occupe un vaste triangle dont l'un des sommets serait Reims, les deux autres l'embouchure de la Somme et celle du Rhin. Quand Clovis succède à Childéric, de bonnes relations sont établies entre aristocratie barbare et aristocratie romaine, qui se reconnaissent mutuellement : dans cette aristocratie, les évêques jouent un rôle important, et parmi eux, l'évêque Remi de Reims avec lequel Clovis correspond très courtoisement. Sur la demande du prélat, Clovis rendra le fameux « vase de Soissons », volé dans une église. Ni le paganisme de l'un ni le christianisme de l'autre n'apparaissent comme des obstacles à leurs bonnes relations. Dans un processus de fusion sociale et d'acculturation réciproque entre Romains et Barbares, Clovis va entrer dans la religion des Romains (le christianisme orthodoxe), comme son père Childéric était entré dans l'armée des Romains. Les Francs avec eux.

Il ne faut d'ailleurs pas s'imaginer que c'est un peuple constitué qui pénètre un jour dans l'Empire romain, mais un ensemble de tribus regroupées principalement au nord de la Gaule (les Francs saliens) et sur le Rhin moyen (les Francs du Rhin ou ripuaires). Clovis, roi des premiers, élimine par le fer tous les autres chefs de tribus et se fait reconnaître comme seul roi de l'ensemble. Il n'y a pas non plus de défense romaine unifiée, et Clovis, par sa victoire de Soissons en 486, défait Syagrius, dernier officier romain qui s'était constitué une sorte de petite principauté, peu différente des chefferies barbares. Ainsi peut-il s'avancer jusqu'à la Seine et à Paris où il s'installe dans le prétoire romain, avant de faire construire une basilique des Saints Apôtres, ceux de Rome.

Reconnu comme roi par les Francs du Rhin, il affronte les Alamans voisins à la bataille de Tolbiac ; c'est là que se situerait l'épisode représenté sur la vignette et venu directement de Grégoire de Tours. Ce dernier était un évêque lettré qui connaissait le récit de la conversion de l'empereur Constantin – le premier empereur romain chrétien – qui, à la bataille du pont Milvius en 312, avait vu dans le ciel une croix, le signe par lequel il vaincrait. C'est cet épisode qui sert de modèle à Grégoire, près de cent ans après l'événement : par la façon dont il présente la conversion de Clovis, il entend bien faire de lui un nouveau Constantin. L'historien ne peut plus prendre pour argent comptant le récit du baptême de Clovis par Grégoire de Tours comme on l'a fait dans ce manuel. Aucune source ne lui permet de parler de la foi personnelle de Clovis ni donc de sa conversion. Il ne peut que prendre acte de son inscription par le baptême dans une culture romaine, dont le christianisme orthodoxe était la composante essentielle.

Le christianisme orthodoxe et non pas hérétique. La situation religieuse en Gaule au moment de l'entrée de Clovis en christianisme s'organise autour de trois pôles. Le premier est le christianisme orthodoxe, défini au concile de Nicée en 325, qui avait condamné comme hérétique la doctrine du prêtre Arius. Ce christianisme orthodoxe est la religion des Romains et donc des Gallo-Romains. Le deuxième pôle, c'est justement l'hérésie d'Arius, qui s'est diffusée dans de nombreux peuples barbares, en particulier les Wisigoths et les Burgondes qui ont constitué les deux grands royaumes de la moitié sud de la Gaule. Le troisième pôle, c'est le paganisme, qui fait référence à des divinités germaniques et dont les Francs sont ici les représentants. On a crédité encore récemment Clovis d'avoir fait « le bon choix » : s'il s'était converti à l'arianisme comme les autres barbares, la France aurait été définitivement hérétique...

L'historien se doit de prendre une juste mesure des phénomènes religieux, qui ne peuvent être isolés de leur contexte social et culturel. Clovis ne s'est pas expliqué sur son choix et l'historien ne peut le faire à sa place. Mais il relève que les barbares, venus de l'extérieur en ordre dispersé, se sont installés dans un Empire romain dont la plus solide structure était l'Église et son encadrement épiscopal, et dont la culture latine était une culture chrétienne orthodoxe. Les nouveaux venus, même lorsqu'ils se sont constitués en royaumes, sont restés des minorités : qu'ils aient été païens ou hérétiques, ils sont, comme Clovis, entrés tôt ou tard en christianisme orthodoxe.

De 481 à 511, la Gaule romaine et chrétienne a conquis Clovis et les Francs.

Michel Sot

Charles Martel vainquit les Arabes à Poitiers en 732.

732
CHARLES MARTEL, CHEF DES FRANCS, GAGNE SUR LES ARABES LA BATAILLE DE POITIERS

Les ancêtres de Charlemagne
(1ʳᵉ partie)

« Les deux plus illustres ancêtres de Charlemagne
furent Charles Martel et Pépin le Bref.
Charles Martel sauva la Gaule de l'invasion des Arabes.
Ce peuple fanatique et guerrier avait conquis l'Espagne et, après avoir
franchi les Pyrénées, menaçait le royaume des Francs. Charles Martel
les arrêta à Poitiers. Les Arabes se brisèrent contre la résistance des
guerriers francs, solides comme un mur. Alors le désordre se mit parmi eux.
Charles frappa les fuyards de sa hache d'armes comme avec un marteau.
De là son surnom de Martel. »

Deux personnages se font face, figures emblématiques d'une bataille qui vit en 732 la victoire, entre Poitiers et Tours, des armées franques sur une expédition arabe. Si le choc entre des cavaliers arabes, très mobiles, harcelant l'ennemi d'une nuée de flèches, et des fantassins francs présentant un front uni est ici transformé en combat singulier, c'est qu'il convenait d'illustrer le courage et la résistance de Charles Martel, dessiné de dos, héros auquel le jeune élève est appelé à s'identifier, face à l'Arabe, dressé de face, incarnant à lui seul le peuple envahisseur, mais dont le cheval semble déjà prêt à prendre la fuite. Si le dessin de l'Arabe puise au registre des représentations du Turc dans l'iconographie occidentale de la fin du Moyen Âge, avec le sabre court, le turban, les étriers, le croissant comme emblème de l'islam, si un bouclier rond marqué d'une croix a été ajouté aux armes traditionnelles des Francs – la francisque et l'épée – pour doter déjà Charles Martel de l'insigne de la croisade, c'est qu'il convenait de présenter la bataille de Poitiers comme le premier des affrontements entre islam et chrétienté.

Pourtant, hormis la référence à la prédication de la première croisade en 1095, ce manuel ne fait aucune mention des temps forts de cette longue histoire faite de conflits et d'échanges. 1535 : l'alliance entre François Ier et Soliman le Magnifique ouvrant l'Empire ottoman aux négociants, diplomates et voyageurs ; 1798 : l'expédition française d'Égypte marquant le début de l'impérialisme occidental ; 1830 : la conquête de l'Algérie après le célèbre coup d'éventail*.

---

* *Coup d'éventail : en 1827, le dey Hussein Pacha frappa au visage avec son chasse-mouche le consul général de France, Deval. Cette insulte est à l'origine de l'expédition d'Alger (1830), qui marqua le début de la conquête.*

Pourquoi ces dates n'ont-elles pas été retenues ? Sans doute parce que les auteurs, qui écrivent pourtant aux heures de gloire des colonies, mais aux lendemains de la Première Guerre mondiale, conçoivent une histoire de France limitée aux contours de l'Hexagone.

Or, c'est bien pour l'histoire de France, et pour elle seule, que la bataille de Poitiers fut décisive, ou, plus justement dit, considérée comme décisive. Un petit détour par les sources arabes en fournit la preuve. Les armées arabes, dont les rangs étaient largement grossis de contingents berbères, avaient conquis l'Espagne wisigothique de 711 à 716, puis avaient étendu leur domination sur la Septimanie, avec la prise de Narbonne en 720. Les gouverneurs qui se succédaient à Cordoue lancèrent alors des expéditions vers la Gaule. Les chroniques arabes d'Espagne en mentionnent brièvement trois qui furent des défaites et entraînèrent la mort du gouverneur : la première en 721 opposa sous les murs de Toulouse le gouverneur al-Samh à Eudes, prince d'Aquitaine ; la deuxième en 733 (ou 732) vit la mort du gouverneur 'Abd al-Rahman à la « Chaussée des martyrs » (selon la traduction habituelle, aujourd'hui discutée) ; et la troisième en 737, qui visait à défendre Narbonne assiégée par les Francs, fut repoussée.

S'il y eut bien, à suivre les chroniques arabes, une défaite subie par le gouverneur en 732 ou 733, celle-ci n'eut qu'une portée limitée. D'abord parce qu'il s'agissait pour les Arabes de Cordoue d'une expédition (en arabe « *ghazwa* ») visant à piller les richesses de la Gaule, mais non d'une « invasion ». Ensuite parce que cette défaite ne fut pas la seule. Enfin parce qu'elle ne signifiait point le repli des Arabes hors de la Gaule : Narbonne ne fut reprise par Pépin le Bref qu'en 759 après plusieurs années de siège ; un grand raid musulman ravagea encore en 793 le sud de la Gaule ; et il fallut attendre 801, avec la prise de Barcelone par Charlemagne et la création de la marche d'Espagne, pour que les Arabes fussent définitivement cantonnés au sud des Pyrénées.

Ce retrait des Arabes s'explique sans doute par la résistance des Francs, mais aussi et surtout par des considérations internes à l'histoire des pays d'Islam. Dans les années 740, de graves révoltes éclatèrent au Maghreb, et Cordoue fut coupée du centre de l'Empire califal. Peu après, en 749-750, les Omeyyades de Damas sont renversés par les Abbassides, et un survivant de l'ancienne dynastie crée en 756 à Cordoue un émirat autonome dont l'horizon se limite à la Péninsule. Ces crises du milieu du VIIIe siècle scellent la fin des conquêtes arabes, en Gaule comme dans l'Empire byzantin et en Asie centrale.

Il nous faut donc revenir dans le monde chrétien pour comprendre l'importance que cette bataille a acquise. À Cordoue ou à Tolède – les érudits en discutent –, en tout cas dans l'Espagne musulmane, un auteur chrétien anonyme a rédigé au milieu du VIIIe siècle un long poème en prose rimée, qui s'apparente bien plus à une chanson de geste qu'à une chronique historique, dans lequel il se lamente sur les malheurs de l'Espagne vaincue. On y trouve le plus ancien et le principal récit circonstancié de la bataille de 732. 'Abd al-Rahman décide de mener une expédition contre un chef berbère qui tentait de construire une principauté autonome en Cerdagne et avait obtenu l'alliance d'Eudes, prince d'Aquitaine. Après avoir vaincu le rebelle, il s'enfonce à l'intérieur des terres des Francs, multiplie les pillages, met en fuite Eudes sur les bords de la Garonne et s'avance jusqu'à Tours dont il brûle l'église (Saint-Hilaire). C'est alors que Charles, maire du palais du roi mérovingien de Neustrie, est prévenu par Eudes et se porte au devant des armées arabes. L'auteur se fait ici l'écho de la surprise qu'ont suscitée l'armement et la tactique des Francs, « immobiles comme un mur, l'épée au poing, tel un rempart de glace ». Cette image du mur est sans doute réaliste, car c'est bien la solidité des lignes des fantassins francs sur lesquelles butèrent les charges de la cavalerie arabe qui explique que les troupes de 'Abd al-Rahman, après la mort de leur chef, aient choisi de s'enfuir. Mais cette image est aussi symbolique, car elle évoque la résistance face aux Arabes, et elle s'est imposée à l'imaginaire au point qu'on la retrouve dans le court résumé du manuel de la IIIe République.

Le récit de la chronique anonyme tout comme les annales postérieures rédigées en Gaule du Sud font une large place à un

732

acteur que la mémoire historique a ensuite éclipsé : Eudes, le prince d'Aquitaine. De fait, l'Aquitaine représente en ce début du VIIIe siècle une puissante entité régionale, qui s'étend de la Loire aux Pyrénées. L'expédition arabe en Gaule vise d'abord Eudes, qui avait remporté une première victoire sur le gouverneur al-Samh en 721 et appuyait la révolte du chef berbère. Pour cet auteur chrétien d'Espagne, la victoire d'Eudes en 721, autant que celle de Charles Martel en 732, conforte l'espoir d'une possible résistance des chrétiens face à l'avancée de l'islam. Or, si l'histoire a depuis lors glorifié Charles Martel, elle a oublié Eudes, qui fut pourtant le premier à vaincre les Arabes sur le continent européen. En effet, 732, avec la défaite d'Eudes et la victoire de Charles, sonne le glas de l'indépendance de la principauté d'Aquitaine, et annonce la soumission de l'Occitanie par la France du Nord. Comme l'a écrit l'historien Michel Rouche, le vrai vaincu de Poitiers, c'est Eudes et, avec lui, l'Aquitaine.

Seule l'historiographie française, royale et nationale a fait de Charles *le* héros victorieux des Arabes et de la bataille de 732 *la* victoire décisive sur les Arabes.

Première étape de cette construction : aux lendemains du coup d'État qui renversa en 751 le dernier Mérovingien et porta sur le trône Pépin le Bref, fils de Charles Martel, une chronique fut rédigée au sein de la famille carolingienne, toute de propagande pour cette nouvelle dynastie. Charles Martel est dépeint comme celui qui a triomphé à deux reprises des Sarrasins, d'abord en 732, alors que les Arabes se dirigeaient, pour la piller, vers l'abbaye Saint-Martin de Tours, puis en 737 lors d'une grande campagne qu'il mena en Provence et en Narbonnaise, mais aussi comme celui qui a unifié la Gaule en matant les ducs d'Aquitaine et de Provence, rebelles et prêts à le trahir. La victoire d'Eudes à Toulouse en 721 est passée sous silence et Eudes devient un traître qui aurait fait appel aux Sarrasins.

Deuxième étape : les *Grandes Chroniques de France*, achevées en 1274, reprennent ce récit, mais ajoutent deux éléments pour donner plus d'éclat aux hauts faits des souverains francs : le surnom de Martel, qui aurait été donné à Charles car tel un marteau il frappait et anéantissait ses ennemis, et, surtout, la description d'une armée d'envahisseurs, venus en grand nombre avec femmes et enfants : la victoire sur une expédition de pillage s'est magnifiée en coup d'arrêt porté à une invasion.

Troisième étape : à l'aube des Temps modernes, en ces temps de « naissance de la Nation France » pour reprendre le beau titre de l'ouvrage de l'historienne Colette Beaune, il convient d'exalter la France, nation immuable qui, la première, s'est levée pour défendre la chrétienté. Ouvrons par exemple l'histoire des hauts faits des Francs qu'en 1516 Paul-Émile de Vérone rédigea à la demande de François Ier. L'auteur, pétri de classiques latins, prête à Charles Martel une belle harangue où se mêlent la défense de la patrie et la défense de la religion. Pour servir un tel propos, point n'est besoin de s'embarrasser des complexités de l'histoire. Il suffit de retenir *une* victoire, la première, celle qui avait été remportée au cœur même de la France, quelque part entre Poitiers et Tours. Le mythe est bien né, celui d'une bataille à nulle autre pareille, « terme fatal de la grandeur des Arabes, salut de l'Europe et de toute la Chrétienté », selon les termes d'un ouvrage rédigé à la cour de Louis XIV. Dans ce manuel de l'école républicaine et laïque, le salut de la chrétienté est passé sous silence, tout comme le salut de l'Europe, mais le salut de la France, menacée par un « peuple fanatique et guerrier », est exalté.

Quatrième étape : les érudits du XIXe siècle reprennent les diverses sources, élaborent un récit plus nuancé, discutent de la localisation exacte de l'affrontement, mais sans remettre en cause – du moins pour la très grande majorité d'entre eux – l'importance et la portée de l'événement. Il restait aux manuels de la IIIe République à imposer l'image simple et forte de la bataille située sans plus d'hésitation à Poitiers et devenue au cours des siècles l'une des pages fondatrices de l'unité nationale.

Françoise Micheau

Pépin le Bref se fait sacrer roi en 752.

752
PÉPIN LE BREF
SE FAIT SACRER ROI

Les ancêtres de Charlemagne
(2ᴱ partie)

*« Les deux plus illustres ancêtres de Charlemagne
furent Charles Martel et Pépin le Bref.
Son fils Pépin, surnommé le Bref à cause de sa petite taille, résolut
de changer son titre de maire du Palais contre le titre de roi des Francs.
En 752, dans la grande assemblée de Soissons, le dernier roi mérovingien
eut les cheveux rasés et il fut enfermé dans un monastère.
Alors Pépin le Bref fut couronné roi par l'archevêque
de Mayence, Boniface. »*

Le sacre du premier roi carolingien figure parmi les grandes dates du haut Moyen Âge retenues par la mémoire collective française, avec le baptême de Clovis et le couronnement impérial de Charlemagne. Il fondait en effet la royauté sacrale, à l'origine de la royauté de droit divin des Capétiens.

Les Mérovingiens régnaient depuis deux siècles et demi sur le royaume des Francs quand Pépin le Bref décida de renverser Childéric III, mais il y eut deux sacres, et non un seul, le premier en 751, le second en 754. Les rois mérovingiens tiraient leur légitimité, symbolisée par le port des longs cheveux, de la supériorité de leur sang et du choix de Dieu, acquis depuis la conversion de Clovis au christianisme. Ils n'étaient ni sacrés ni couronnés, mais leur légitimité n'était pas contestée. Cependant, au milieu du VIIIe siècle, ils avaient perdu la réalité du pouvoir passé aux mains du prince pippinide qui disposait du soutien de l'Église, acquise grâce à une vigoureuse politique de réforme religieuse, et qui pouvait compter sur l'appui d'une grande partie de l'aristocratie franque, attirée par les profits tirés des conquêtes.

Pépin agit néanmoins avec prudence. Le coup d'État fut habilement préparé, cautionné par la papauté et justifié par les historiographes. Les *Annales royales des Francs*, rédigées dans les années 790 sur l'ordre de Charlemagne, rapportent ainsi l'événement : Pépin envoya une ambassade à Rome auprès du pape Zacharie pour l'interroger « au sujet des rois qui, à cette époque-là en Francie, n'avaient aucune autorité royale, si cela était bien ou non. Et le pape Zacharie fit savoir à Pépin qu'il valait mieux que fût appelé roi celui qui en avait la puissance, plutôt que celui qui n'avait pas le pouvoir royal ;

pour que l'ordre ne fût pas troublé, il ordonna par une prescription apostolique que Pépin fût fait roi. Suivant l'usage des Francs, Pépin fut élu roi, oint par la main de l'archevêque Boniface de sainte mémoire et élevé au trône par les Francs à Soissons. Quant à Childéric, que l'on appelait faussement roi, il fut tonsuré et envoyé dans un monastère ». La papauté avait donc légitimé le changement de dynastie, en même temps que les clercs avaient introduit le rituel de l'onction dans le cérémonial d'accession à la royauté. Lors de l'assemblée de Soissons en 751, Pépin fut élu par les grands et sacré par un évêque, avant d'être élevé au trône. La cérémonie du sacre était jusqu'alors inconnue chez les Francs. Elle avait été pratiquée au VIIe siècle en Espagne wisigothique et plongeait ses racines dans la tradition biblique : le premier Livre des rois offrait en effet l'exemple de Samuel oignant la tête de Saül, puis celle de David, son successeur, qui n'avaient pas été appelés par leur naissance à régner sur leur peuple. Elle proposait un modèle de royauté sacrale sur un peuple élu, le peuple franc étant présenté au VIIIe siècle comme le nouvel Israël. Le nouveau roi des Francs bénéficiait, par cette consécration, de la légitimité et de la grâce divine qui lui faisaient défaut ; il se trouvait en même temps placé dans un ordre spécifique que nul autre laïc ne pouvait atteindre sans être lui-même oint.

Pépin ne se contenta pas de cette cérémonie qui n'assurait pas la légitimité de ses descendants. En juillet 754, il se fit donc sacrer une seconde fois, à Saint-Denis, avec ses deux fils, par le pape Étienne II, venu en Francie solliciter l'aide du roi des Francs contre les Lombards. Le pape bénit en même temps la reine Bertrade, ainsi que les grands du royaume ; il défendit du même coup, sous peine d'interdit et d'excommunication, d'oser jamais choisir un roi qui ne fût pas issu de la lignée de Pépin et de Bertrade. Le sacre consacrait par là l'alliance des Carolingiens, de l'Église et de la papauté ; il leur conférait la mission de protéger l'Église et de réaliser l'unité de la chrétienté occidentale.

Le rituel ne se mit que lentement en place. Pépin fut élu et sacré, il reçut certainement des insignes royaux, mais il ne fut pas couronné. Les premiers couronnements royaux eurent lieu à Rome, en

781, et furent ceux des fils de Charlemagne, Pépin et Louis. C'est à Rome également, en 800, que Charlemagne, déjà sacré roi en 754, fut sacré et couronné empereur par le pape Léon III. Certains rois furent couronnés plusieurs fois, d'autres ne furent sacrés que plusieurs années après leur élévation. Progressivement, le couronnement devint l'acte constitutif de l'accession à la royauté ; durant la seconde moitié du IXe siècle, l'Église accentua son contrôle et la mise en tutelle liturgique du rituel, avec la rédaction d'« ordres de couronnement ». Dans la *Vie de saint Rémi*, Hincmar, l'archevêque de Reims, affirma également que l'église de Reims possédait l'huile sainte apportée par la colombe pour baptiser Clovis, opérant ainsi un rapprochement entre le sacre du roi carolingien et le baptême du premier roi des Francs. La légende de la sainte ampoule servirait plus tard à assurer la prééminence de Reims comme ville du sacre.

Régine Le Jan

Charlemagne, vainqueur des Lombards et des Bavarois, fut couronné empereur en 800.

800
CHARLEMAGNE, ROI DES FRANCS, EST COURONNÉ EMPEREUR

Charlemagne empereur

« En l'année 800, Charlemagne reçut le titre d'empereur. L'illustre conquérant était à Rome, lorsque, la nuit de Noël, dans l'église Saint-Pierre, le pape lui posa une couronne d'or sur la tête en disant : "Vie et victoire à Charles Auguste, couronné par Dieu, grand et pacifique empereur des Romains !" »

Au tout petit matin du jour de Noël de la fin de l'année 800, à Rome, celui qui se faisait appeler « roi des Francs et des Lombards », Charles, que l'histoire a vite appelé Charlemagne (Charles le Grand), accompagné de ses fidèles en grand nombre, vint se recueillir devant le tombeau de saint Pierre. Alors qu'il était agenouillé, le pape Léon III s'approcha de lui et déposa une couronne sur sa tête. Aussitôt la foule acclama celui que le geste pontifical venait de faire empereur. Ainsi relatées, les choses paraissent bien simples, d'autant que les faits ne sont contestés par personne. Pourtant.

Charlemagne, suivant certaines sources, aurait été mécontent du geste du pape, qui faisait de lui son débiteur. Tout cela mérite discussion. Après tout, Léon III, menacé de mort par la noblesse romaine, était venu jusqu'à Paderborn solliciter l'aide militaire du roi des Francs. Ce dernier avait répondu favorablement mais pas tout de suite ; il avait d'abord géré ses affaires, puis pris conseil. Il savait qu'il lui faudrait examiner la situation de Léon III, peut-être le juger. Ce qu'il fit à son arrivée en Italie, et il conclut en faveur du pontife. Ainsi rétabli sur son siège par celui qui, comme son père Pépin, était « patrice des Romains », le pape reconnut officiellement les mérites de Charles en le couronnant empereur. C'était la fin d'un long processus, qui rétablissait l'Empire romain d'Occident, face à celui de Byzance en Orient.

Pour parvenir au sommet, Charlemagne avait cheminé longtemps sur les traces de ses prédécesseurs. Son père Pépin le Bref avait fait des pas décisifs en prenant la défense du pape menacé par les Lombards. Rome passait sous le contrôle des Francs. En même temps, le roi consolidait son État en s'imposant avec force sur les terres germaniques. Quand Charles son fils vint au pouvoir en 768, puis quand il demeura seul maître du royaume en 771, il eut tôt fait de veiller sur les frontières de ses territoires. Même s'il fut battu par les Basques en Espagne, fortement contrarié en Saxe durant trois décennies, contesté en Bavière, il conquit le royaume des Lombards en 774 et apparaissait comme le véritable maître de l'Occident. Il assit davantage son pouvoir en venant à bout des Avars, puis entreprit de se doter d'une capitale à Aix.

Autour de lui, une cour de fidèles et d'érudits conseillers donnait de l'éclat à son pouvoir. Bien plus, Charles osait faire face à l'Empire d'Orient, tombé entre les mains d'une femme, et entendait donner des leçons de théologie au pape lui-même. Le temps était donc venu de restaurer les Césars. Charlemagne savait tout cela quand il partit pour Rome ; on le lui avait dit et répété à la cour d'Aix. Il serait alors faux de croire qu'il fut surpris par le geste de Léon III. Quand il entra dans la basilique Saint-Pierre à Rome, une couronne était prête, les grands connaissaient les laudes à proclamer, les pays étrangers reconnaissaient la force des Francs.

Désormais empereur, Charles détailla ses ambitions réelles dans le choix d'une titulature volontairement compliquée et ferme : « Charles, sérénissime auguste, couronné par Dieu, grand et pacifique empereur gouvernant l'Empire romain et, par la miséricorde de Dieu, roi des Francs et Lombards. » Un tel intitulé trahissait bien encore quelques hésitations et une certaine prudence face à Byzance ; mais l'essentiel était fait. Tous les sujets du nouvel empereur furent invités à lui jurer fidélité. Si Charlemagne considéra que le titre impérial était son bien propre et se refusa à le transmettre à l'un de ses enfants, le hasard décida pour lui, et Louis le Pieux, son seul fils survivant, reçut de son père, en 813, le titre et la couronne. Le nouveau souverain prit sans hésiter le titre d'empereur auguste, que son père avait encore refusé de porter dans sa pureté.

Michel Parisse

L'empereur Louis le Débonnaire ou le Pieux fut détrôné par ses enfants révoltés.

843
CHARLES LE CHAUVE, PETIT-FILS DE CHARLEMAGNE, PORTE LE PREMIER TITRE DE ROI DE FRANCE

Louis le Pieux

« *Les successeurs de Charlemagne furent très faibles. Son fils Louis fut surnommé le Pieux ou le Débonnaire, à cause de sa dévotion et de sa faiblesse. C'était un moine plutôt qu'un roi. Il passa son règne à combattre ses trois enfants toujours en révolte contre son autorité. Un jour même il fut détrôné par eux. Il mourut de douleur. Alors les trois frères, après s'être disputé l'empire à la sanglante bataille de Fontanet, se le partagèrent par le traité de Verdun, en 843. L'empire de Charlemagne fut divisé en trois royaumes : France, Allemagne, Italie. Charles le Chauve fut le premier qui prit le titre de roi de France.* »

À Verdun, au mois d'août 843, après des années de conflit et des semaines de discussions serrées, en présence de tous les grands du royaume franc de l'empereur Louis le Pieux, mort le 20 juin 840, a lieu un partage territorial dont on a coutume de dire qu'il a fondé l'Europe : le roi Louis, un des trois protagonistes du traité de Verdun, a reçu en partage les territoires de langue germanique situés au-delà du Rhin, défini comme limite ; ce sera l'Allemagne. Plus tard la France a revendiqué toutes les terres situées sur la rive gauche du fleuve, alors devenu la véritable frontière entre les deux États. Poursuivant ce raisonnement, on en conclut que le roi Charles, frère de Louis, celui que l'histoire connaît sous le nom de Charles le Chauve, fut le premier roi de France, ou encore le premier à porter le titre de roi de France. Dans tout cela, il y a, comme de coutume, du vrai et du faux, des faits historiques et des aspects légendaires.

La France n'existait pas encore, et le terme « Gaule » recouvrait des territoires aussi différents que la France actuelle. Charlemagne, roi devenu empereur, régnait sur des peuples nombreux et divers ; le plus important, sans aucun doute, était celui des Francs, répandu du cœur de l'Allemagne actuelle à la Loire, et le souverain carolingien était de la race franque. Le peuple dont se réclamait le roi faisait ainsi oublier Aquitains, Bourguignons, Saxons, Alamans, Bavarois et Lombards qui faisaient tous partie du même empire. Louis le Pieux, fils de Charlemagne, avait, par hasard, hérité la totalité du royaume de son père, faisant oublier que ce dernier avait prévu un partage. Louis eut quatre fils légitimes dont les ambitions à régner étaient justifiées. Chacun voulait sa part du royaume, si possible la meilleure. Les trois premiers fils – Lothaire, déjà associé au pouvoir dès 817, Pépin et Louis – durent composer avec leur père quand naquit un quatrième garçon, Charles, né d'une autre mère. À partir de 829, la famille royale ne connut plus la paix, et plusieurs partages furent envisagés, chacun d'eux apportant chaque fois davantage au dernier-né. L'empereur Louis fut en butte à l'hostilité de ses fils aînés, démis de son pouvoir, puis rétabli.

Quand il mourut, rien n'était réglé. Les seuls points qui semblaient admis étaient que Lothaire, co-empereur, se réservait l'Italie avec Rome, et que Louis était solidement implanté en Bavière. Pépin d'Aquitaine était mort prématurément et nul ne songeait à faire une place à ses héritiers. Quant à Charles, pour finir, on lui attribua l'Aquitaine, entre autres choses. La question de l'héritage allait se régler par les armes. Les trois frères tentèrent de s'imposer au plus vite. L'aîné vit se dresser contre lui la coalition de Louis et de Charles. Une bataille rangée eut lieu à Fontenoy-en-Puisaye en juin 841 ; l'affrontement ne dura qu'une journée, mais cette lutte fratricide laissa dans les esprits une profonde empreinte.

Les deux vainqueurs, en février 842, à Strasbourg, se firent mutuellement jurer fidélité par leurs troupes et par les grands. Après un an d'âpres négociations, auxquelles assistèrent les fidèles des rois en nombre égal, et en tenant compte des forces de chacun, de son implantation du moment et des richesses territoriales à distribuer, on en vint à l'accord connu des historiens sous le nom de traité de Verdun. Il ne semble pas qu'un texte écrit ait été élaboré, mais l'on sait par ce qui s'en suivit comment les terres avaient été réparties. Louis gardait la Germanie jusqu'au Rhin, avec quelques avantages supplémentaires ; Charles se voyait donner l'Aquitaine et la terre franque jusqu'à la fameuse limite des quatre fleuves : Rhône, Saône, Meuse et Escaut, limite toute théorique en vérité. Lothaire héritait des deux capitales, Rome et Aix, avec l'Italie, la Bourgogne et les autres terres franques. Chacun des trois princes était roi, mais il n'était pas encore habituel d'associer un territoire à ce titre. Il n'y avait donc pas, et il n'y eut pas avant longtemps de roi de France, autrement que pour les historiens.

Charles le Chauve pouvait-il se dire « roi des Francs » ? Pas davantage que ses frères qui pouvaient porter le même titre en tant qu'héritiers de Charlemagne. Mais il est vrai que le territoire sur lequel régnait Charles correspondait déjà à ce qui devint au long des siècles la France. L'espace qu'on lui avait réservé allait des Pyrénées à la Flandre, de la Bretagne à la Meuse, et les rois de France postérieurs n'eurent de cesse de porter leur frontière orientale jusqu'aux Alpes et au Rhin. C'est ainsi, en quelque sorte, que Charles le Chauve peut être tenu pour le premier à avoir régné sur le territoire français, parfois appelé Francie occidentale pour être plus fidèle aux faits. C'est parce qu'on considère que la France est véritablement née à Verdun que l'on donne à Charles le Chauve le titre de roi de France. Avant tout il se disait roi, parfois roi des Francs, ce qu'il resta, tout comme ses descendants et successeurs jusqu'à Saint Louis, premier à porter véritablement le titre de roi de France.

Michel Parisse

Charles le Simple céda la Normandie aux Normands. Rollon, leur chef, prêta hommage au roi.

911
ROLLON, CHEF DES PIRATES NORMANDS, FONDE LE DUCHÉ DE NORMANDIE

La Normandie

« Le roi Charles le Simple, désespérant de chasser les Normands, donna à un de leurs chefs, Rollon, par le traité de Saint-Clair-sur-Epte, tout le pays situé vers l'embouchure de la Seine. Ce pays prit le nom de Normandie. Rollon, premier duc de Normandie, prêta hommage au roi. Selon l'usage, il devait baiser le pied de son suzerain. Le pirate prit le pied du roi et l'éleva brusquement à la hauteur de sa bouche. Charles le Simple, dit-on, tomba à la renverse. La Normandie devint, à partir de cette époque, une des provinces les plus belles et les plus riches de la France. Les ducs de Normandie furent très puissants. L'un d'eux, Guillaume le Bâtard, conquit l'Angleterre. »

Depuis la fin du VIIIe siècle, des hommes venus de Scandinavie, les Normands (« hommes du Nord ») ou Vikings, abordent les côtes de l'Europe occidentale, afin de s'enrichir par le commerce et le pillage. Équipés de navires légers, maniables et résistants, mus à la rame et à la voile, capables d'affronter la haute mer et de remonter les rivières, les Vikings pillent les lieux dont les richesses sont mal protégées, églises et centres d'échanges. Leurs razzias se multiplient pendant les règnes des descendants de Charlemagne, notamment après 840. Les pirates n'hésitent plus à s'enfoncer dans le royaume de Charles le Chauve. Ils attaquent les villes, capturent des otages ou des esclaves, profitent de la crainte qu'ils inspirent pour percevoir des tributs. En proie à des luttes civiles et à des difficultés politiques, les rois carolingiens ne peuvent opposer une résistance efficace face à un adversaire mobile qui agit souvent par surprise. Des ponts fortifiés sont établis pour entraver la progression des envahisseurs ; lorsque les armes ne suffisent pas, il faut traiter avec les chefs vikings pour obtenir un répit. Ainsi, Paris résiste vaillamment lors d'un long siège en 885-886, mais l'empereur carolingien Charles le Gros préfère acheter le départ des Normands, qui s'en vont piller la Bourgogne.

Différents accords furent conclus avec les hommes du Nord. Parfois les rois ou les princes francs embauchaient des Vikings comme mercenaires, y compris pour lutter contre d'autres Scandinaves. À plusieurs reprises, les autorités franques consentirent à céder un territoire aux nouveaux venus, en échange de leur fidélité et de leur conversion au christianisme, mais ces tentatives tournèrent court, alors que, depuis la fin du IXe siècle, plusieurs États scandinaves avaient vu le jour en Angleterre. Décidé à régler le problème normand, le roi Charles le Simple s'accorde avec un chef normand, Rollon, battu peu auparavant sous les murs de Chartres par une coalition de puissants aristocrates francs emmenée par Robert, marquis de Neustrie. L'entrevue eut lieu à Saint-Clair-sur-Epte, entre Paris et Rouen, en 911. Elle nous est connue par le récit détaillé qu'en fit le premier chroniqueur du duché de Normandie, Dudon de Saint-Quentin, presque un siècle après l'événement. L'image qui en est traditionnellement retenue montre Rollon refusant d'embrasser le pied du souverain franc, un geste qui symbolisait la soumission des Normands au roi, et déléguant un guerrier pour le faire : l'homme aurait alors porté violemment le pied du roi à sa bouche, entraînant la chute de Charles au milieu des rires de l'assemblée. Si l'on peut émettre de sérieux doutes sur cet épisode rocambolesque, peut-être destiné à flatter la fierté des princes normands pour lesquels écrit Dudon, le reste du récit, confronté aux maigres sources proches de l'événement, permet d'avoir une idée assez précise du compromis qui donna naissance au duché de Normandie. Rollon recevait un territoire compris entre l'Epte et la mer, centré sur Rouen et la basse vallée de la Seine. Il acceptait de recevoir le baptême, de se reconnaître le vassal du roi et d'assurer la protection du royaume, en premier lieu contre d'autres Vikings qui pourraient être tentés de remonter la vallée de la Seine. Charles aurait également consenti à donner au chef normand la main de sa fille Gisèle : si ce mariage eut lieu, ce dont doutent beaucoup d'historiens, il resta sans descendance connue car la dynastie ducale normande sortit d'une autre union précédemment contractée par Rollon avec une aristocrate franque, Popa.

En effet, Rollon (*Rolf*) n'était pas un chef barbare fraîchement débarqué de Scandinavie. L'homme, dont on ignore s'il était d'origine norvégienne (comme on l'a longtemps cru) ou danoise (comme beaucoup de migrants venus s'installer ensuite dans le duché), a suscité toute une littérature épique et légendaire d'où il est difficile de sortir le Rollon historique. Il est en tout cas très probable qu'il a entamé une carrière dans le royaume franc avant

911 et, à cette occasion, noué des relations de parenté et d'alliance avec le milieu franc. Sa compagne, Popa, était chrétienne et sans doute issue d'une famille exerçant des charges publiques dans le royaume franc. Leur fils Guillaume, dont on ignore s'il porta un nom scandinave, fut élevé dans la religion chrétienne alors que son père était encore païen. Ainsi, lorsque son autorité est reconnue à Rouen par Charles le Simple, Rollon est déjà un homme partiellement assimilé au milieu franc, ce qui explique peut-être le choix fait par les autorités du royaume en 911. Ces relations furent rapidement consolidées par Rollon et son successeur Guillaume Longue Épée. En définitive, le choix d'une intégration clairement voulue fut une des clés de la réussite du duché de Normandie, la seule fondation politique durable créée par les Scandinaves en Occident.

Les Normands adoptèrent les croyances et les modes de vie des populations indigènes. Les descendants de Rollon établirent leur autorité sur l'ensemble des sept diocèses qui formaient la province ecclésiastique de Rouen et organisèrent leur État selon un modèle qui devait davantage aux Francs qu'aux institutions de la Scandinavie. L'héritage scandinave, sans doute encore vivace au Xe siècle, s'estompa ensuite : il en subsista des traditions, en particulier dans le domaine de la vie maritime, et le souvenir d'une origine que revendiquèrent fièrement les habitants du duché de Normandie.

Pierre Bauduin

Hugues Capet portait la chape comme les évêques.

987
HUGUES CAPET DEVIENT ROI DE FRANCE ET FONDE LA DYNASTIE CAPÉTIENNE

Les premiers Capétiens

« Les premiers Capétiens furent plutôt des hommes d'Église que de véritables rois. Hugues Capet portait la chape comme les évêques (de là son surnom). »

En 1987, deux ans avant le bicentenaire de la Révolution française, fut célébré le « millénaire capétien » ; et les historiens ne furent pas en reste. Or, la date n'a figuré en rouge que tardivement dans la chronologie du Moyen Âge. En revanche, depuis deux ou trois siècles, les clivages politiques ont influencé fortement la lecture de l'avènement des rois de la « troisième race ». Le Français patriote y voyait la naissance de la France. Le poids donné à 987 fait partie de la construction du mythe de la nation française. Pour les historiens bonapartistes, c'est une traîtrise que ce mauvais coup porté au dernier descendant des empereurs carolingiens par un obscur usurpateur. En revanche, pour les légitimistes partisans des Bourbons, c'est la valeur du Capétien et sa capacité à défendre la France contre les envahisseurs normands qui fondent la dynastie et assurent définitivement la force du principe héréditaire. Pour les partisans des Orléans, l'élection d'Hugues Capet est la première expression de la monarchie constitutionnelle ; et ce roi parvenu est celui qui a permis, à terme, la montée en puissance de la bourgeoisie. La démythification intervient plus tard, au début du XXe siècle. Dès lors, pour les historiens universitaires, l'événement est insignifiant. Hugues Capet devient un personnage sans envergure, « faible, incertain, dont la prudence dégénérait en pusillanimité » (F. Lot). Bien que dévalorisée, la date de 987 demeure dans les manuels.

La seule histoire contemporaine à raconter le temps du règne d'Hugues Capet et son accession au trône est celle d'un moine de Saint-Rémi de Reims, Richer, largement favorable au nouveau roi ; or, elle est restée ignorée des historiens français jusqu'au milieu du XIXe siècle. En revanche, Hugues Capet était connu, dès le Moyen

Âge, à travers une histoire écrite à Sens après 1015, dans un milieu très hostile aux Capétiens; elle était largement répandue dans le nord de la France, de la Normandie jusqu'au cœur des domaines capétiens; et, avec elle, l'image implicite d'Hugues Capet comme usurpateur. La légitimité historiographique des Capétiens ne fut vraiment assurée que beaucoup plus tard lorsque, par les femmes, le sang carolingien coula dans les veines de Louis VIII. Dès lors, surtout au siècle de la guerre de Cent Ans, l'accent fut mis sur la continuité entre Mérovingiens, Carolingiens et Capétiens. Charles V est ainsi décrit comme le successeur de Clovis.

Pourtant, Hugues Capet n'est pas le premier mais le troisième membre de la famille à porter le titre royal, après Eudes élu en 888 et qui régna dix ans et Robert élu en 922 et qui régna un an. Eudes est le premier à s'intercaler au milieu de souverains carolingiens, mais la couronne fut aussi portée par Raoul de Bourgogne: les Capétiens ne furent donc pas les seuls à interrompre la succession carolingienne.

Capétiens ou plutôt Robertiens, car il est d'usage de désigner les ancêtres d'Hugues Capet du nom de celui qui en fut le premier homme marquant, Robert le Fort, comte d'Angers, marquis de Bretagne. Celui-ci n'est pas, comme l'histoire s'est complu à le dire, un obscur personnage; il appartient à la plus haute aristocratie, dans l'entourage immédiat des Carolingiens, originaire comme eux d'Austrasie, de cette région qui, au carrefour du Main et du Rhin, est au cœur du pouvoir dans tout l'Empire. Sa carrière, entamée en 840, est fulgurante, marquée par l'éclatante victoire de Brissarthe sur les Normands et, comme il convient à un homme de très haut rang, par des brouilles avec l'Empereur et par des retrouvailles.

Les deux jeunes fils, Eudes et Robert, qu'il laissa à sa mort en 866, ne purent garder leurs honneurs (gouvernement d'un comté) dans les pays ligériens. Gêné dans la région de la Loire, Eudes devint comte de Paris. Il fut le héros du siège de cette ville, comme plus tard, en 888, devenu roi, il fut vainqueur à Montfaucon d'une grande armée normande. Il se révéla le fidèle conseiller du roi et, comme tel, il fut le premier parmi les grands. Énergique, beau, puissant et sage, ainsi le décrit Reginon de Prüm.

En 884, à la mort sans héritier de l'empereur Carloman, une partie de la haute aristocratie avait offert le trône de la France de l'Ouest, la Neustrie, à Charles le Gros, le dernier fils de Louis le Germanique, lui-même petit-fils de Charlemagne et protagoniste du serment de Strasbourg. À sa mort, en 888, tandis qu'en Germanie l'un de ses neveux Arnulf est choisi comme roi, la Francie occidentale passe à Eudes. On ne sait guère pourquoi le dernier petit-fils de Charles le Chauve, le futur Charles le Simple, fut alors écarté. Toutefois, à la mort d'Eudes, c'est à lui que revint la couronne et non à Robert, frère du défunt; Robert se révéla d'ailleurs le soutien fidèle du Carolingien, avant de monter à son tour sur le trône. Alternance donc, selon laquelle les règnes des Robertiens ne durent que quelques années, mais contribuent à accentuer un modèle de monarchie élective plus qu'héréditaire et à promouvoir le rôle des assemblées des grands, les « colloques entre Francs », dans la direction du royaume. La légitimité royale repose tout à la fois sur la naissance, la force physique et morale et le consensus des grands.

Le fils de Robert, Hugues le Grand reçut le titre de *dux Francorum*, mais ne fut pas roi et ne voulut pas l'être; pourtant la dynastie robertocapétienne était bien née. Elle avait son lieu de sépulture: Saint-Denis, qui ne sera plus jamais carolingien. Hugues n'était pas roi, mais il avait épousé la sœur du nouvel empereur de Germanie, Otton.

Le gouvernement de l'empire s'était transformé : d'une mosaïque de royaumes où de jeunes Carolingiens régnaient sous l'autorité d'un grand roi, il était devenu une juxtaposition de régions tenues par des grands. Le roi, toujours reconnu comme roi dans le royaume, *dominus et senior*, n'y tenait la réalité du pouvoir que dans une partie restreinte. Pour autant, l'image de désordre social, longtemps ressassée, n'est plus admise aujourd'hui. La haute société était rigoureusement stratifiée, selon une hiérarchie; non pas immuable, car il est des ascensions et des échecs, mais forte et partagée.

Dans les années qui encadrent 987, les événements ne sont pas simples à reconstituer; complots et disgrâces se succèdent. En 985, le gouvernement de Lothaire paraît assuré, bien mieux que ne le fut celui de Charles le Simple. Mais sa mort brutale, puis celle de son jeune fils Louis V, sans héritier direct, contribuent à l'extinction de la royauté carolingienne.

Plusieurs assemblées se succèdent alors, jamais très nombreuses : celle de Senlis, le 1er juillet 987, désigne Hugues comme roi. L'élu est ensuite précipitamment (un coup de force ?) couronné à Noyon, peut-être parce que Charlemagne l'y avait été ; puis vint le sacre à Reims, qui demeura la ville de cette cérémonie pour la plupart de ses successeurs.

Les lendemains de l'élection furent difficiles. Les partisans de l'oncle carolingien du défunt roi ne désarmèrent pas et les alliés d'Hugues étaient plus ottoniens que capétiens ! Pour consolider son titre royal, reprenant l'usage des ottoniens et de Lothaire lui-même, Hugues, non sans opposition, associa son fils au trône. Cette pratique subsista jusqu'à la fin du XIIe siècle.

Hugues avait en effet un fils, Robert, admirablement éduqué à Reims, à l'école de Gerbert. Robert fut couronné à Orléans le 30 décembre. Dès 992, il exerça le pouvoir. Sa piété, plus vive encore que celle de son père, lui valut l'aura de pouvoirs thaumaturgiques. Les appuis dont il disposait dans le clergé, notamment parmi les moines, et tout particulièrement les clunisiens, furent un atout fondamental pour consolider le titre royal dans la dynastie capétienne. Robert reçut le beau surnom de Robert le Pieux ; Hugues ne fut que Capet et ce rappel de son titre d'abbé laïc de Saint-Martin de Tours, où était conservé le demi-manteau, demi-chape, de l'évangélisateur de la Gaule, n'avait rien de glorieux ; l'image négative d'Hugues Capet s'est étendue aux deux premiers siècles capétiens.

Le 1er juillet 987, un non-événement ? Assurément cette date ne constitue pas une coupure, pas même dans l'histoire institutionnelle de la France : la décentralisation des pouvoirs s'y poursuit encore pendant bien des décennies. Toutefois l'accession d'Hugues Capet au titre royal a été l'occasion d'une réorganisation des fidélités et des territoires auxquels elles correspondent. Pour plusieurs siècles, la France méridionale ne reconnaît plus l'autorité du roi des Francs. Surtout, la séparation des deux Francies, orientale et occidentale, noyaux de la France et de l'Allemagne, est désormais acquise.

Monique Bourin

Ils voyaient leurs champs ravagés par les guerres ou les chasses et souffraient de la famine.

1000
NOTRE PAYS SOUFFRE D'UNE GRANDE FAMINE ET REDOUTE LA FIN DU MONDE

Désespoir et révoltes des paysans

« Les paysans si misérables tombèrent dans le désespoir.
Ils ne cultivèrent plus la terre. On souffrit d'une horrible famine.
La misère fut telle qu'on crut que la fin du monde était arrivée.
On disait que l'an 1000 marquerait le terme fatal.
Alors les populations s'entassèrent dans les églises, attendant avec effroi.
L'an 1000 passa, mais les paysans conçurent une grande
haine contre les seigneurs. Ils se révoltèrent.
Les seigneurs les massacrèrent sans pitié. »

Temps de peurs et de désespoir, temps de famine, temps de violences sociales: tel est le triptyque proposé pour caractériser l'an mil. Un an mil pris à la fois au sens précis du millénaire de la naissance du Christ, mais aussi comme l'ensemble des années qui l'encadrent. Des seigneurs cruels et des paysans aux comportements extrêmes, d'abord passifs et ligotés par la religion, puis révoltés: c'est encore le droit-fil des conceptions historiographiques du XIXe siècle.

Sur quelles sources se fonde le thème de la violence sociale? Peut-être sur la généralisation abusive de l'obscur soulèvement des paysans normands de 996, qui n'est en rien une révolte de la misère mais une défense de droits d'usage collectifs, sans doute entamés par le dynamisme invasif de la seigneurie. Certains mouvements qualifiés d'hérétiques par les clercs du temps ont été interprétés comme des formes de contestation sociale. Mais les révoltes paysannes ne marquent pas spécifiquement l'an mil.

L'an mil n'est pas non plus un moment de famine. Cette idée repose principalement sur la description par le chroniqueur bourguignon Raoul Glaber, datée de 1033, des désastres du millénaire de la mort du Christ, et notamment d'une famine due à d'anormales précipitations qui aurait dévasté de la Grèce jusqu'aux « tribus des Anglais ». Une famine universelle? Peut-être. À quelle date? Le propos de Raoul Glaber est trop clair pour ne pas faire venir le doute. Selon lui, Dieu infligea aux hommes ce malheur pour qu'ils fassent pénitence pendant trois ans, au terme desquels « le ciel commença de rire et toute la surface de la terre se couvrit... d'une abondance de fruits ». Entre-temps, écrit-il dans un style inspiré, « comme approchait la troisième année qui suivit l'an mil on vit dans presque toute la terre... rénover les basiliques des églises... C'était comme si le monde lui-même se fût secoué et... eût revêtu une blanche robe d'église ». Le passage est justement célèbre, et il contredit l'image d'un peuple épouvanté, entassé dans les lieux de culte.

L'historien Sylvain Gouguenheim a récemment analysé la genèse historiographique des « terreurs de l'an mil » : quelques mentions épisodiques à partir de la fin du XIIe siècle et, surtout, l'influence de l'un des maîtres à penser de la Contre-Réforme, le cardinal Baronius. Le texte de l'Apocalypse prévoit le déchaînement du démon, les mille ans écoulés : en 1001 par conséquent. C'est à propos de cette date que Baronius évoque les frayeurs des gens simples, expression de leur crédulité et de leur irrationalité. L'âge romantique les décrit à son tour et de superbes pages de Michelet évoquent les misérables étouffés aux portes des églises, la famine ravageant le monde, l'effroi général. C'est évidemment ce qui inspire notre manuel. Pourtant le travail critique avait commencé dans l'intervalle et, entre 1880 et 1950, le recueil systématique des sources montrait leur silence à ce sujet. Au cours des années 1960, les peurs de l'an mil, certes sensiblement modifiées, réapparaissent dans les écrits des historiens. Le silence des sources est expliqué : les lettrés de l'époque auraient combattu et occulté les terreurs, parce qu'ils ne les partageaient pas. Dès lors est décrite une période dominée par une atmosphère eschatologique* plus que par l'effroi. Le schéma est inversé par rapport à celui du manuel : les turbulences politiques, la naissance du féodalisme, les brutalités nouvelles de la seigneurie nourrissent le trouble des esprits et engendrent une angoisse diffuse, que stimule l'approche possible de l'Apocalypse. Le débat est encore ouvert entre ces deux visions de l'an mil, entre ceux qui nient les peurs populaires et ceux qui les rencontrent au détour de quelques textes contemporains.

Eschatologie : qui relie les fins dernières de l'homme et de l'univers. À certaines époques, des signes donnent à penser que celles-ci sont proches.

Le détail de la chronologie a son importance : où est l'antériorité, entre les éventuelles angoisses et la « mutation féodale » ? Le modèle fourni par Pierre Bonnassie, à propos de la Catalogne, modèle sur lequel se fondent les débats actuels, qu'on l'adopte ou qu'on le critique, laisse penser que la grande crise qui secoue et féodalise la Catalogne n'intervient guère avant 1030. Qu'en est-il durant les dernières décennies du Xe siècle ?

Le débat sur l'an mil ne concerne donc pas seulement les éventuelles craintes, de 1000 ou de 1033, mais aussi l'évolution de la société : lente évolution magmatique depuis les temps carolingiens ou rupture et mutation du XIe siècle ? L'image de la seigneurie elle-même est sujet de discussion : est-elle une forme de piraterie seigneuriale oppressive et nocive ou un contrôle rapproché des paysans qui extrait les avoirs, mais organise un cadre favorable à une mise en valeur plus active ?

L'an mil voit, par ailleurs, naître le mouvement de la paix de Dieu : de grandes assemblées, souvent réunies en plein champ, par des évêques et des princes, regroupant autour d'eux leurs fidèles et le peuple. On y fait prêter serment, sur des livres saints ou des reliques, de respecter la paix, c'est-à-dire de ne s'attaquer ni aux clercs – à leurs biens ou à leurs hommes – ni, plus généralement, à toutes les catégories sans armes, femmes, marchands, paysans. Le mouvement commence en Aquitaine dès 989 et dure au moins une dizaine d'années ; il reprend après une interruption et s'étend au nord de la France vers 1020, sans toucher ni l'Angleterre ni la Germanie. En France, il demeure actif pendant de longues décennies. Si la chronologie et la géographie du mouvement font à peu près l'unanimité des historiens, les interprétations diffèrent, selon les rythmes et les modes de féodalisation de l'Occident. Pour certains, surtout des historiens du Midi, la paix de Dieu est un mouvement de protestation du peuple brutalisé par les seigneurs châtelains et leurs séides, marqué par une grande émotion unanimiste. D'autres, plus septentrionaux, insistent sur le caractère ordonné et peu novateur de la démarche épiscopale.

Le modèle de Michelet n'a vraiment plus cours, mais l'image de l'an mil comme moment de transition entre haut Moyen Âge et Moyen Âge central est encore très diverse : faut-il le situer dès les dernières années du Xe siècle, en 1030-1040 ou vers 1070-1080 ? Autant dire que l'an mil recouvre presque tout le XIe siècle !

Monique Bourin

Guillaume le Bâtard, duc de Normandie, conquit l'Angleterre, en 1066.

1066
GUILLAUME LE CONQUÉRANT, DUC DE NORMANDIE, CONQUIT L'ANGLETERRE, EN 1066

Les Normands en Angleterre

« Le duc des Anglo-Saxons, Harold, avait promis par serment à son ami Guillaume le Bâtard, duc de Normandie, que si jamais il devenait roi d'Angleterre il partagerait la couronne avec lui. Quand il fut roi, il oublia son serment. Guillaume, irrité, réunit une foule d'aventuriers et il s'embarqua pour l'Angleterre. Il vainquit Harold à Hastings, conquit tout le pays et le partagea avec ses compagnons. »

« Ici, le duc Guillaume a traversé la mer en une longue navigation et il est arrivé à Pevensey. Ici, les chevaux sortent des navires. » La célèbre Tapisserie de Bayeux commente par ces quelques mots les scènes brodées montrant la traversée de la Manche par la flotte de Guillaume, duc de Normandie, et son débarquement sur la côte méridionale de l'Angleterre, le 28 septembre 1066. Le roi des Anglais, Harold, revint aussitôt du nord de l'île où il avait vaincu une autre invasion menée par le roi norvégien, Harald le Sévère, lui aussi candidat au trône d'Angleterre. Cette fois, le combat qu'il allait livrer contre les Normands à Hastings, le 14 octobre, tourna au désavantage des Anglais : au terme de plusieurs heures de lutte confuse et sanglante, les cavaliers normands enfoncèrent les lignes anglaises. Harold mourut sur le champ de bataille. Quelques semaines plus tard, après s'être rendu maître de Londres, Guillaume fut couronné roi d'Angleterre à l'abbaye de Westminster, le jour de Noël 1066.

La conquête de l'Angleterre fut un événement capital de l'histoire du Moyen Âge et, en premier lieu, pour le pays où s'installèrent les conquérants. Les sources qui nous en parlent proviennent d'abord du camp des vainqueurs, qui insistent sur les droits de Guillaume sur le trône anglais et sur le parjure d'Harold. Il faut, pour comprendre cette histoire, remonter à une autre conquête, celle du roi danois Cnut le Grand, devenu roi d'Angleterre en 1016, après qu'eurent été forcés à l'exil les héritiers du souverain anglo-saxon Ethelred II, Alfred et Édouard le Confesseur. Les jeunes princes, issus d'une mère normande, trouvèrent refuge à la cour de Normandie, où les accueillit leur oncle Richard II.

Restauré sur le trône anglais après la mort de Cnut et de ses fils, Édouard le Confesseur (1042-1066) avait vu son pouvoir disputé par une puissante famille anglo-danoise, celle de Godwin, comte de Wessex, dont le roi avait épousé une fille. Dans ce contexte troublé, Édouard aurait, dès 1051, promis le trône à son cousin Guillaume de Normandie. Dans les dernières années du règne, les fils de Godwin sont tout-puissants et l'un d'eux, Harold, apparaît de plus en plus comme un candidat sérieux à la succession d'Édouard, qui ne laissait pas de fils pour hériter du trône.

En 1064, Harold entreprit une visite en France, dont les raisons sont mal élucidées. Les sources normandes, en premier lieu Guillaume de Poitiers, le biographe de Guillaume le Conquérant, précisent qu'Édouard aurait envoyé Harold pour confirmer par serment au duc de Normandie la promesse faite en 1051. Cette version des faits n'est guère convaincante et ressemble davantage à une invention destinée à légitimer après coup l'action de Guillaume. En revanche, ce voyage procura à Guillaume une occasion qu'il sut habilement exploiter. En effet, au cours de son séjour en Normandie, Harold dut jurer de soutenir les prétentions du duc de Normandie sur le trône d'Angleterre. L'épisode servit plus tard à fonder l'argument qu'en ceignant la couronne après la mort du roi Édouard, Harold avait commis un parjure. Édouard le Confesseur mourut le 5 janvier 1066. Le roi aurait, dans ses derniers instants, désigné Harold pour lui succéder. Le lendemain, ce dernier fut couronné. Le choix en faveur d'Harold fut avant tout celui des Anglais et sa légitimité au moins équivalente à celle de son rival normand. Pour acquérir le trône anglais, Guillaume allait devoir le conquérir.

Les premiers mois de l'année 1066 furent occupés à d'intenses préparatifs militaires et diplomatiques. Selon Guillaume de Poitiers, le duc de Normandie gagna à sa cause le pape qui lui envoya la bannière pontificale. Guillaume le Conquérant négocia le soutien militaire de ses barons et de seigneurs français ou bretons qui vinrent se joindre à l'expédition. Environ sept cents navires furent rassemblés dans l'estuaire de la Dives avant d'appareiller pour Saint-Valéry-sur-Somme et de traverser la Manche pour débarquer le 28 septembre.

Après la campagne victorieuse de l'automne 1066 et le couronnement de Guillaume le jour de Noël, il fallut encore près de cinq longues années pour achever la conquête. Sans doute Guillaume avait-il l'intention de s'attacher la loyauté de ses nouveaux sujets et d'inscrire son règne dans la continuité des rois anglo-saxons, mais la violence exercée et les promesses faites à ceux qui avaient tenté l'aventure firent que le nouvel ordre s'établit dans la douleur. Rarement, dans l'histoire européenne, une conquête eut des conséquences aussi désastreuses pour les vaincus dont l'élite, en l'espace de quelques années, disparut au profit d'une autre, venue du Continent.

Pendant près de cent quarante ans, jusqu'au recouvrement de la Normandie par Philippe Auguste (1204), celle-ci et l'Angleterre furent gouvernées par une même dynastie et connurent un destin partagé, tout en conservant une personnalité propre. Pendant les premiers temps, la domination française sur l'Angleterre fut sans partage, les nouveaux venus amenant avec eux leur langue et accaparant les principales fonctions de commandement. L'assimilation progressa dans le courant du XIIe siècle et, à terme, bien des descendants des conquérants établis dans le pays se considéraient comme des Anglais.

Pierre Bauduin

Le pape Urbain II et Pierre l'Ermite prêchèrent la croisade au concile de Clermont, en 1095.

1095
LE PAPE PRÊCHE LA PREMIÈRE CROISADE AU CONCILE DE CLERMONT

Le concile de Clermont (1095)

« C'est au concile de Clermont, que le Pape Urbain II et Pierre l'Ermite prêchèrent la première croisade. Les assistants, nobles et peuple, pleins d'enthousiasme, s'écrièrent : "Dieu le veut !" Ils attachèrent des croix rouges sur leur poitrine en signe d'engagement. De là leur nom de croisés. »

Le 28 novembre 1095, au dernier jour du concile réuni à Clermont par le pape Urbain II, celui-ci prononça un sermon où l'on s'accorde à entendre l'appel à la croisade qui, pour près de deux siècles au moins, allait mobiliser la chrétienté d'Occident. Si l'on ne dispose pas d'enregistrement fidèle de ce prêche, on bénéficie néanmoins de plusieurs témoignages contemporains de nature différente qui permettent de connaître assez précisément les intentions du pape : les actes du concile (canon 9) ont été conservés ; Urbain II lui-même écrivit peu après le concile plusieurs lettres (aux Flamands, aux Bolonais, aux moines de Vallombreuse) où il précise sa pensée ; durant toute l'année 1095-1096, il parcourut le royaume de France du nord au sud pour prêcher et tenir des conciles, sur lesquels nous sommes renseignés ; quatre clercs, témoins oculaires du concile de Clermont – Geoffroy de Vendôme, Baudri de Bourgueil, Robert le Moine, Foucher de Chartres –, en ont donné une relation personnelle ; enfin, un autre moine, absent du concile, mais bien informé, Guibert de Nogent, a lui aussi rapporté à sa manière les propos du pape.

Urbain II était d'origine champenoise. Moine clunisien, il était au fait à la fois des efforts déployés par Cluny au profit de la *Reconquista* espagnole et de l'importance centrale de la réforme de l'Église engagée par la papauté romaine. Fait cardinal par le pape Grégoire VII (l'un des principaux initiateurs de ce que les historiens appellent justement, en référence à son nom, la « réforme grégorienne »), il en a poursuivi l'œuvre à partir de 1088 en veillant particulièrement à l'indépendance des évêques à l'égard des princes laïques. La promotion de la « réforme grégorienne » était la raison d'être de la réunion de Clermont, et c'est dans ce contexte qu'il faut

1095

replacer l'appel à la croisade. Un des buts de celle-ci est d'assurer la « paix » dans la chrétienté, de bannir les guerres fratricides de l'aristocratie chrétienne et d'utiliser au contraire pour la gloire de Dieu la violence légitimée par la sanction pontificale. Le concile a commencé du reste par proclamer la « Trêve de Dieu », qui suspend tous les conflits armés entre chrétiens. La croisade détourne cette violence, mais elle n'est pas pensée à l'origine comme une guerre de conquête : c'est un « voyage » ou un « passage » – le mot « croisade », qui fait référence au signe de la croix porté par les guerriers francs sur leur vêtement, est postérieur ; comme le pèlerinage auquel elle s'assimile à bien des égards, c'est une entreprise spirituelle.

Mais ce « voyage » a bien un but, explicite dès 1095 : c'est Jérusalem et plus précisément le Saint Sépulcre, le tombeau vide du Christ, déjà détruit en 1009 puis reconstruit, et maintenant plus que jamais menacé depuis la victoire des Turcs sur les Byzantins à Manzikert en 1071. Les empereurs grecs ont multiplié depuis lors les appels au secours : ils attendent des renforts, mais n'imaginent pas la « croisade » qui se prépare. En tout cas, le souci de répondre à leur attente fait partie des motivations du pape à Clermont. Faut-il enfin donner un sens eschatologique à la prédication d'Urbain II ? C'est ce qu'affirme peu après Guibert de Nogent, mais il est seul à mentionner ce motif. Le moine l'a-t-il ajouté de son cru ? L'historien Jean Flori estime possible, au contraire, que les autres témoins aient décidé de passer sous silence ce motif du combat à venir contre les forces de l'Antéchrist : à la fois par ce que la suite des événements allait montrer l'inanité de cette attente et parce que les prédicateurs populaires (Pierre l'Ermite et surtout Emich de Flonheim) développèrent sur ce thème une prédication millénariste réprouvée par la hiérarchie ecclésiastique. Mais cette dimension de la croisade ne peut être exclue, notamment en 1098 lors de la prise d'Antioche (qui donna lieu à une épidémie de visions et à la découverte miraculeuse de la Sainte Lance), puis le 15 juillet 1099 quand Jérusalem fut enfin conquise après que les croisés eurent organisé des processions semblables à celles que les Hébreux avaient faites pour faire tomber les murailles de Jéricho.

Quoi qu'il en soit du contenu de la prédication de Clermont, elle fut aussitôt suivie d'effet. Tous les départs se firent par voie de terre. Des troupes de simples gens partirent en bandes, dont certaines massacrèrent les juifs de Rhénanie avant d'être à leur tour décimées par les Turcs en Anatolie. Mieux organisés, les chevaliers partirent du nord de la France (sous la direction de Godefroi de Bouillon), du Midi (avec Raymond de Toulouse) et d'Italie du Sud (avec le Normand Bohémond). À Nicée, ils restituèrent à l'empereur Alexis Ier les possessions que les Turcs lui avaient prises. Mais, à partir de la mort du légat pontifical Adémar (1er août 1098), s'est imposée plutôt l'idée d'un partage des nouvelles conquêtes entre les princes francs : le comté d'Antioche échut à Bohémond, le comté d'Édesse à Baudoin de Boulogne, le comté de Tripoli à Raymond de Toulouse, le royaume de Jérusalem à Godefroi de Bouillon puis à son frère Baudoin. Une telle issue de la première croisade n'était pas prévue à Clermont, pas plus que les conséquences de cette installation : rapidement, il devint urgent de mettre en défense la Terre Sainte reconquise. Mais, dès 1145, Édesse retomba entre les mains des musulmans. En 1187, ce fut le tour de Jérusalem. Les nouvelles croisades et la création des ordres militaires (Hospitaliers, Templiers) ne purent rien contre cette érosion progressive. Saint-Jean-d'Acre, dernière possession latine, tomba en 1291.

Jean-Claude Schmitt

Philippe-Auguste remporta sur les Allemands et les Flamands la victoire de Bouvines, en 1214.

1214
LE ROI PHILIPPE-AUGUSTE GAGNE LA BATAILLE DE BOUVINES

Philippe-Auguste à Bouvines (1214)

« Une grande bataille s'engagea à Bouvines, près de Lille. Philippe-Auguste, soutenu par les milices des communes qui avaient accouru avec la bannière de Saint-Denis, remporta une victoire mémorable. Otton faillit périr, et le comte de Flandre, Ferrand, fut blessé et fait prisonnier.
Cette victoire fut un événement national. Partout, sur le passage du roi, les rues et les maisons étaient tendues de tapisseries, les paysans venaient voir le comte de Flandre enchaîné. "Ferrand, disaient-ils, te voilà maintenant ferré, tu ne pourras plus ruer le talon contre ton maître." »

Entre la victoire de Charles Martel à Poitiers (732) et celle de François Ier à Marignan (1515), peu de batailles ont eu l'importance et le retentissement de celle du « dimanche de Bouvines ». Ce jour-là, le roi de France Philippe II Auguste et son armée, forte d'environ mille trois cents chevaliers et de quatre à six mille sergents à pied – dont beaucoup levés pour la première fois par les communes du royaume –, remportèrent la victoire contre l'armée, sensiblement plus importante numériquement, de l'empereur Otton de Brunswick, allié au comte de Flandre Ferrand de Portugal et au comte de Boulogne Renaud de Dammartin. Si le principal ennemi du roi de France, le roi d'Angleterre Jean sans Terre, était absent du champ de bataille, il soutenait financièrement les coalisés et avait simultanément débarqué à La Rochelle pour venir faire le siège de La Roche-aux-Moines. Bouvines scellera aussi sa défaite. Le lieu de la bataille, tout près du pont de Bouvines sur La Marcq, était situé dans le comté de Flandre, dans les limites du royaume de France, à mi-distance de Lille et de Tournai. La bataille fut relatée par plusieurs chroniqueurs, dont un témoin oculaire, le chapelain du roi Guillaume le Breton, dont le récit entra ensuite dans les *Grandes Chroniques de France*. La victoire du roi capétien mit un terme pour de nombreuses années à la rivalité des rois de France et d'Angleterre, très vive tout au long des cinquante années écoulées et ranimée en 1204 par la mainmise définitive du premier sur la Normandie. Un autre enjeu, lui aussi durable, était le contrôle de la riche province de Flandre, centre économique majeur de l'Occident. La guerre était enfin une conséquence des relations difficiles que le pape Innocent III entretenait avec chacun de ces souverains, n'hésitant pas à user à leur encontre, successivement et pour des raisons différentes, des armes spirituelles majeures de l'excommunication et de l'interdit. En 1214, Otton, qui a trahi la cause du pape, est encore sous le coup de l'excommunication. Philippe Auguste vient au contraire de se réconcilier avec le pape en acceptant de reprendre à ses côtés son épouse légitime Ingeburge de Danemark.

Georges Duby a magnifiquement expliqué la signification rituelle de la *bataille* comme « liturgie du destin » : c'est une sorte d'ordalie, de jugement de Dieu, qui met aux prises avant tout les deux souverains principaux afin de décider d'un coup de l'issue de la guerre. Le caractère rituel de Bouvines est d'autant plus fort que cette bataille a eu lieu un dimanche et a enfreint par conséquent l'interdit ecclésiastique, en ce jour saint, de l'usage des armes. Mais, pour le chroniqueur capétien, la faute en revint à l'ennemi, qui a pris l'initiative de l'assaut et dont la défaite a donc le sens d'un châtiment divin. Les deux armées opposèrent l'une à l'autre trois « échelles » ou « batailles » – trois corps d'armée – rappelant pour le chroniqueur la figure de la Trinité. Les deux souverains sont précédés de leur emblème : le Capétien de l'oriflamme de Saint-Denis, l'empereur Otton d'une aigle surmontant un dragon – où les ennemis voient un signe diabolique – monté sur un char à quatre roues. La fuite de l'empereur et la capture de son emblème marquera la victoire sans appel du roi de France. Avant l'affrontement, le roi prend comme il le doit l'avis de ses plus proches compagnons d'armes. Puis il harangue ses troupes, que les bénédictions et la psalmodie des clercs accompagneront dans l'action. Sur les recommandations de frère Guérin, évêque de Senlis, les Français ne laissent pas aux rangs des impériaux le temps de s'organiser. Il s'ensuit une grande mêlée, d'où n'émergent pour l'observateur que les défis et joutes individuels des chevaliers : la bataille est une addition de tournois singuliers dont le but n'est pas de tuer l'adversaire, mais de le faire prisonnier pour en tirer une rançon. Guillaume le Breton ne mentionne la mort que d'un seul chevalier, le normand Étienne de Longchamp. Les rois se livraient rarement à de telles batailles : cela n'avait plus été le cas pour un roi de France depuis que Louis VI avait été vaincu à Brémule par le roi d'Angleterre Henri Ier en 1119. Bouvines est donc une bataille exceptionnelle, d'autant plus que le but d'Otton et de ses alliés semble bien avoir été de tuer Philippe et non de le capturer. Tombé à terre, le roi fut sauvé par la résistance de son armure (il avait la meilleure puisqu'il était le plus riche), par sa garde rapprochée et par le caractère sacré de l'onction royale : on ne porte pas sans commettre un sacrilège la main sur un personnage sacré. Les vainqueurs d'Otton ne poussèrent pas leur avantage en le tuant comme ils l'auraient pu : ils le laissèrent s'enfuir, condamné à ne jamais pouvoir se remettre de sa défaite. La liste des prisonniers fait état de cent trente nobles et chevaliers, dont les deux comtes félons, que le roi traîna enchaînés lors de son triomphe à Paris.

La victoire était totale et elle affermit durablement la puissance du roi capétien. Elle fut incontestablement ressentie comme une victoire « nationale », qui s'est aussitôt inscrite dans la mémoire collective, comme en témoignent dès cette époque de nombreuses chroniques à travers toute l'Europe. Quelques années plus tard, la reine Ingeburge fit ajouter, dans le calendrier de son psautier enluminé, la mention en français de la victoire de Bouvines, comme s'il s'agissait d'une fête liturgique qu'il convenait de célébrer tous les ans (Chantilly, musée Condé). Les sergents d'armes de Bouvines avaient fait le vœu de construire une chapelle à sainte Catherine s'ils remportaient la victoire ; ils obtinrent pour cela l'appui du petit-fils de Philippe Auguste, Saint Louis (né trois mois avant la victoire), comme le rappelèrent vers 1400 deux dalles de pierre gravées, colorées et dorées, à leur effigie (Saint-Denis, chapelle Saint-Jean-Baptiste). Le « mythe de Bouvines » (G. Duby) était en train de se constituer, relayé bientôt par les historiens de l'Ancien Régime puis par ceux du XIXe siècle, diffusé enfin par les manuels scolaires et leur iconographie.

Jean-Claude Schmitt

Le roi Saint Louis fit une croisade à Tunis, et mourut de la peste en 1270.

1270
LE BON ROI SAINT LOUIS MEURT À LA CROISADE, SOUS LES MURS DE TUNIS

La mort de Saint Louis

« Après avoir débarqué à Tunis, sur une plage de sable brûlée du soleil, Saint Louis vit son armée décimée par la peste. Lui-même, après avoir perdu son fils, fut atteint et il se prépara courageusement à la mort. Étendu sur un lit de cendres, il expira en murmurant, les yeux levés vers le ciel : "Père, je commets mon esprit en ta garde." »

La justice de Saint Louis

« Saint Louis aimait à rendre la justice à tous, petits et grands. "Souvent, dit Joinville, historien de Saint Louis, il arriva qu'en été le roi allait s'asseoir au bois de Vincennes, au pied d'un chêne, et nous faisait asseoir autour de lui. Ceux qui voulaient être jugés venaient à lui, et il disait : 'Taisez-vous tous, on vous jugera l'un après l'autre.'" »

Cette date, ainsi formulée, entretient trois images idéalisées. La première, c'est celle du roi de France, Louis IX. Il est le deuxième des trois rois de France dont le prestige a survécu à la chute de la royauté et à la fin d'un Ancien Régime condamné et remplacé par les mythes de la Révolution et de la République et qui ont laissé au travers des régimes politiques français des XIXe et XXe siècles une image positive : Philippe II Auguste, vainqueur de la première victoire « nationale » française, Bouvines (1214), Louis IX, le roi juste et « apaiseur » (règne de 1226-1270), seul roi de France canonisé en 1297, et Henri IV, le roi qui mit fin aux guerres de Religion du XVIe siècle et assura à toutes les familles paysannes françaises le plaisir de savourer chaque dimanche « la poule au pot ».

Pour Saint Louis, l'image d'Épinal la plus évidente est celle du roi rendant la justice sous le chêne de Vincennes, immortalisée par Joinville. Elle figure bien dans ce manuel mais non dans la table chronologique. Ce comportement n'est pas daté. Ce n'est pas un événement. Ce n'est pas une date. L'histoire par les dates est forcément événementielle. Elle prolonge une façon de faire l'histoire qui a été mise à mal par l'École des *Annales*. Elle relève d'une conception archaïque et rétrograde de l'histoire.

La deuxième image idéalisée est celle de la croisade, mais il s'agit d'une croisade ratée. Elle évoque donc une image ambiguë de la croisade, héroïque mais vaincue. Elle immortalise plutôt une autre facette de l'image de Saint Louis, celle du roi souffrant, d'un roi de douleurs, d'un roi-Christ. Tunis est le lieu de la passion de Saint Louis. À cet égard, l'image symbolique est renforcée par le fait que cette mort serait due à une maladie particulièrement terrifiante : la peste. Mais c'est une contre-vérité historique. La peste n'a pas existé en Occident, y compris l'Occident maghrébin, de la fin du VIIIe siècle (fin de la peste dite « de Justinien ») au milieu du XIVe siècle, début de la peste « noire ». Saint Louis n'est pas mort de la peste mais du typhus. Mais le typhus est moins symbolique que la peste.

La troisième image idéalisée est celle d'une mort à l'étranger. Pour un roi chrétien, un roi de France, mourir en territoire étranger, au surplus en vue des murailles d'une ville non conquise, appartenant à une civilisation ennemie, la civilisation musulmane, est un malheur extrême. La date de 1270, ainsi caractérisée, est celle d'un des plus grands malheurs de l'Occident médiéval.

Cela étant, dans la perspective d'une histoire par date, 1270 est-elle représentative d'un moment important de l'histoire de la France et de l'Europe ?

On pourrait la justifier comme marquant le début d'un tournant dans cette histoire. On peut la considérer comme le début de la fin du « beau XIIIe siècle », d'une période d'apogée de l'Europe chrétienne, le moment de basculement d'une phase A vers une phase B, dans une périodisation de l'histoire selon une évolution démographique et économique faite de successions de périodes de croissance et de prospérité (phase A) et de périodes de récessions et de déclin (phase B).

Le XIVe siècle a évoqué avec nostalgie « le bon temps de monseigneur Saint Louis ». Les signes inquiétants se sont multipliés à la fin du XIIIe et au début du XIVe siècle.

En 1277, l'évêque de Paris Étienne Tempier condamne des doctrines averroïstes et thomistes enseignées à l'Université de Paris, mettant fin à la grande période scolastique.

En 1280, des grèves et des émeutes urbaines éclatent dans de nombreuses villes de France. C'est la fin du grand essor urbain de l'Occident médiéval.

En 1284, l'effondrement des voûtes de la cathédrale de Beauvais élevées à quarante-huit mètres de hauteur marque les limites de l'architecture gothique.

En 1291, les mamelouks prennent Saint-Jean-d'Acre, mettant fin aux croisades et à l'Orient latin.

En 1293, les ordonnances de justice à Florence marquent la victoire de la bourgeoisie urbaine du *popolo* sur la noblesse des *magnati*, marquant un temps d'arrêt à la domination nobiliaire.

En 1294-1295, le roi de France Philippe le Bel procède à la première « dévaluation de la monnaie », mettant fin à une longue période de stabilité monétaire.

Durant le premier tiers du XIVe siècle, enseignement et prédication à Paris, Oxford, Strasbourg et Cologne, des franciscains Duns Scot (mort à Cologne en 1308) et Guillaume d'Occam (mort en 1348) et du dominicain Maître Eckhart (mort en 1327), théologiens fidéistes qui mettent fin à l'équilibre entre la foi et la raison réalisé par les grands scolastiques du XIIIe siècle, et notamment par Thomas d'Aquin (mort en 1274) recourant au philosophe grec antique Aristote.

En 1297, la *Serrata* du Grand Conseil, qui interdit la promotion de nouvelles familles nobles, fige l'aristocratie vénitienne.

En 1300, le Jubilé décrété par le pape Boniface VIII qui attire des foules de toute la chrétienté à Rome couronne l'essor de cette chrétienté sous la conduite de la papauté.

En 1302, la piétaille flamande écrase la fine fleur de la chevalerie française du roi Philippe le Bel à la bataille de Courtrai (bataille des Éperons d'or); ce qui constitue le début du déclin militaire de la noblesse.

En 1303, l'humiliation du pape Boniface VIII à Anagni par l'envoyé de Philippe le Bel marque le début de la manifestation d'indépendance et de force des monarchies « modernes » face à la papauté.

En 1309, exil de la papauté en Avignon. La centralité symbolique de Rome prend fin provisoirement mais de façon traumatique pour la chrétienté.

En 1310, dernière descente d'un empereur allemand (Henri VII) en Italie. Henri VII meurt à Pise en 1313. C'est la fin du rêve impérial incluant l'Italie et se couronnant à Rome.

En 1313, les fantassins suisses remportent la bataille de Morgarten sur les Habsbourg accentuant le déclin militaire de la noblesse.

En 1315-1317, retour de la famine générale en Occident.

La mort de Saint Louis attribuée à une peste antidatée devant Tunis en 1270 peut donc apparaître comme le lever de rideau réel et symbolique sur le déclin de l'apogée médiéval des XIe-XIIIe siècles. La conception généralement acceptée de ce déclin a été pourtant récemment contestée et la notion de mutation créant une nouvelle forme de l'essor médiéval continu a été proposée à la place de celle de « crise du XIVe siècle ».

Quoi qu'il en soit, en 1270, la mort de Saint Louis devant Tunis peut-elle être acceptée comme une date importante du Moyen Âge ?

C'est le cas si l'on se place dans la perspective d'une histoire de France. Mais l'Europe des nations n'existe pas encore en 1270. La réalité économique, sociale, politique, culturelle, c'est l'Occident chrétien. Dans ce cadre, la mort de Saint Louis n'est qu'une péripétie. Si l'on considère qu'elle marque symboliquement le début de la fin de l'essor médiéval, d'autres dates sont plus significatives : le Jubilé de 1300, l'attentat d'Anagni en 1303, la mort d'Henri VII à Pise en 1313, la grande famine de 1315-1317. Si 1270 peut apparaître comme la fin des croisades officielles, les hommes et les femmes du Moyen Âge ne l'ont pas su et l'esprit de croisade a longtemps persisté. Mais il est exceptionnel en histoire qu'une date soit – même symboliquement – essentielle. La chronologie qui est un instrument nécessaire de l'historiographie n'est pas une série de dates mais une suite de périodes. L'histoire profonde n'est jamais ponctuelle, événementielle, mais se définit dans la durée, y compris la durée plus ou moins courte des périodes. Et c'est le devoir de l'historien, de l'enseignant, de ne proposer une chronologie, à plus forte raison des dates, qu'en les commentant, en les replaçant et en les expliquant dans la longue durée historique.

Jacques Le Goff

Le bon roi Saint Louis, assis sous le chêne de Vincennes, rendait la justice.

Philippe le Bel abolit l'ordre des Templiers et fit brûler le grand maître sur le bûcher.

1302
LE ROI PHILIPPE LE BEL CONVOQUE POUR LA PREMIÈRE FOIS LES ÉTATS GÉNÉRAUX

1314
PHILIPPE LE BEL ABOLIT L'ORDRE DES TEMPLIERS

Philippe le Bel et les États Généraux

« Entouré d'hommes de loi ou légistes, Philippe le Bel organisa et fortifia le gouvernement royal. Il convoqua pour la première fois les représentants du tiers état avec la noblesse et le clergé. Cette réunion prit le nom d'états généraux du royaume. »

L'ABOLITION DES TEMPLIERS

« L'ordre des Templiers possédait des biens immenses. Philippe le Bel, qui convoitait leurs richesses, obtint du pape Clément V l'abolition de l'ordre. Le grand maître des Templiers, Jacques de Molay, fut arrêté et périt sur le bûcher. On raconte qu'avant de mourir il cita le pape et le roi à comparaître, dans l'année, devant le tribunal de Dieu. Ils moururent cette année (1314). »

Deux des dates de la chronologie proposée aux écoliers concernent le règne de Philippe IV le Bel. Aucun autre roi de France n'en a eu autant avant lui. C'est qu'il apparaît sous deux faces antithétiques : roi moderne et roi maudit. Il est à la fois celui qui fortifie l'État et rassemble la nation pour la première fois et celui qui, représenté sur son trône de majesté, l'épée au côté, couronné et revêtu du manteau fleur-de-lysé reçoit en plein cœur la malédiction de sa victime, le grand maître de l'ordre du Temple, Jacques de Molay. Pour tous les historiens qui ont eu à traiter du règne, y compris Jean Favier, le dernier en date et le plus sûr, l'émergence des légistes, le développement des institutions monarchiques et l'affaire du Temple occupent une place capitale, comme dans les deux textes proposés aux écoliers. Cependant ils y ajoutent toujours une autre donnée maîtresse qui manque ici ; le vif conflit de souveraineté qui ne cesse d'opposer un roi qui se veut empereur en son royaume au pape qui revendique le pouvoir suprême en tant que vicaire du Christ. Là pourtant se trouve le fil conducteur qui relie les deux faits retenus dans la chronologie sur lesquels il convient maintenant de revenir.

La première date est celle de l'assemblée tenue à Notre-Dame de Paris le 10 avril 1302. Ce n'est pourtant pas la première du genre ; elle est seulement remarquable par l'effectif imposant de ses membres. Ce n'est pas non plus, comme le libellé du texte le laisse entendre, la préfiguration des états généraux de 1789. À la date où ce manuel a été rédigé, il y a beau temps que la question a été tranchée. L'assemblée convoquée par le roi, composée des barons et prélats qui forment sa cour féodale, a été élargie aux représentants des chapitres et de villes pour représenter symboliquement la totalité du corps mystique dont il est la tête. Il ne veut pas la consulter, mais lui demander d'approuver, état par état, les lettres de protestation qu'il destine aux cardinaux et au pape. En effet, à l'occasion d'un conflit de juridiction, le pape Boniface VIII par sa bulle *Ausculta fili* et la convocation à Rome d'un concile d'évêques français a prétendu s'ériger en juge et correcteur des actes royaux et redresser les abus qui se commettent dans le royaume. Il s'agit donc bien d'un épisode du conflit récurrent de souveraineté, remarquable, il est vrai, par cet appel à l'Église gallicane et au peuple chrétien du royaume contre la théocratie.

L'affaire des Templiers est bien plus complexe. Il est fâcheux qu'elle soit réduite ici à la dimension d'un drame romantique tant par la vignette que par le texte et le récit à faire. Le roi, mû par sa cupidité, aurait attaqué l'ordre du Temple avec la complicité du pape, démontrée par l'abolition de l'ordre et sa présence à ses côtés au moment de l'horrible exécution. En fait, la question des ordres militaires concernait la chrétienté tout entière ; elle était le terrain d'action de ces puissances spirituelles et temporelles qui ne relevaient que du pape. Or, depuis la perte totale de la Terre Sainte en 1291, pour la défense de laquelle ils avaient été institués, ils étaient contestés dans leur raison d'être, critiqués pour leurs divisions, suspectés à cause des défaillances doctrinales et morales prêtées à leurs membres, dont l'idolâtrie et la sodomie. Le Temple était seulement le plus vulnérable de tous. Pour tenter d'y voir clair à son sujet, le pape Clément V qui avait recueilli la succession difficile de Boniface VIII, loin d'être le complice du roi de France, a cherché constamment à diriger une procédure d'enquête, générale et équitable. Mais il a eu constamment aussi la main forcée par Philippe le Bel qui, voulant la disparition de l'ordre, s'est efforcé d'amasser contre lui un faisceau de preuves accablantes. L'arrestation de tous les Templiers de France, le 13 octobre 1307, et l'application qui leur fut faite de la procédure inquisitoriale en résultèrent.

À notre époque, l'on sait parfaitement ce que peut donner un procès politique fondé sur la recherche de l'aveu par tous les moyens, y compris la torture. Constamment pris à contre-pied, Clément V fit approuver par le concile de Vienne, en 1312, sans prononcer de jugement sur le fond, la suppression de l'ordre et la dévolution de ses biens aux Hospitaliers. Le grand maître de l'ordre, qui naguère avait cru bon de faire des aveux compromettants, espérait pouvoir s'expliquer devant lui. Condamné sans appel à la prison perpétuelle par une commission pontificale, il rejeta alors toutes les accusations ignominieuses portées contre les Templiers et contre l'ordre. Seul des trois autres dignitaires incriminés, le commandeur de Normandie agit comme lui. Ils étaient donc relaps, c'est-à-dire retombés irrémédiablement sous l'emprise du démon ; la terre devait en être purgée. C'est pourquoi, conformément à la procédure en vigueur, ils furent aussitôt brûlés vifs, le 19 mars 1314, sur l'ordre du prévôt de Paris dans une petite île à l'extrémité de celle de la Cité. Ils étaient les derniers Templiers à subir les effets de ce terrible exorcisme, mais non les premiers ; cinquante-quatre les avaient précédés à Paris en 1310.

Le Temple, tel qu'il était, n'était sans doute pas plus conciliable avec les monarchies modernes que la théocratie. Mais pourquoi en France un tel acharnement haineux contre l'ordre ? Par cupidité ? Le roi, tout en réalisant quelque profit, a consenti à laisser ses biens aux Hospitaliers. Par raison d'État ? Pour ses légistes, sûrement. Pour lui, peut-être aussi tout simplement par conviction. Sans doute Philippe le Bel croyait-il en son âme et conscience à l'entière culpabilité des Templiers et jugeait-il de son devoir de les éliminer, même si le pape hésitait à le faire.

Bernard Chevalier

1328
PHILIPPE VI DE VALOIS DEVIENT ROI DE FRANCE

Avènement des Valois (1328)
« Philippe VI de Valois, chef de la branche des Capétiens-Valois, fut proclamé roi. »

La guerre de Cent Ans
« À l'avènement de Philippe VI de Valois, le roi d'Angleterre, Édouard III, petit-fils de Philippe le Bel par sa mère Isabelle de France, réclama la couronne. Telle fut la cause de la guerre entre la France et l'Angleterre. Elle dura cent ans. »

1328, une date pour marquer le début d'un nouveau règne, celui de Philippe VI, rien de plus banal à première vue. Surtout si l'on se souvient que, dans les histoires de France de l'époque moderne, la présentation des événements se faisait règne par règne, et encore dans les manuels scolaires élémentaires du début du XXe siècle.

Les choses ont cependant changé, à l'évidence, dans l'entre-deux-guerres. La formule est devenue rare dans notre « liste des dates à retenir ». On peut seulement la rapprocher de « 732 – Pépin le Bref se fait sacrer roi » et surtout, les premiers mots étant les mêmes, de « 987 – Hugues Capet devient roi de France et fonde la dynastie capétienne ». C'est marquer l'importance particulière des changements non de règne mais de dynastie. Il ne s'agit pas exactement ici du passage d'une famille régnante à une autre mais, au sein de la même famille, du passage de la branche aînée des « Capétiens directs » à la branche cadette des Valois – et des problèmes de succession qu'il posa. Ils passionnèrent longtemps l'historiographie française.

La « leçon à réciter » qui correspond à 1328 revient donc sur la question, le nouveau roi y étant présenté comme le chef « de la branche cadette des Capétiens-Valois », continuité et changement, atouts et handicaps de Philippe VI plus ou moins discrètement suggérés. Comme par la formule suivante « fut proclamé roi ». Elle s'explique peut-être par le souci d'enrichir le vocabulaire des enfants mais pose à l'historien des problèmes d'interprétation et renforce le sentiment que la royauté française aborde en 1328 un tournant politique délicat. Renvoie-t-elle à la situation ambiguë d'un roi choisi et « proclamé » – en une manière d'élection – par une assemblée des grands du royaume, se prononçant, à défaut d'un héritier mâle du dernier roi, pour un prince de la famille, réputé bon chevalier, proche de ses barons et surtout « né du royaume » ? Ou la « proclamation » du nouveau roi évoque-t-elle l'« acclamation » traditionnelle de celui-ci par tous les puissants et l'assemblée réunis pour son sacre ? Une laïcisation de la cérémonie bien dans la manière de l'école républicaine – le mot « sacre » est réservé, dans notre liste de dates, au « sacre de Pépin le Bref », le premier de tous, et au « sacre » chevaleresque de François Ier.

Le tout ne fait pas de ce « roi trouvé » un roi incontestable. La « leçon » suivante – elles se multiplient sur un sujet jugé alors capital – révèle enfin clairement que ces problèmes de succession conduisent à la guerre de Cent Ans.

Les auteurs du manuel rappellent sobrement les droits à la couronne de l'autre prétendant, Édouard III d'Angleterre, seul petit-fils de Philippe le Bel, par sa mère. Ils posent ainsi, implicitement, la question de la transmission du droit au trône de France par une femme. Au moins épargnent-ils à leurs lecteurs la référence à la fameuse « loi salique* » : on sait que les légistes royaux la redécouvrirent et ne l'exploitèrent politiquement que sous Charles V, quelque quarante ans plus tard.

Les mêmes auteurs affirment en revanche avec une belle assurance que la guerre de Cent Ans eut pour « cause » cette querelle dynastique (cf. p. 118). Les historiens d'aujourd'hui, qui se passionnent moins pour le sujet, sont plus circonspects : ils remarquent qu'Édouard reconnut d'abord, même de mauvaise grâce, Philippe comme roi de France en se reconnaissant lui-même son vassal pour ses fiefs aquitains en juin 1329. Cette « question de Guyenne » empoisonna les relations entre les deux princes dans les années suivantes, le roi de France apportant son aval de suzerain aux revendications des turbulents vassaux d'Édouard, comme l'y autorisait la règle féodale. Ce dernier, excédé, rompit enfin en 1337 en lançant son défi à « Philippe qui se dit roi de France ».

Le débat sur la « cause » dynastique de la guerre, ses origines féodales, étatiques – le heurt des deux premières puissances monarchiques d'Occident – et économiques – le contrôle du marché des draps de Flandre et du marché des vins de Bordeaux, deux piliers du commerce international – n'est pas entièrement clos aujourd'hui.

Les opérations commencèrent donc en 1337, non en 1328, par de grandes manœuvres diplomatiques, et se terminèrent en 1453, scandées par de nombreuses et souvent longues périodes de trêves officielles ou d'accalmie des combats – elles firent parfois croire aux populations que la paix était de retour et qu'il était opportun de reconstruire les campagnes ravagées par les bandes. La guerre ne dura donc pas exactement cent ans, comme l'écrivent nos auteurs. Le terme « guerre de Cent Ans » n'en fut pas moins adopté au début du XXe siècle, d'abord dans les manuels scolaires par souci pédagogique : à l'évidence, l'expression fait image ; elle est aussi, d'esprit, en accord avec le caractère interminable de la guerre, auquel furent de plus en plus sensibles ses contemporains.

Jean Tricard

---

* *Un point de l'antique loi des Francs saliens qui excluait les femmes du droit de succession aux terres « libres ».*

Eustache de Saint-Pierre et ses compagnons supplièrent Édouard III d'épargner la ville de Calais.

1346
PHILIPPE VI DE VALOIS EST VAINCU PAR LES ANGLAIS À CRÉCY (ET SIÈGE DE CALAIS)

Philippe VI de Valois
« Philippe VI se fit battre par Édouard III à la bataille de Crécy (1346), et perdit la ville de Calais. »

Eustache de Saint-Pierre
« Après sa victoire de Crécy, Édouard III, roi d'Angleterre, mit le siège devant la ville de Calais. La place résista avec courage. Le roi, furieux, menaça de mort les habitants. Un généreux citoyen de Calais, Eustache de Saint-Pierre, et cinq compagnons, en costume de pénitents, la corde au cou, demandèrent grâce pour la ville. Le terrible roi ordonna de les faire périr. Mais la reine, dont le cœur était compatissant, obtint leur grâce par ses larmes et ses prières. »

À la date de 1346, et à la leçon qui y correspond, Philippe VI devient le vaincu de Crécy – sans doute son image dominante dans la mémoire collective –, le responsable désigné de la première des défaites mémorables du parti français, peut-être la plus surprenante : entre une petite chevauchée anglaise entreprise pour ravager le pays ennemi, faire du butin, rembarquer sans livrer bataille et le gros et lourd ost* royal qui a réussi à lui barrer la route et imposer le combat, la lutte paraissait inégale. Elle le fut, mais pas dans le sens attendu. Du côté anglais, l'infériorité numérique dicta un réalisme défensif, avant tout fondé sur l'efficace tir de barrage des grands arcs gallois, non sur les rares boulets tirés par les premières bombardes, surtout dangereuses pour leurs servants. En face, une noblesse enivrée de culture chevaleresque imposa la charge aveugle, piétinant ses propres arbalétriers génois pour courir plus vite à l'ennemi, aux grands coups à donner, aux belles prouesses mémorables, souvent à la mort idéale du chevalier. À la fin de la journée, c'est la fuite déshonorante de « l'infortuné roi de France ».

Les auteurs du manuel épargnent à leurs petits lecteurs le « récit » de l'humiliante défaite, sans doute trop douloureuse au sentiment national. Ils préfèrent attirer leur attention sur la longue et héroïque résistance de Calais, qui ne cède qu'à la famine – Calais rachète Crécy –, et surtout sur le célèbre épisode des « Six Bourgeois » prêts à sacrifier leur vie pour sauver celle de leurs concitoyens, selon la page émouvante de Froissart, Eustache de Saint-Pierre à leur tête.

Dans un livre tout récent, Jean-Marie Moeglin propose de n'y voir, au départ, que la traditionnelle cérémonie de reddition d'une

---

* Ost : *armée issue du service militaire dû au suzerain, d'une durée de quarante jours en principe.*

ville ayant longtemps résisté à un siège : le geste classique d'humiliation des représentants des vaincus doit entraîner en retour le pardon du vainqueur ainsi rétabli dans son honneur. Chaque parti respecte les rites convenus et il serait scandaleux que la grâce des suppliants ne répondît pas à leur fidélité aux règles. Déjà, au XVIIIe siècle, l'érudit Louis Oudart Feudix de Bréquigny, avait découvert dans les archives de la Tour de Londres, les célèbres et précieux *Rolls*, qu'Eustache de Saint-Pierre était demeuré dans la ville devenue anglaise et y avait bénéficié de la protection d'Édouard III pour conforter sa fortune.

Aucun commentaire iconoclaste de ce genre ici. Le mythe des « Bourgeois » prêts à donner leur vie pour leurs concitoyens ou à « mourir pour la patrie », la petite ou la grande, triomphe toujours plus du XVIe siècle à la première moitié du XXe – avant d'être peu à peu oublié – et Eustache de Saint-Pierre, le seul dont les petits écoliers de 1930 doivent retenir le nom, a sa place parmi « les grands hommes de la nation ».

L'image est là – encore en noir et blanc alors que la couleur fait son apparition dans d'autres manuels scolaires – pour rendre plus facile et plus concrète la mémorisation de cette scène héroïque, pour accroître l'émotion peut-être aussi. On est certes bien loin de la puissance dramatique des *Bourgeois de Calais* sculptés par Rodin et on peut penser que l'esthétique a été sacrifiée à la pédagogie. Car tout ce que les enfants doivent retenir y est, et facile à décrypter : en haut, le roi Édouard sur son trône, manifestement encore furieux de la longue résistance de Calais, plus roi de guerre impitoyable que roi justicier. À ses pieds, les six bourgeois agenouillés en suppliants, victimes expiatoires en « pure chemise » et « corde au col ». Pour faire bonne mesure ils présentent au roi les clés de la ville, ce que les chroniqueurs n'ont jamais dit – et pour cause, le geste est alors réservé à une autre cérémonie, « l'entrée royale » solennelle dans une ville. Entre les deux, la reine d'Angleterre, intercesseur et messagère de paix et de pardon, rôle par excellence de la femme et de la princesse : elle se jette aux pieds du roi pour implorer la grâce des bourgeois ; l'illustrateur ne l'a cependant pas représentée

« durement enceinte ». Sa « situation intéressante » – elle porte l'enfant royal et est fidèle à sa fonction de reproductrice – donne pourtant plus de poids encore à sa supplique. Mais, dans les années 1930, on ne parlait pas encore de « ces choses-là » aux petits enfants des écoles.

La grâce des bourgeois fut accordée, le roi avait-il le choix ? Calais fut vidée de ses habitants, remplacés par des Anglais, à quelques illustres et utiles exceptions près. La ville ne redevint française qu'en 1558, grâce à François de Guise. La date ne figure pas parmi nos « dates à retenir par cœur ».

Jean Tricard

Le roi Jean le Bon, malgré la bravoure de son fils, Philippe le Hardi, fut fait prisonnier à Poitiers.

1356
LE ROI JEAN LE BON EST VAINCU ET FAIT PRISONNIER PAR LES ANGLAIS À POITIERS

Jean le Bon à Poitiers (1356)

« *À la bataille de Poitiers, Jean le Bon se signala par son courage. Avec sa grande hache d'armes, il se défendait comme un lion. Son fils Philippe, qui, ce jour-là, mérita le titre de Hardi, le mettait en garde contre les coups. "Père, disait-il, gardez-vous à droite ; père, gardez-vous à gauche !" Mais la résistance était inutile. Le roi fut fait prisonnier.* »

1356, Poitiers. Jean le Bon prisonnier des Anglais. « Père, gardez-vous à droite… Père, gardez-vous à gauche… » Deux images ancrées dans les esprits. Regardons-y de plus près.

Deux siècles plus tôt, la duchesse Aliénor d'Aquitaine a épousé celui qui allait être le roi d'Angleterre Henri II. Ce mariage crée une étrange situation politique : pour l'Aquitaine dont ils sont réellement les héritiers, les descendants d'Henri II et d'Aliénor sont bel et bien, sur le continent, les hommes du roi de France. Et pourtant, en Angleterre, ils sont rois. De là, entre les rois de France et les rois d'Angleterre, des drames, des guerres, des traités. La guerre que l'on appelle « de Cent Ans » aura en réalité duré trois cents ans.

En cette fin d'été 1356, une armée part de Bordeaux et marche vers le nord. Elle devrait, sur la Loire, faire sa liaison avec une autre armée qui vient, elle, d'Angleterre. L'armée qui vient de Bordeaux et approche de Poitiers, c'est celle du prince Noir. On appelle ainsi le prince Édouard, fils aîné du roi d'Angleterre, parce qu'il porte une superbe armure toute noire. Mais on a beau dire « les Anglais », le prince Noir, prince de Galles en Angleterre, est aussi prince d'Aquitaine, et on compte beaucoup de Gascons dans son armée.

Le roi de France, c'est Jean le Bon. Son surnom veut dire le Bon Chevalier, le Brave. Il aimerait bien ne plus entendre parler des « Anglais ». Mais, surtout, il se veut un chevalier comme ceux de la légende. Il aimerait être admiré pour sa bravoure, ses prouesses, ses beaux faits d'armes. Et il entend bien être fier de ses fidèles : il a exigé de ses chevaliers qu'ils jurent de ne jamais reculer. Et, cependant, la guerre a changé, et ce sont parfois les arcs et les

1356

arbalètes des soldats de métier qui donnent la victoire, autant ou plus que les charges de la cavalerie.

On pourrait éviter la bataille. L'armée du prince Noir est fatiguée, elle manque de vivres, elle regagnerait volontiers Bordeaux. Jean le Bon n'a qu'à laisser l'ennemi se décourager. Mais Jean le Bon veut la bataille. Vaincre parce que l'adversaire n'a plus de pain, ce n'est pas un haut fait. Pour un chevalier, il n'y a de vraie victoire que celle qui se conquiert l'épée à la main.

L'armée du prince Noir est établie sur un plateau. La déloger sera difficile. Jean le Bon ordonne l'assaut. Sa cavalerie se fait massacrer par les archers bien embusqués derrière des haies. C'est à pied qu'il faut continuer le combat.

Philippe est un jeune homme de quatorze ans. Au côté de son père sur le champ de bataille, il gagne par son courage un surnom qui lui restera quand il sera duc de Bourgogne : il sera Philippe le Hardi. Ce jour-là, il protège le roi des mauvais coups, ceux qui viennent de côté. « Gardez-vous... ». Car le roi Jean se bat, désormais à pied, avec un courage qui force l'admiration.

Naturellement, le prince Noir et les siens ne cherchent pas à tuer le roi de France. Ce serait une erreur : on tue la piétaille, on ne tue pas un roi dont il sera facile de tirer rançon. Faire un prisonnier de haut rang, c'est la fortune assurée. Plus tard, celui qui l'aura faite prisonnière revendra Jeanne d'Arc...

Au soir du 19 septembre 1356, le roi de France a dû se rendre. Il ira tenir prison à Londres. Bien sûr, c'est un captif de luxe, que l'on traite avec des égards et qui mène grande vie en attendant une libération qui se négocie maintenant. Mais, en France, la situation est difficile. Les Parisiens se révoltent contre un gouvernement qu'ils tiennent pour responsable. Dans la campagne voisine, les Jacques, c'est-à-dire les paysans pauvres, brûlent et massacrent. Aux états généraux qui réunissent les députés de la noblesse, du clergé et des bourgeois, on exige des réformes. Celui qui sera Charles V, le jeune dauphin Charles, est désormais régent du royaume, et il ne maintient que très difficilement son autorité.

La négociation avec les Anglais – car c'est bien avec eux qu'il faut traiter – ne prend pas moins de quatre ans. En 1360, on conclut enfin ces traités de Brétigny et de Calais qui semblent signifier la ruine de la France. Il faut payer la libération du roi : la rançon sera de trois millions de livres. Même si c'est une affaire personnelle, c'est le royaume qui fournira la somme. Il faut aussi payer la défaite, et le prix sera une partie du domaine royal, c'est-à-dire de ces villes et de ces seigneuries qui procurent ses revenus au roi de France. Les ambassadeurs du dauphin Charles ont quand même réussi à éviter le pire : l'Anglais ne sera pas roi de France. Il y avait pourtant songé.

La monnaie a souffert de l'effort de guerre, des dégâts en tout genre, de la rançon du roi et de la diminution du domaine royal. Il faut dévaluer. On crée une nouvelle monnaie, une nouvelle pièce d'or qui va assurer la stabilité de la vie économique. On l'appelle d'un nouveau nom : le « franc ».

Quatre ans plus tard, Charles V est roi. Une des grandes affaires de son règne sera la reconquête de ce qu'a perdu son père. Il faudra vingt ans pour que le vainqueur de Poitiers ne soit plus grand-chose sur le Continent : il sera vraiment devenu l'Anglais.

Quant au jeune homme qui s'écriait « Gardez-vous à droite... », il aura montré son savoir-faire politique et sa persévérance : il sera le maître d'un extraordinaire ensemble de duchés et de comtés que l'on appellera l'« État bourguignon » et qui s'étendra du Jura jusqu'à la mer du Nord.

Jean Favier

Le chevalier breton, Bertrand Du Guesclin, nommé connétable, chassa les Anglais du royaume.

1380
MORT DU BRAVE DU GUESCLIN, CONNÉTABLE DU ROI CHARLES V LE SAGE

Du Guesclin

« Le gentilhomme breton, Bertrand Du Guesclin, était un rude soldat, brave chevalier, mais avisé et habile. Un jour il faisait le siège d'un château fort et ne parvenait pas à escalader les murs. Alors il eut l'idée de se déguiser en bûcheron avec quelques compagnons. Il se présenta à la porte du château. "Je viens, dit-il, apporter le bois que le seigneur m'a commandé." La porte s'ouvrit. À peine dans la place, lui et ses compagnons jetèrent leur fagot et, tirant leurs armes cachées sous leur vêtement : "Voilà, dirent-ils, un bois qui vous coûtera cher." Les soldats de la garnison furent massacrés et le château fort fut pris. Une autre fois, Du Guesclin, prisonnier du prince Noir, piqua

son amour-propre pour être mis en liberté. "Mon seigneur, on dit que vous avez peur de moi et que vous n'osez pas me mettre en liberté. – Eh bien ! fixez votre rançon vous-même." Du Guesclin répondit fièrement : "Pas moins de cent mille livres. – Et où les prendriez-vous, Bertrand ? – Mon seigneur, le roi de Castille en payera la moitié, et le roi de France le reste ; et, si ce n'est assez, il n'y a femme en France qui ne file pour ma rançon."
Du Guesclin, mis en liberté, chassa les Anglais de France. »

Mort de Du Guesclin

« *Du Guesclin, nommé connétable, servit son roi jusqu'au dernier jour. Il mourut au siège de Châteauneuf-de-Randon. Le gouverneur de la ville vint déposer les clés de la forteresse sur le lit de mort du vaillant guerrier.* »

La légende de « messire Bertrand », chevalier breton « de basse venue » (Jean Froissart) promu pour sa vaillance et sa fidélité connétable de France, est née à l'époque même. Par différents canaux et sous des formes diverses, elle a traversé les siècles, jusqu'à nos jours. De façon schématique, le roi de France Charles V (1364-1380) mais aussi ses sujets lui surent gré de l'accomplissement de deux missions : 1. avoir conduit hors du royaume, jusque dans la péninsule Ibérique, les Grandes compagnies, ces redoutables gens de guerre qui, ayant perdu leur gagne-pain après la conclusion en 1360 de la paix de Calais, continuaient sur une grande échelle à exercer leurs ravages ; 2. avoir contribué au premier rang à la reconquête de la partie du royaume de France cédée lors de cette paix au roi d'Angleterre Édouard III (1327-1377).

La source majeure sur sa vie est la chanson de geste longue de 24 346 alexandrins répartis en 786 laisses que composa dans les années qui suivirent sa mort un clerc du nom de Cuvelier, au total assez bien renseigné même si, conformément à la loi du genre, les épisodes fabuleux ne manquent pas. De cette épopée fut tirée, en 1387, une réfection en prose, plus sobre et plus courte, dont le franc succès rejeta dans l'ombre le poème de Cuvelier. Parallèlement, il subsiste de très nombreuses miniatures du XVe siècle illustrant des événements de la vie de Du Guesclin, depuis son enfance jusqu'à sa mort. S'est également conservé dans l'église abbatiale de Saint-Denis son tombeau, où il est représenté tête nue, en armure, l'épée au flanc gauche, d'une façon qu'on s'accorde à juger ressemblante. Il était réputé pour sa vigueur, son endurance, sa courte taille, les traits épais et disgracieux de son visage. Non sans raison, ce conducteur d'hommes, plutôt dénué de scrupules, faisait peur. Ses compagnons, parmi lesquels beaucoup de Bretons, lui étaient à l'évidence attachés. Ils lui faisaient confiance pour les mener sur la voie du profit et de l'honneur.

La fortune de Bertrand se situe dans le contexte de la guerre de Cent Ans. Soucieux de défendre son duché d'Aquitaine et prétendant au titre de roi de France légitime, Édouard III s'en prit victorieusement à ses rivaux Valois Philippe VI (1328-1350) puis Jean le Bon (1350-1364). Un tournant décisif intervint en 1356, lorsque, à la bataille de Poitiers, le fils d'Édouard III, Édouard, prince de Galles, fit prisonnier Jean le Bon. Pour se libérer et pour mettre fin à une guerre pratiquement perdue, celui-ci se résigna à la paix de Calais: il s'engageait à verser une lourde rançon et acceptait d'amputer d'un tiers son royaume (cf. p. 120). Ainsi fut créée la principauté d'Aquitaine, aussitôt confiée par Édouard III au vainqueur de Poitiers. Parallèlement, depuis 1342, une lutte dynastique divisait le duché de Bretagne, qui opposait Jean de Montfort, soutenu par Édouard III, et Charles de Blois, soutenu par Philippe VI et Jean le Bon. Du Guesclin se rangea du côté de Charles de Blois. Ce fut dans ces circonstances qu'il fit ses premières armes. Dès les années 1360 il s'était fait un nom. À la bataille d'Auray en 1364, Charles de Blois trouva la mort, Du Guesclin fut fait prisonnier puis libéré. La querelle de Bretagne était réglée.

Mais déjà un autre théâtre d'opérations s'ouvrait en Espagne, là encore du fait d'une compétition dynastique, entre Pierre Ier de

Castille et son rival Henri de Trastamare. Pierre avait pour lui Édouard III, Henri était soutenu par Charles V, qui lui dépêcha Du Guesclin et ses « gars ». Bertrand fut battu et fait prisonnier par le prince de Galles et d'Aquitaine en 1367, à Najera. Nouvelle rançon. Là se place l'anecdote racontée par Cuvelier. Du Guesclin, par forfanterie, fixa lui-même son prix : soixante mille doubles d'or. Une somme extravagante, mais ajouta-t-il en substance, Henri m'en payera bien la moitié, Charles m'en avancera l'autre. Et s'ils me font défaut, « il n'y a fileresse en France qui ne gagnât ma finance en filant ». Quelques mois plus tard, Henri remporta le dernier acte lors de la victoire de Montiel, suivie du meurtre de Pierre.

L'année même de Montiel (1369), Charles V décida de rompre la paix de Calais. Il lui fallait un connétable de renom pour conduire son armée. Les conseillers du roi portèrent leur choix sur Bertrand, resté en Castille. Bertrand accepta de revenir en France. Il reçut l'épée de connétable (une scène souvent représentée dans les miniatures), prêta serment et se mit aussitôt en campagne. Le succès fut au rendez-vous. Du Guesclin se montra dans l'ensemble efficace, agissant en conformité avec la stratégie sagement mise au point par le roi de France, qui était de préférer les sièges et les négociations au hasard des batailles rangées.

À un certain moment, Charles V fut amené à confisquer le duché de Bretagne et à le rattacher au domaine royal. Du Guesclin, qui se voulait à la fois « bon Breton » et « bon Français », lui en tint rigueur. Il connut une semi-disgrâce et fut envoyé très loin, en Gévaudan, pour assiéger la place de Châteauneuf-de-Randon. Au bout de quelques jours, le capitaine anglais, ou prétendu tel, s'engagea à la rendre et, en attendant, livra des otages. Mais, avant que l'accord ne fût exécuté, Bertrand mourut de maladie, et le capitaine voulut revenir sur sa promesse. Le maréchal de France Louis de Sancerre, compagnon d'armes de Du Guesclin, menaça aussitôt de décapiter les otages, et le capitaine ne put que lui remettre les clés de la place. Cette scène aussi fut retenue par plusieurs miniaturistes, dont le peintre Jean Fouquet dans un manuscrit qui s'est conservé des *Grandes Chroniques de France*.

Hardi et infatigable artisan de la reconquête du royaume, Du Guesclin, populaire dans le pays, n'avait pas que des amis à la cour. On lui reprochait sa cupidité, ses vantardises. Pendant plusieurs années, les oncles du nouveau roi, les ducs de Berry et de Bourgogne, ne se soucièrent pas de célébrer sa mémoire. Mais, en 1389, Charles VI, dès lors suffisamment âgé pour gouverner par lui-même, décida enfin d'organiser en son honneur, à Saint-Denis, une solennité funèbre, digne d'un prince ou d'un roi. La classe chevaleresque s'en réjouit bruyamment. On rappela sa fidélité sans faille à la couronne de France. Pour la première fois à Saint-Denis se déroulèrent des obsèques chevaleresques, marquées par l'offrande rituelle des écus, des épées, des chevaux et des bannières. Les chevaliers présents assuraient que cette cérémonie était simplement à la hauteur des incomparables mérites du bon connétable. « Nul n'était capable de porter avec autant de courage les insignes qu'on venait d'offrir et de s'en servir comme lui pour le bien du royaume et le malheur des Anglais. » Après l'offrande, un prélat monta en chaire. Prenant comme thème de son sermon « Son nom a été porté jusqu'aux extrémités de la terre », il raconta les travaux de Du Guesclin, ses prouesses, et en profita pour rappeler à la chevalerie assemblée les conditions de la juste guerre : il y fallait l'ordre d'un roi ou d'un prince souverain, une cause légitime, une intention droite, dans le but d'éviter le mal et de promouvoir le bien.

Autant dire que l'école de la IIIe République, toute laïque et démocratique qu'elle ait été, s'inscrivit, avec sa pédagogie propre (texte et images), dans la continuité de cette héroïsation qu'on peut qualifier dès le départ de nationale.

Philippe Contamine

Les Anglais apportèrent sur le cercueil de Du Guesclin les clés de la citadelle.

En traversant la forêt du Mans, Charles VI, ému par l'apparition subite d'un vieillard, devint fou.

1415
PENDANT LA FOLIE DU ROI CHARLES VI, LA NOBLESSE FRANÇAISE EST VAINCUE PAR LES ANGLAIS À AZINCOURT

LA FOLIE DU ROI CHARLES VI

« Le roi Charles VI, devenu majeur, continua le sage gouvernement de son père. Malheureusement il devint fou.
Un seigneur, nommé Pierre de Craon, avait assassiné le connétable Olivier de Clisson. Charles VI voulut punir le criminel et le poursuivit en Bretagne. Comme il traversait une forêt, il vit tout à coup un vieillard sortir d'un fourré et s'élancer à la bride de son cheval, s'écriant : "Ne chevauche pas plus avant, noble sire, tu es trahi !"
Charles VI, tout ému par cette rencontre, tira l'épée et courut sur ses gardes, en criant : "À mort les traîtres !" Le roi était fou. »

Les Armagnacs et les Bourguignons

« Les oncles du roi reprirent le gouvernement. Mais des querelles éclatèrent entre le duc de Bourgogne, Jean sans Peur, et le duc d'Orléans. Celui-ci fut assassiné. Le comte d'Armagnac voulut venger cette mort. La France, divisée en deux camps, fut livrée à toutes les horreurs de la guerre civile. Les villes furent brûlées, les paysans massacrés. À Paris, un boucher, nommé Caboche, commit de grands excès. »

Défaite d'Azincourt (1415)

« Les Anglais profitèrent de ces désordres. Vainqueurs à Azincourt, ils nous imposèrent le honteux traité de Troyes, qui livrait la France à l'Angleterre. »

25 octobre 1415 : au soir de la Saint-Crépin, victorieux, Henry V, roi d'Angleterre, parcourt le champ de bataille, jonché de cadavres. Aux hérauts d'armes qui le suivent, il demande le nom du château dont la silhouette domine la plaine. « Azincourt », répondent-ils. « Alors, dit le roi, comme toutes les batailles doivent porter le nom de la plus prochaine forteresse, village ou bonne ville où elles sont faites, celle-ci aura nom la bataille d'Azincourt. » Ainsi la défaite d'Azincourt entrait dans l'histoire et prenait place, parmi les désastres de la guerre de Cent Ans, dans les mythes nationaux.

Trois mille ou quatre mille morts, dont sept princes proches parents du roi, les grands officiers de la couronne, des comtes, barons et chevaliers par centaines, les baillis des pays de « langue d'oïl », c'est-à-dire de toute la moitié nord de la France, « la fleur de la chevalerie » est tombée dans la boue d'Azincourt. Beaucoup d'autres sont prisonniers. Le maréchal Boucicaut, le duc de Bourbon mourront en captivité. Charles d'Orléans, duc et poète, restera vingt-cinq ans prisonnier, sans oublier « France que mon cœur aimer doit ». L'armée royale est anéantie. Les cadres de la monarchie sont brisés.

Pourtant la France n'a perdu qu'une bataille. Charles VI n'a pas été pris par les Anglais. Son vieil oncle, le duc de Berry, s'est opposé à ce que le roi parte au combat « parce que, dit un chroniqueur, il avait été à la bataille de Poitiers où son père le roi Jean fut pris, et il disait que mieux valait perdre bataille seule que roi et bataille ». La France a encore de grandes forces en réserve, notamment dans le Midi. Pourquoi semble-t-il alors que tout est perdu ? C'est que ce dernier coup venait après d'autres et n'en était que la conséquence. Si Henry V avait attaqué la France, c'est qu'il la savait ébranlée par les divisions.

En 1415, la France sortait de trente années glorieuses. Lentement les campagnes se reconstruisaient. Les villes surtout prospéraient, avec leurs églises, leurs écoles et leurs tribunaux, leurs marchands et leurs gens de loi. Paris, carrefour de création artistique, stimulé par les commandes des hôtels princiers, brillait de tous ses feux, avec la cour royale, l'Université, le Parlement. Les trois frères de Limbourg enluminaient les *Très Riches Heures du duc de Berry*.

Le corps du royaume était bien vivant, mais la tête était malade. Depuis 1392, Charles VI avait perdu la raison. Le drame de la forêt du Mans est dans toutes les mémoires. Il est midi. Sous le soleil brûlant d'une journée d'août, un roi triste chevauche dans une clairière poussiéreuse, troublé par un incident. Un vieillard s'est jeté dans les pas de son cheval : « Ne va pas plus loin, noble roi, tu es trahi ! » Voici qu'un page s'endort et laisse tomber sa lance sur le casque d'acier d'un autre page. Le roi se croit attaqué, tire l'épée, met son cheval au galop et, deux heures durant, poursuit les cavaliers de sa troupe, veut tuer son frère le duc d'Orléans. Et puis, maîtrisé, il tombe sans connaissance. Cette première crise est suivie d'autres. Accès de violence, prostration, dépression, rémission se succèdent à un rythme imprévisible. Dès qu'il a recouvré l'esprit et sans oublier ses souffrances, Charles reprend son dur métier de roi. Mais les répits sont de plus en plus rares et brefs. Et, après Azincourt, sa raison sombre définitivement. En 1392, Charles avait vingt-quatre ans. La maladie ne le lâchera plus jusqu'à sa mort survenue en 1422.

D'abord les conséquences politiques de la maladie royale ont été supportables. Le roi avait encore deux oncles paternels, les ducs de Berry et de Bourgogne, et un oncle maternel, le duc de Bourbon. Naguère l'on disait de Charles V, de ses trois frères et de son beau-frère, qu'ils étaient « cinq têtes royales en un chaperon et d'un seul vouloir ». Il ne restait plus que trois têtes sous le même bonnet, mais toujours décidées à suivre la même ligne politique. Cependant le roi avait aussi un frère, son cadet de trois ans, Louis, duc d'Orléans. Actif, brillant, le jeune duc voulait sa part de terres et surtout de pouvoir. Le conflit de génération, contenu par la sagesse de ses oncles, tourna à la crise ouverte après la mort du duc de Bourgogne, Philippe le Hardi, en 1404. Une guerre des finances opposa alors Orléans et Bourgogne. Ce fut une lutte à mort puisque, trois ans plus tard, le duc de Bourgogne, Jean sans Peur, faisait assassiner son cousin Louis d'Orléans. La rivalité des princes venant s'ajouter à la crise de croissance de l'État, commença alors la guerre civile que l'on appela des Armagnacs* et des Bourguignons.

La France d'alors ne formait pas un ensemble politique cohérent. Il y avait le domaine royal, administré par les officiers royaux, les grands fiefs, comme la Bretagne, et les apanages, seigneuries données aux fils cadets du roi. Gouvernés sur le modèle royal, enrichis par la présence du prince dont l'impôt royal accroît les ressources, avec leurs capitales et leurs résidences princières, foyers d'art et de culture, les duchés étaient devenus de véritables principautés territoriales et les princes des puissances autonomes. Mais les ducs, qui étaient aussi princes des fleurs de lys, avaient leur place dans le gouvernement du royaume. Ils siégeaient au Conseil, décidaient de la guerre et de la paix, alors qu'ils avaient leur propre politique extérieure, et pesaient lourd sur les finances royales.

Le pire pour la paix civile fut qu'autour de chacun d'eux se regroupèrent les partisans d'une ligne politique. Jean sans Peur se posait en partisan du « bon gouvernement ». Ses manifestes développaient des thèmes propres à charmer l'opinion : les fonctionnaires sont trop nombreux, trop payés, les impôts inutiles... Du côté des Orléans se regroupaient ceux qui poussaient au progrès de l'État, avec ses bureaux et ses impôts, et la rigueur de la loi. C'est que, en

---

* *Les Armagnacs : leur nom vient de Bernard VII, comte d'Armagnac, du parti de la famille d'Orléans, qui s'opposait aux Bourguignons, alliés des Anglais.*

ce temps de mutation des pouvoirs, la société politique était traversée par deux courants. L'un portait le progrès de l'État moderne, avec ses exigences de souveraineté nationale et d'intégrité territoriale. L'autre cherchait à freiner la croissance de l'État et prônait le retour aux anciennes coutumes et à la restauration du passé : réforme contre progrès, Bourgogne contre Orléans...

Fort de la faiblesse française, Henry V débarqua en 1415 au Chef-de-Caux. Ses premiers succès l'engagèrent dans la voie de la conquête. La Normandie prise, Paris conquis par les Bourguignons, les Armagnacs emportèrent le dauphin Charles dans son apanage de Berry et Poitou. L'assassinat de Jean sans Peur à Montereau en 1419 ruina les espoirs de réconciliation entre Armagnacs et Bourguignons. Et tandis que, la mort dans l'âme, Philippe le Bon, nouveau duc de Bourgogne, consentait en 1420 au « honteux traité de Troyes » qui « livrait la France aux Anglais », le dauphin Charles, qui deviendra, en 1422, le « petit roi de Bourges », préparait la reconquête, avec l'aide de ceux qui se disaient « vrais Français ».

Françoise Autrand

« Alors la France fut ensanglantée par les guerres des Armagnacs et des Bourguignons. »

Jeanne d'Arc, née à Domrémy, en Lorraine, entendit des voix qui lui ordonnaient de sauver la France.

1429
JEANNE D'ARC DÉLIVRE ORLÉANS

La jeunesse de Jeanne d'Arc

« Jeanne d'Arc naquit au village de Domrémy, en Lorraine. C'était une fille pieuse et simple. Elle allait souvent à l'église ; elle priait au milieu des champs où elle conduisait ses brebis. À treize ans, elle entendit des voix mystérieuses qui lui ordonnaient de sauver le royaume.
La pauvre fille était effrayée. Son père, à qui elle parla de son projet, la menaça de la noyer de ses propres mains si elle partait avec des soldats. Mais Jeanne avait foi en elle-même, et elle partit. »

La délivrance d'Orléans (8 mai 1429)

« Jeanne entreprit de délivrer Orléans. Les Anglais, qui assiégeaient cette ville, avaient construit tout autour des forteresses ou bastilles, pour la bloquer. Jeanne attaqua la bastille des Tournelles, monta à l'assaut et fut blessée. Elle pleura en voyant son sang couler, mais refusa de se retirer. À peine fut-elle pansée qu'elle reparut, sa bannière à la main, criant : "Tout est à vous, entrez !" Les Tournelles furent prises, et les Anglais se retirèrent. »

« L'an mil quatre cent vingt et neuf Reprit a luire le soleil. »

C'est par ces vers que Christine de Pisan reprend la plume après un long silence pour célébrer, en un dernier poème, la victoire de Jeanne d'Arc sur les Anglais, à Orléans, le 8 mai, et celles qui suivent sur la Loire, à Jargeau, le 12 juin, à Meung le 15, à Beaugency dont le château capitule le 17, et surtout à Patay, le 18 juin, qui voit Talbot emprisonné, Falstaff en fuite et, disent les chroniques, deux mille morts dans le camp ennemi, c'est-à-dire beaucoup. Les nouvelles sont déformées sur-le-champ, et à Paris, dont le gouvernement est anglo-bourguignon, on raconte la déconfiture des forces anglaises en magnifiant l'action militaire de Jeanne.

À peine réussie, la prise d'Orléans entre dans la légende et le 8 mai devient sur place une fête commémorative, comme le montre le *Mystère du siège d'Orléans*, dont la première version a été rédigée seulement cinq ans plus tard. Or la réalité est autre. Les troupes du dauphin sont plutôt clairsemées : depuis la fameuse journée des Harengs (12 février 1429) au cours de laquelle elles ont été incapables d'intercepter un simple convoi de ravitaillement destiné aux Anglais, il ne reste plus que le bâtard d'Orléans, Dunois, et ses hommes pour soutenir les bourgeois de la ville, qui, longtemps fidèles à leur seigneur, le duc d'Orléans exilé en Angleterre depuis la bataille d'Azincourt (1415), et au dauphin, sont désormais prêts aux transactions. Il est vrai que le siège de la ville dure depuis huit mois ; et les capitaines anglais, Salisbury puis Talbot, semblent avoir l'avantage en tenant le pont des Tourelles et ses bastilles sur la Loire. Mais leur résistance armée est moins forte qu'il n'y paraît et la victoire de Jeanne doit peu à ses vertus de chef de guerre. La Pucelle fait bien partie de l'avant-garde de l'armée de secours, mais elle n'est pas seule dans le combat puisque La Hire l'accompagne. Elle est surtout tenue à l'écart des opérations officielles que mènent Raoul de Gaucourt, chef de la garnison, et Dunois, qui rejoint le reste de l'armée de secours le 4 mai. Le succès des coups de main auxquels participe cette jeune fille de dix-sept ans, du 29 avril au 8 mai, tient à son initiative personnelle, mais ils restent ponctuels. Jeanne entre solennellement dans la ville, à la lumière des torches, le 29 au soir, et reçoit un accueil enthousiaste de la population ; elle participe avec succès aux assauts à la bastille Saint-Loup, à Saint-Jean-Le-Blanc, aux Augustins ; elle est blessée, comme elle l'avait prédit, mais refuse de se faire soigner pour encourager les combattants à prendre les Tourelles et le pont, d'où le succès final des troupes delphinales, le 8 mai.

L'action de Jeanne est d'ordre psychologique plus que militaire. Elle fait peur à ses ennemis, car elle porte des armes qu'elle prétend tenir sur ordre de Dieu, qu'il s'agisse de son étendard blanc à devise, de son pennon, ou de son épée qui a été trouvée de façon miraculeuse à Sainte-Catherine-de-Fierbois. Lors de l'assaut des Tourelles, Jeanne n'a-t-elle pas dit « quand la queue de mon étendard touchera le boulevard, tout sera vôtre, allez-y et entrez » ? Ce qui fut fait, et certains prétendent même avoir vu voler une colombe blanche pour confirmer la victoire. Semé de lys, cet étendard comporte d'un côté les mots « Jesus Maria », et il est orné au centre de la figure du roi du Ciel siégeant en juge et de deux anges, l'un, Gabriel, tient le lys de l'Annonciation et de la miséricorde, l'autre, l'archange Michel, porte l'épée de la vengeance destinée à ceux qui ont mené des actions injustes, à commencer par les Anglais et les Bourguignons. Ainsi se déploie tout un programme, celui que les voix de Jeanne, celles de sainte Catherine, de sainte Marguerite et de l'archange saint Michel lui ont dicté à Domrémy, qu'elle a confié au dauphin lors de sa rencontre à Chinon, en mars 1429, et qu'elle a exposé aux clercs et aux matrones qui l'ont examinée avant que le roi ne lui fît confiance. En cela point de magie comme l'ont prétendu les juges lors de son procès. Soucieuse de répandre la pureté religieuse dans l'armée, Jeanne demande à frère Pasquerel de confesser et de donner systématiquement le viatique à ses compagnons d'armes, à qui elle interdit de blasphémer et de fréquenter les prostituées. Représentante d'un nationalisme frontalier exacerbé, Jeanne veut, comme elle l'écrit d'ailleurs aux Anglais dans plusieurs missives avant et pendant le siège, les « bouter hors de France ».

En prophétesse, comme le sont avant elles de nombreuses voix féminines, elle annonce alors quatre prédictions : délivrer Orléans, faire sacrer Charles à Reims, reprendre Paris, faire rentrer le prince Charles d'Orléans de captivité. La première, réalisée, lui donne du poids à la cour, et surtout rend confiance au dauphin, sans pour autant déjouer toutes les intrigues. La situation militaire et politique, bloquée depuis le traité de Troyes en 1420 puisque le royaume se trouve divisé en trois forces sensiblement égales, est désormais ouverte. Sur la route de Reims, les villes se rendent sans pratiquement combattre, preuve que les forces anglo-bourguignonnes sont fragiles. Et même si, pour certains théoriciens, le sang fait le roi plus que l'onction, Jeanne, en fille du peuple, impose le sacre, qui a lieu le 17 juillet 1429. La victoire d'Orléans n'a certes pas mis fin à la guerre qui dure encore vingt-quatre ans, mais elle a donné à cet événement militaire un caractère de jugement de Dieu qui a accru la légitimité du dauphin et lui a permis de devenir le roi Charles VII.

Claude Gauvard

1429

Jeanne d'Arc conduisit les troupes royales à Orléans et elle délivra cette ville, en 1429.

Prisonnière des Anglais, Jeanne d'Arc fut brûlée vive sur la place du Vieux-Marché, à Rouen, en 1431.

1431
JEANNE D'ARC PÉRIT SUR LE BÛCHER À ROUEN

La mort de Jeanne d'Arc (1431)

« Jeanne fut faite prisonnière et vendue aux Anglais.
Transportée à Rouen, elle fut accusée de sorcellerie.
Malgré son innocence, Jeanne fut condamnée à être brûlée vive.
On la lia sur un chariot, et on la conduisit sur la place
du Vieux-Marché de Rouen, où le bûcher était élevé.
Parvenue au haut du bûcher, liée au poteau, elle regarda la foule
et ne put s'empêcher de dire : "Ah ! Rouen, Rouen, j'ai grand'peur
que tu n'aies à souffrir de ma mort !"
Le bourreau mit le feu ; Jeanne fit descendre le frère
qui l'exhortait et disparut dans les flammes, laissant retomber
sa tête et poussant un grand cri : Jésus !
Dix mille hommes pleuraient, et un Anglais disait tout haut
en revenant : "Nous sommes perdus, nous avons brûlé une sainte !" »

Le supplice du bûcher par lequel périt Jeanne sur la place du Vieux-Marché à Rouen, le 30 mai 1431, est l'un des rares événements de sa vie qui ne prête pas à controverse. C'est en effet le sort réservé aux hérétiques qui sont devenus relapses, ce qu'est Jeanne quand, à l'issue de son procès qui dure depuis le 9 janvier, elle abjure, le 24 mai, accepte la sentence de condamnation à la prison à perpétuité et promet d'abandonner l'habit d'homme, puis finalement se rétracte, le 27 mai. Le tribunal ecclésiastique, qui l'a jugée de façon tout à fait légale, la confie alors au bras séculier, c'est-à-dire aux Anglais qui la brûlent. Le procès est mené par l'évêque Cauchon, alors replié à Rouen, mais qui agit pour le diocèse de Beauvais dont il a la charge et où Jeanne a été faite prisonnière lors de sa sortie manquée à Compiègne, et par le frère dominicain Jean Lemaire, vicaire de l'inquisiteur de France. Face à eux, Jeanne est juridiquement seule, ce qui est normal car elle est considérée comme hérétique. De nombreux assesseurs — au total une centaine de spécialistes, juristes et théologiens — conseillent les juges pendant les deux moments du procès que sont l'interrogatoire puis l'énoncé des chefs d'accusation confié au promoteur de l'officialité de Beauvais, Jean Estivet. Toutes ces pièces ont été conservées : l'interrogatoire conduit en français ainsi que les minutes officielles rédigées en latin par les notaires, et les actes d'accusation, sous forme de deux libelles, l'un de soixante-dix articles, soumis à l'accusée, l'autre de douze articles, destiné à la sentence.

En matière pénale, la procédure inquisitoire, qui place l'aveu au cœur du procès et donne au juge la possibilité de procéder d'office, sur dénonciation de la renommée du coupable, de sa *fama*, s'est développée depuis le XIIe siècle. Elle s'est exercée de façon répétée contre les hérétiques, en particulier les cathares au XIIIe siècle, mais aussi contre les évêques dont les autorités, pape ou roi, ont voulu prouver l'infamie. L'Église sort à peine des tumultes du Grand Schisme (1378-1418)* et Jean Hus** vient, à Constance, de périr sur le bûcher. Au même moment, les procès de sorcellerie se font plus nombreux tandis que s'explicite la vision du sabbat. L'heure est au resserrement du dogme catholique et à une définition stricte de la hiérarchie ecclésiastique que les coups de boutoir démocratiques et conciliaires ont pu troubler. Il semble aussi temps de limiter la place des laïcs au sein de l'église militante, et à plus forte raison celle des femmes, dans un fort contexte de misogynie, comme l'a prouvé la querelle du *Roman de la rose* au début du XVe siècle.

Légal, ce procès se referme pourtant comme un étau sur Jeanne et tout se passe comme si le tribunal était dans l'incapacité de comprendre la culture religieuse et politique de cette jeune femme issue du peuple. Il fouille l'hérésie là où les réponses de Jeanne montrent un sentiment religieux exacerbé. Jeanne est soupçonnée d'être idolâtre puisqu'elle a vénéré ses voix qui sont autant d'images auxquelles elle a rendu un culte, par exemple en s'agenouillant devant elles. Elle n'a pas non plus respecté la paix des fêtes religieuses, en particulier quand elle a donné l'assaut à Paris, le 8 septembre 1429, jour de Notre Dame ; ce qui fut un échec, comme un signe de la colère de Dieu. Elle est sacrilège parce qu'en prison elle a préféré conserver l'habit d'homme plutôt que de faire ses Pâques comme ses juges l'y invitaient, à condition de changer d'habit. Or tout fidèle est tenu de communier une fois l'an, à Pâques, depuis le

---

* *Grand Schisme : il s'agit du Grand Schisme d'Occident (1378-1418), résultat de l'élection de deux papes, l'un à Rome (Urbain VI), l'autre à Avignon (Clément VII), puis d'un troisième (Alexandre V), au concile de Pise, en 1409. Il se termina par l'élection d'un pape unique (Martin V), lors du concile de Constance.*
** *Jean Hus (1371-1415), recteur de l'Université de Prague, dénonçait les mœurs de l'Église, il fut brûlé vif après avoir été condamné au concile de Constance.*

IVe concile de Latran, en 1215, et les femmes doivent se présenter en tenue décente, la tête voilée et les épaules couvertes. Jeanne, soldat, n'a jamais respecté ce principe et s'entête. Enfin, elle est insoumise : elle l'a été à ses parents qu'elle a quittés sans leur permission et elle l'est surtout à l'église militante. Elle refuse d'avouer, en particulier ce que ses voix lui ont révélé : « Vous ne saurez pas tout, je préférerais me couper la tête que de tout vous dire », et elle use souvent de procédés dilatoires : « Passez outre », répète-t-elle. Elle se réfère directement à Dieu, et les clercs se méfient de ceux qui entrent en contact immédiat et fréquent avec le divin. Ils y voient une forme de magie, seule susceptible d'animer la simple paysanne qu'est la pucelle. Jeanne n'aurait-elle pas été initiée par sa marraine, qui avait vu les fées ? Formés pour l'essentiel à l'Université de Paris, les conseillers des juges sont obsédés par les pratiques magiques, au moins depuis 1398, date à laquelle Jean de Bar fut condamné au bûcher pour nigromancie sur pression de la faculté de théologie. Les habits d'homme que Jeanne porte en permanence ne sont-ils pas consacrés aux démons comme le sont ceux des magiciens, témoins du pacte qui les lie à l'enfer ? Son anneau n'est-il pas un talisman ? Ne possède-t-elle pas une mandragore ? Aux questions qui lui sont posées sur ces différents points, Jeanne répond qu'elle sait que toutes ces superstitions existent, mais qu'elle n'en croit rien. L'arbre aux fées ou la source qui coule à Domrémy ne sont, à ses yeux, que des lieux de danses innocentes. Mais les juges, tenaces, vont jusqu'à croire que Jeanne est impliquée dans une secte dont le complot secret menace l'ordre du royaume et de l'Église.

On ne saura jamais quelle fut la part du religieux et du politique dans la décision que prirent les juges à Rouen, mais on peut dire que, paradoxalement, Jeanne est politiquement née au bûcher. La nouvelle se répand qu'elle est morte en martyre. Dès la reprise de Rouen, en 1449, Charles VII souhaite qu'un nouveau procès inquisitoire annule la sentence et rétablisse la renommée de Jeanne et de sa famille, ce qui fut fait le 7 juillet 1456, après l'audition de plus d'une centaine de témoins. Les fausses Jeanne qui se déclarent au même moment témoignent de l'impact du personnage dans l'opinion publique. Il fallut cependant attendre 1920 pour qu'un troisième procès la déclarât sainte.

Claude Gauvard

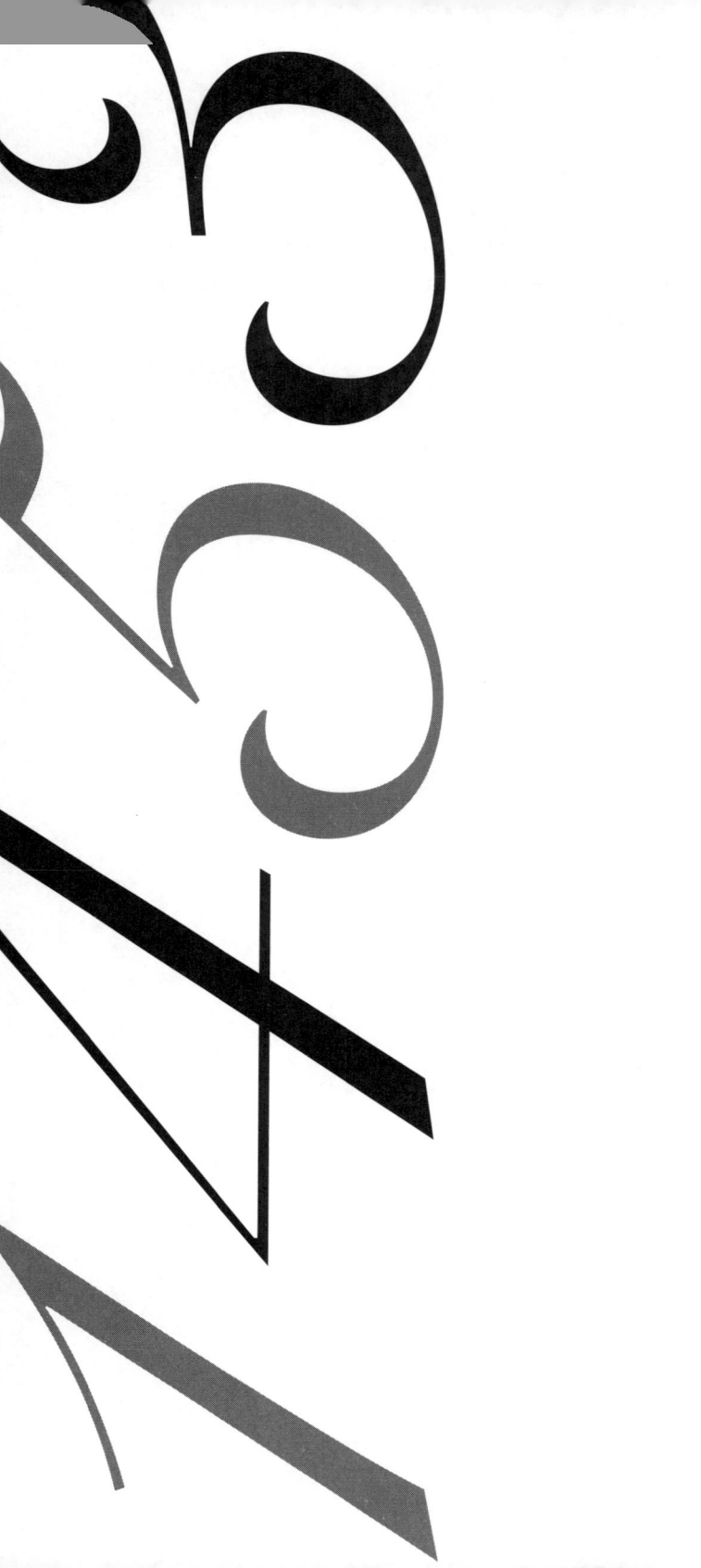

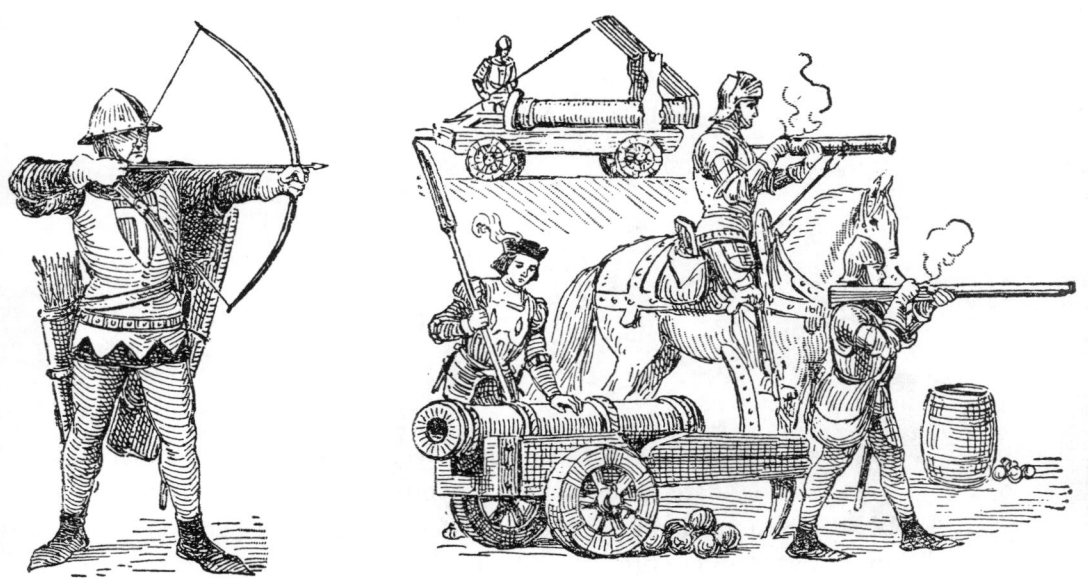

Après la découverte de la poudre, les armes du Moyen Âge furent remplacées par des armes à feu.

1453
CHARLES VII LE VICTORIEUX MET FIN À LA GUERRE DE CENT ANS

Progrès de la royauté sous Charles VII

« Charles VII, après avoir expulsé les Anglais, fortifia le pouvoir royal. Il créa une armée permanente et un impôt régulier pour l'entretenir. »

1453 n'informe pas les petits lecteurs de notre manuel sur la date universelle et symbolique de la prise de Constantinople par le sultan Méhemet II, la disparition de l'Empire byzantin et chrétien d'Orient, la dispersion de sa culture, la fuite des lettrés « grecs » vers Moscou, « troisième Rome », ou vers l'Occident et l'affirmation de civilisations nouvelles, le terme même du Moyen Âge pour certains amateurs de dates tournantes. C'est ici une date bien française, la « fin » de l'interminable guerre de Cent Ans, la revanche des « bons Français » sur les défaites mémorables de Crécy, Poitiers, Azincourt, sur le traité de Troyes de 1420 qui avait bientôt entraîné le partage de la France en trois entre Anglais du « roi de France et d'Angleterre », Bourguignons et partisans du « dauphin Charles » –, traité si « honteux » pour la fierté nationale que sa date ne figurait pas parmi celles qu'il fallait retenir. La victoire de 1453 disait aux petits Français que Jeanne d'Arc, évoquée aux dates précédentes, n'était pas morte pour rien.

La promotion de cette date aurait sans doute quelque peu étonné les Français du XVe siècle. Les chroniqueurs du temps n'en font pas une date majeure ; ils évoquent tout au plus les combats de l'année, jamais la « fin de la guerre ».

Ils préfèrent insister sur 1435, date de la « paix d'Arras », qui voit la réconciliation de Charles VII et de son puissant parent le duc de Bourgogne – certes payée de l'humiliation du roi mais marquée de grandes fêtes de cour et porteuse de grands espoirs. Il est vrai que cette « paix » – mot clé du vocabulaire politique, mot magique et restaurateur de l'ordre du monde dans l'imaginaire collectif – renverse l'équilibre des forces en présence et joue un rôle déterminant dans la lente marche à la victoire du parti français.

Certains chroniqueurs y ajoutent 1444 et les « trêves de Tours » passées avec les Anglais pour cinq ans. Elles voient, selon l'un d'entre eux, les Français sortir des villes où la guerre les tenait « comme en prison » pour se remettre avec ardeur au commerce ou aux travaux des champs, en une allégresse universelle – partagée même par l'ennemi et les brigands de la veille, devenus les « laboureurs » du lendemain. Aucun tableau de ce genre pour 1453.

L'année avait pourtant été heureuse pour Charles VII. Il n'était plus le « petit roi de Bourges » mais « Charles le Victorieux », épithète glorieuse élue parmi la kyrielle de surnoms attribués traditionnellement à chaque roi de France. Élément d'une religion monarchique à ses débuts, la formule devint classique et quasi obligatoire dans toutes les histoires de France jusqu'à la Révolution, et même au-delà. Victorieux, et pour une fois à la tête de ses troupes, Charles l'avait été en 1450, lors de la reconquête chargée de sens de la Normandie, si chère à l'Anglais. En 1453, ce fut le tour du Bordelais, que de vieux liens féodaux peu contraignants et le commerce du vin faisaient plutôt pencher du côté de l'adversaire : le 17 juillet 1453, la nouvelle armée française triomphe du vieux Talbot et de son archaïque charge chevaleresque à Castillon, dernière grande bataille de la guerre ; le 19 octobre, c'est la reddition définitive de Bordeaux. Seul Calais reste à l'Angleterre.

Le conflit sans fin était terminé, mais nul ne le savait ou n'osait le croire : aucun traité de paix ne fut passé, pas même de nouvelles trêves. Les Français de 1453 n'étaient pas sûrs que leur roi avait « définitivement » expulsé le vieil adversaire et attendirent dans l'angoisse le « retour des Anglais » – les générations précédentes en avaient fait la cruelle expérience. Cette fois, les Anglais ne revinrent pas, empêtrés dès 1455 dans la guerre civile des « Deux Roses », lutte sans merci entre les Yorks et les Lancastres pour le trône d'Angleterre. Bien plus tard, en 1470, ils furent incapables de concrétiser une dernière velléité de reconquête. L'historiographie française découvrit à la longue que la guerre de Cent Ans s'était bien achevée en 1453.

À cette date, l'essentiel restait à faire, relever la France de ses ruines. Une affaire de plusieurs générations et non d'une année, affaire difficile et longtemps limitée dans les régions les plus pauvres, faute de dynamisme, de bras et de capitaux. Les lettrés du temps, qui n'avaient ni recul ni goût pour apprécier le phénomène, pensaient avec optimisme que l'alliance de Dieu et du roi, dont le retour à la paix était un signe, ferait de rapides miracles et restaurerait vite la situation. L'historiographie les Temps modernes, uniquement soucieuse d'histoire politique et militaire, et de la glorification du roi, leur emboîta le pas.

Il fallut attendre les dévastations de 1914-1918, la « Grande Reconstruction » qui suivit, particulièrement dans la « zone rouge » du nord de la France, la promotion de l'histoire économique et sociale par Marc Bloch et sa revue des *Annales*, les premiers travaux pionniers du médiéviste Robert Boutruche et – plus tard – les difficultés de la Reconstruction de 1945 pour voir une génération d'historiens prendre enfin la mesure de l'importance et de la complexité des problèmes économiques et humains posés par la reconstruction du pays au XVe siècle.

Trop tard pour les auteurs de notre manuel. Ils s'en tiennent au « progrès de la Royauté sous Charles VII » et, avant la lettre, à la « naissance de l'État moderne », en présentant des éléments qui se trouvaient déjà chez le chroniqueur Mathieu d'Escouchy au XVe siècle et encore chez les historiens du début du XXe.

Ils mettent en avant, non sans justesse, les deux nouveaux atouts associés de la politique royale, l'armée et l'impôt « réguliers ». La création en 1445 des « compagnies d'ordonnance » avait pour vocation et idéal – outre l'expulsion des Anglais – la mise en place d'une armée permanente à la solde exclusive du roi qui protégerait les populations au lieu de vivre à leurs dépens comme l'avaient fait les terribles bandes d'« Écorcheurs », dont cette armée était cependant issue. Le recours à l'impôt « régulier », qui offrait au pouvoir royal une aisance financière inconnue jusqu'alors et la possibilité de recruter des serviteurs en plus grand nombre, fut mal accepté par l'opinion du temps qui estimait, à l'ancienne, que le roi devait « vivre du sien » – les revenus de ses domaines – et ne recourir à l'impôt que dans les cas exceptionnels, avec l'accord des « états » du royaume. L'État se donnait les moyens de sa politique et d'un renforcement de son autorité.

Remarquons cependant l'espace assez modeste tenu dans ce manuel de 1938 par les événements de 1453 et leurs lendemains : une seule « date à retenir », une seule « leçon à réciter » – il y en avait davantage pour 1328 et les débuts de la guerre –, aucun « récit à raconter » ni illustration valorisant les événements, pas d'« artillerie française écrasant la chevalerie anglaise à Castillon », pas de « dernier bateau anglais quittant Bordeaux ». L'achèvement victorieux de la guerre, l'essor de l'État doivent être connus et reconnus. Mais ces événements politiques, pourtant glorieux, pris tardivement en compte par la tradition historique française, ne doivent pas occuper dans le cœur, la mémoire et l'imaginaire des petits Français des années 1930 la même place que le sacrifice des bourgeois de Calais, l'héroïsme de Jean le Bon à Poitiers ou le martyre de Jeanne.

Jean Tricard

Louis XI eut une entrevue avec Charles le Téméraire au château de Péronne.

1468
LE ROI LOUIS XI A UNE ENTREVUE À PÉRONNE AVEC CHARLES LE TÉMÉRAIRE, DUC DE BOURGOGNE

Louis XI à Péronne

« Louis XI se prit un jour à son propre piège. Il espérait duper
Charles le Téméraire et lui demanda une entrevue.
Elle eut lieu au château de Péronne. Le duc de Bourgogne,
s'apercevant que le roi le trompait encore, voulut le faire mettre à mort.
Louis XI ne put sauver sa vie qu'en accordant tout ce que
le duc lui demandait. »

Le récit scolaire de l'entrevue de Péronne livré aux élèves des écoles des années 1930 nous paraît aujourd'hui bien partial et douteux. Il se réduit à la moralité d'une fable : le renard, rusé et couard, veut tromper le loup, qui, averti, impose ses conditions par sa colère brutale, mais franche. L'image qui illustre la date dans le manuel met en valeur le geste autoritaire du duc de Bourgogne, représenté debout, en habit et escorte chevaleresques, face à un roi bourgeoisement vêtu et modestement accompagné, assis à la table où il doit signer le traité qui lui est dicté.

Élargissons un peu les circonstances de l'« entrevue » de Péronne. Louis XI est roi de France depuis 1461. Dès le début de son règne, il tente de reconstruire une monarchie affaiblie par la guerre de Cent Ans. Il doit faire face à la fois à la menace anglaise et aux ambitions des princes français. Le duché de Bourgogne, issu d'un apanage accordé par le roi Jean II à son fils Philippe le Hardi en 1363, s'était considérablement étendu, grâce au mariage de Philippe avec l'héritière du comté de Flandre (1369), qui lui apportait aussi la Franche-Comté. Son successeur, Jean sans Peur (1404-1419), entreprit une alliance avec l'ennemi anglais, parachevée par son propre fils Philippe le Bon (1419-1467), qui augmenta encore le duché de vastes seigneuries aux Pays-Bas et en Luxembourg. La puissance des États bourguignons, sise à la fois au royaume de France et en terres d'Empire, était considérable et s'illustrait d'une prestigieuse vie de cour.

L'épisode de Péronne constitue donc l'une des étapes d'un conflit durable. En 1463, le roi avait racheté les places fortes de Picardie, prises en gage par Philippe le Hardi à la paix d'Arras (1435). En 1465, la Ligue du Bien Public rassembla contre Louis XI les

1468

princes, dont le frère du roi, Charles de Berry, et le comte de Charolais, le futur Charles le Téméraire. L'issue indécise de la bataille de Montlhéry conduisit au traité de Conflans, qui, entre autres clauses, rendait au duché les places de la Somme. L'année 1468 fut chargée de tensions. Charles, devenu duc de Bourgogne à la mort de son père en 1467, épousa en juillet 1468 Marguerite d'York, sœur du roi d'Angleterre Édouard IV, ce qui réactualisait le danger anglais en France. L'application du traité de Conflans se faisait mal : sur la frontière picarde, vitale pour le royaume, contestations et escarmouches se multipliaient. Louis XI tenta de desserrer l'étau : le 10 septembre 1468, il conclut avec le duc François II de Bretagne le traité d'Ancenis. Il tenta aussi de négocier avec son frère, Charles de Berry, en vue d'un apanage acceptable pour les deux parties. Le 1er octobre 1468, il obtint, par l'intermédiaire du comte de Saint-Pol, une trêve de six mois avec le duc de Bourgogne.

L'entrevue de Péronne suivit donc immédiatement cet effort diplomatique. Le roi prit l'initiative en demandant un sauf-conduit au duc. Il le reçut le 8 octobre et arriva le lendemain au château de Péronne sur la Somme. La négociation fut fortement perturbée par la nouvelle, reçue le 10 octobre, que les Liégeois s'étaient emparés de Tongres et avaient, disait-on faussement, tué le prince-évêque de Liège, Louis de Bourbon, et Guy de Humbercourt, lieutenant du duc en pays liégeois. Les messagers ajoutaient qu'ils avaient vu des ambassadeurs du roi de France auprès des Liégeois révoltés. La fureur du duc rendit difficiles les négociations qui reprirent pourtant le 13 octobre et aboutirent au traité de Péronne le lendemain. Le 15 octobre, le duc partit soumettre Liège, en compagnie de Louis XI et de sa suite. La cité tomba aux mains du duc le 30 octobre.

Comment cet épisode de tension vive s'est-il transformé en la fable du renard et du loup rapportée dans ce manuel ? L'opération passe par la distorsion de trois éléments. On a accentué la duplicité de Louis XI, qui aurait feint une volonté de paix tout en soufflant sur le brasier de la révolte. Sa venue sans armes, en modeste compagnie, serait la preuve de sa retorse confiance en ses talents d'abuseur. En deuxième lieu, on a exagéré la brutalité du duc en suggérant que Louis XI était prisonnier et menacé de mort et qu'il n'avait eu la vie sauve qu'en consentant, contraint et forcé, à l'humiliation d'assister au massacre de ses alliés liégeois. Enfin, on a gonflé l'importance du traité de Péronne, qui suivait et précédait bien d'autres moments de la lutte entre France et Bourgogne. On connaît l'auteur de cette distorsion : il s'agit de Philippe de Commynes, le grand chroniqueur, témoin visuel de l'entrevue. Proche conseiller du duc, bien avant de passer au service de Louis XI, Commynes dramatise l'affaire sans doute pour mettre en valeur son propre rôle qui consista à conseiller secrètement la souplesse au roi de France.

Tout cela est à revoir : Louis XI avait choisi une stratégie qui n'était pas la conséquence de sa prétendue lâcheté. Dans la guerre de 1465, il avait montré son courage et s'était exposé personnellement. La nécessité d'une diplomatie de la négociation lui était apparue quand il avait constaté la fragilité des alliances militaires. Bien entendu, le roi, par son risque calculé, s'était mis en situation difficile. En outre, sans retomber dans le psychologisme cher aux historiens d'autrefois, il faut rappeler que l'entrevue pouvait raviver le souvenir des tragédies familiales de la maison de Valois : Jean sans Peur avait fait tuer le duc d'Orléans son cousin en 1407, avant d'être lui-même assassiné par un proche du futur Charles VII en 1419, précisément lors d'une entrevue diplomatique. Mais les temps avaient changé : l'opinion publique et le sentiment national jouaient un rôle plus important et limitaient la marge de manœuvre du duc qui avait signé une trêve quelques jours plus tôt. Enfin, l'humiliation de Liège est sans doute imaginaire : le prince-évêque de Liège avait pour frères le duc Jean de Bourbon, beau-frère de Louis XI, et le cardinal Charles de Bourbon, tous deux présents dans la petite escorte du roi à Péronne, puis dans l'expédition de Liège. Le quatrième frère, Pierre de Beaujeu, devait devenir le gendre du roi en 1474. Là encore, Louis XI négociait.

On peut se demander pourquoi cette date de 1468 fut retenue par l'institution scolaire. Il fallait certes jalonner ce règne important ;

mais pourquoi ne pas avoir choisi 1472 (la défaite du duc de Bourgogne à Beauvais, avec l'épisode fameux de Jeanne Hachette), 1475 (le traité de Picquigny qui mit définitivement fin à la guerre de Cent Ans), ou 1482 (le traité d'Arras qui consacra *de facto* le retour de la Bourgogne au royaume), ou encore des dates qui marquent la construction de l'État (comme l'instauration d'un maître des mines en 1471 ou la création des postes royales vers 1478)? Pourquoi fallait-il privilégier un épisode sans grande conséquence historique? Paradoxalement, l'école de la République stigmatisait l'un des rois médiévaux qui avait le plus constamment participé à la construction de l'État-nation. Peut-être dépendait-elle de la tradition historiographique d'Ancien Régime, où les absolutistes avaient exalté la mémoire du monarque de fer. Une virtualité pédagogique demeure toutefois dans cet épisode: il met en scène la difficulté de penser ensemble les actions singulières et les structures historiques...

Alain Boureau

Louis XI enfermait ses ennemis dans des cages de fer; il mourut au château de Plessis-lès-Tours.

Charles VIII fit son entrée solennelle à Naples au milieu de l'enthousiasme populaire.

1495
LE ROI CHARLES VIII GAGNE LA BATAILLE DE FORNOUE SUR LES ITALIENS

Charles VIII en Italie
« Charles VIII fit valoir les droits de la maison d'Anjou sur le royaume de Naples. Son expédition en Italie fut une fête continuelle. À Naples, les Français furent accueillis avec enthousiasme. »

Charles VIII à Naples
« L'expédition de Charles VIII en Italie ne fut qu'une joyeuse promenade militaire. Partout, à Turin, à Florence, à Rome, ce ne furent que bals et fêtes. Le roi fit son entrée à Naples, la couronne en tête, la pomme d'or dans la main droite, le sceptre dans la main gauche, au milieu des acclamations enthousiastes des Napolitains. »

Charles VIII à Fornoue (1495)

« À son retour, le roi culbuta à Fornoue les Italiens qui voulaient s'opposer à son passage. Il rentra en France et perdit le royaume de Naples. »

L'histoire des guerres d'Italie peine à trouver sa place dans notre roman national. L'expédition outre-monts d'un roi-chevalier, « jeune et plein de son vouloir », comme l'écrit Philippe de Commynes, semble dévier le cours de la patience capétienne à construire le territoire. Comment expliquer cette diversion sinon par la rémanence intempestive d'un passé médiéval obstiné à perdurer – idéal de croisade, fièvre eschatologique, rêves chevaleresques ? Restait le souvenir de ces grands capitaines aux exploits inutiles, dont Brantôme* avait décrit la galerie, et qui pouvait laisser quelques traces dans les mémoires scolaires.

Fils de Louis XI et de Charlotte de Savoie, Charles VIII (1470-1498) règne depuis 1483 sur une France renforcée et apaisée : paix aux frontières (scellée par des traités avec l'Angleterre en 1492, l'Espagne et l'Empire en 1493) ; paix surtout avec les principautés territoriales qui ne peuvent plus désormais s'opposer au triomphe de la grande monarchie. Pourquoi alors faire valoir les anciens droits dynastiques de la maison d'Anjou – dont Charles VIII est l'héritier – sur le royaume de Naples ? Préparée dès avant 1494, l'expédition italienne rencontre une opposition presque générale dans la société politique, si l'on excepte Louis d'Orléans, le futur Louis XII, qui a des ambitions sur le Milanais (auquel il peut également prétendre en tant qu'héritier de sa grand-mère Valentine Visconti).

---

* *Brantôme : écrivain français (1540-1614), auteur notamment des* Vies des hommes illustres et des grands capitaines français *et des* Vies des dames galantes.

Les historiens ont longtemps insisté, avec raison, sur les manœuvres du duc de Milan, Ludovic le More, qui croit pouvoir introduire Charles VIII dans le jeu italien pour assouvir ses propres ambitions. Mais on ne saurait négliger la force du mythe de croisade, que le climat d'attente eschatologique de la fin du XVe siècle rend plus impérieux encore. Or le royaume de Naples est la porte d'entrée de Jérusalem. Dès le mois de décembre 1493, à l'ambassadeur milanais Carlo di Belgioioso qui le presse de sauter le pas (« Toute l'Italie vous attend ! »), le souverain répond : « J'ai décidé de ne pas revenir en ce pays sans avoir été contre les Infidèles ; il est possible que je ne revienne pas de cette expédition. »

Préparée par une intense activité diplomatique, celle-ci s'apparente pourtant à une parade de majesté : Charles VIII passe les Alpes en septembre 1494, reçoit un accueil triomphal en Lombardie, chasse les Médicis de Florence, impose un accord avec le pape, et entre à Naples en février 1495. Incarnant la monarchie sacrée, le roi de France avait fait naître un immense espoir dans une Italie ébranlée par la désorganisation politique. Sa conquête pacifique laisse les témoins subjugués : « D'un seul signe de tête, il a ébranlé le monde », écrit Marsile Ficin. La désillusion est à la mesure de l'espérance : les libelles et les chansons satiriques sur la disgrâce physique d'un roi qui était, selon l'expression de Pierre Martyr, « plus petit qu'un pygmée » se multiplient bien vite. Contre les « barbares » – dont on commence à raconter les turpitudes et les cruautés – se constitue tout aussi vite la conscience d'une *italianità* à défendre.

Venise prend l'initiative de la réaction. En mars est constituée une sainte Ligue pour la « consolation de l'Italie » : elle comporte, outre bon nombre d'États italiens (mais sans Florence ni Ferrare), les souverains d'Espagne et l'empereur Maximilien. Il s'agit de bloquer la retraite des armées royales. Empruntant le même chemin qu'à l'aller, celles-ci passent par Rome, Florence, Pontremoli où elles franchissent les pentes redoutées de l'Apenin, grâce aux Suisses qui hissent les pièces d'artillerie jusqu'aux cols. La redescente sur les rives du Taro, au seuil de la plaine lombarde, les met aux prises avec les troupes de la Ligue, massées à Fornoue, sous le commandement du marquis de Mantoue, Francesco Gonzaga.

Huit mille à neuf mille hommes du côté français font face à une armée sans doute trois fois plus nombreuse. Pourtant, au soir du 6 juillet 1495, les armées de Gonzaga se sont repliées, échouant à barrer la retraite de Charles VIII, et laissant sur le champ de bataille trois mille morts (contre seulement deux cents côté français). Bilan terrible : le roi de France admet qu'il s'agit d'une « bataille très cruelle » et les poètes italiens rivalisent d'emphase pour décrire le lac de sang qui recouvre un sol brûlé par la « flamme » française. D'évidence, les règles de la guerre ont changé – même si la hache des fantassins fit à Fornoue plus de victimes que les canons des artilleurs –, et l'insistance des auteurs à exalter les prouesses chevaleresques ne sert qu'à masquer cette cruelle réalité.

Mais au fait, qui a gagné ? Orchestrant une intense campagne d'opinion qui mobilise poètes et chroniqueurs, Venise exalte son dévouement à la cause de la paix et de la liberté italiennes et transforme ainsi une défaite militaire en victoire poétique. Les « estradiots » (mercenaires albanais et dalmates) avaient, dans la confusion du combat, mis la main sur le fourgon de Charles VIII où étaient des archives, des livres et des objets précieux. Ce « trésor » est apporté en grande pompe à la basilique Saint-Marc pendant que Francesco Gonzaga, couvert d'honneurs et paradant sur le grand canal dans la gondole dogale, finit par se convaincre qu'il fut vainqueur à Fornoue : le mois suivant, il commande à Andrea Mantegna la *Vierge de la Victoire* que l'on peut aujourd'hui admirer au musée du Louvre et qui le représente en héros triomphant...

« Nous avons appris que les Vénitiens ont fait des feux de joie, à l'occasion de la défaite qu'ils viennent de subir, afin de donner à croire à leurs sujets qu'ils ont été victorieux » : l'ironie du chroniqueur de Ferrare deviendra plus amère sous la plume d'autres auteurs, comme Paolo Giovio pour qui, « au Taro, avec plus de témérité que de réflexion, nous avons perdu l'antique réputation des armes italiennes ». L'indiscipline et l'avidité des estradiots – fonçant sur le fourgon royal et se faisant prendre à revers – est symptomatique, pour Machiavel, de la faiblesse des États italiens et de l'incapacité des princes à faire la guerre. De ce traumatisme de 1495 naît, avec *Le Prince* de Machiavel et avec *L'Histoire d'Italie* de Guichardin, l'autonomisation de la raison politique.

En France, au contraire, le roi se laisse bercer par la douce musique des panégyristes, qui le comparent à Hannibal ou à Charlemagne. Mais si Fornoue était bien une défaite italienne, était-ce une victoire française ? À peine revenu en France, Charles VIII assiste, impuissant, à la désagrégation de son royaume méridional. Restent quelques objets ramassés, les souvenirs accumulés des merveilles de Naples, et, peut-être, le désir de leur donner forme sur les rives de la Loire. Telle est du moins la légende forgée par Michelet, l'inventeur de l'idée de Renaissance, qui n'était pour lui que le choc en retour des guerres d'Italie sur la France : « Quoi donc ! Qu'avons-nous vu ? Une jeune armée, un jeune roi, qui, dans leur parfaite ignorance d'eux-mêmes et de l'ennemi, ont traversé l'Italie au galop, touché barre au détroit, puis, non moins vite et sans avoir rien fait (sauf le coup de Fornoue), sont revenus conter l'histoire aux dames. Rien que cela, c'est vrai. Mais l'événement n'en est pas moins immense et décisif. La découverte de l'Italie eut infiniment plus d'effet sur le XVIe siècle que celle de l'Amérique. »

Patrick Boucheron

Gaston de Foix, neveu de Louis XII, mourut héroïquement à la bataille de Ravenne.

1509
LOUIS XII EST VAINQUEUR À AGNADEL

Exploits des Français
« Les guerres d'Italie furent brillantes, mais inutiles. Les victoires d'Agnadel et de Ravenne et les exploits légendaires de Bayard et de Gaston de Foix ne servirent qu'à établir la réputation de la bravoure française. »

Mort de Gaston de Foix à Ravenne
« Le neveu de Louis XII, Gaston de Foix, remporta dans une seule campagne trois grandes victoires : à Bologne, à Brescia, à Ravenne. À ce dernier combat, le fougueux capitaine se jeta au milieu des Espagnols en déroute. Isolé au milieu des ennemis, il fut mortellement blessé. Ce héros n'avait que vingt-deux ans ! "J'aurais préféré perdre l'Italie, dit le roi, et conserver un tel capitaine !" »

« Tremblez, tremblez, bourgeoys veniciens/Vous avez trop de tresors enciens. » En cette année 1509, la voix du poète Pierre Gringoire, qui fait imprimer à Lyon son *Entreprise de Venise*, se mêle au chœur unanime des thuriféraires du roi Louis XII. Les guerres d'Italie furent aussi des guerres de plume; elles devaient se gagner sur le terrain de l'opinion publique. Les spécialistes ont recensé deux cent quarante poèmes narratifs qui, sur le mode de la glorification ou de la déploration, chantent la chronique des combats que les monarchies occidentales se livrèrent sur le sol italien de 1494 à 1559. Plus du dixième de cet ensemble (trente et une pièces, pour être précis) est consacré à la seule bataille d'Agnadel du 14 mai 1509, au cours de laquelle les armées du roi de France emportèrent une éclatante victoire sur les Vénitiens. C'est dire l'écho immédiat de cet événement, qui n'a cessé de s'assourdir au fil des siècles, en même temps que se ternissait l'éclat de la gloire de Louis XII dans la mémoire nationale.

Tout a commencé le 10 décembre 1508, avec la constitution de la Ligue de Cambrai. Sous l'égide de Marguerite d'Autriche, fille de l'empereur Maximilien, le pape, les rois de France, d'Angleterre, d'Espagne, de Hongrie et l'empereur scellent une alliance contre la Sérénissime. Depuis le début du XVe siècle en effet, Venise s'était taillé un État territorial sur la Terre Ferme, en empiétant sur le duché de Milan (Crémone, Brescia, Bergame...), les États pontificaux (la Romagne) et en menaçant les frontières de l'Empire en Frioul. Les buts de guerre des alliés de Cambrai étaient clairs : démembrer l'État de Terre Ferme et s'en partager les dépouilles.

1509

Louis XII (1462-1515) était chargé de mener les opérations. Roi de France depuis la mort de Charles VIII en 1498, il s'était emparé du Milanais en 1499 ; c'est donc également en tant que duc de Milan qu'il participe à la Ligue de Cambrai. Louis XII arrive dans la capitale de son duché le 1er mai 1509. Il y organise ses troupes, et impose à la ville une taxe de cent mille écus d'or pour les financer. À cette époque en effet, l'Italie finance pour une large part les guerres d'Italie. Traversant l'Adda sur un pont de barques le 9 mai, et franchissant de ce fait la frontière orientale de la Lombardie, les armées royales rencontrent bientôt les troupes vénitiennes commandées par Bartolomeo d'Alviano et Niccolò Orsini dans le lieu-dit Agnadel (en italien : *Ghiaradadda*). C'était le 14 mai, et sous une pluie violente les troupes s'engagèrent.

Les chroniqueurs insistent sur le courage physique du roi dans la bataille, et sur l'effet galvanisant qu'il produisait. « Enfants ! le roi vous voit », criait La Tremoille pour donner du courage aux fantassins. À lire poètes et historiens qui chantent sans se lasser les exploits des capitaines français en Italie, il semble que la bataille ne soit qu'une collection d'exploits individuels et de prouesses chevaleresques. Avant le grand massacre de Pavie (1525), quelques-uns mourront pourtant à Agnadel, et surtout à Ravenne (1512), comme Gaston de Foix, le « foudre d'Italie », qui, aveuglé par sa bravoure, ne peut résister à la tentation de poursuivre une bande de fuyards espagnols, y perd la vie, et compromet toute la campagne de l'été 1512. Si la mort d'un grand sur le champ de bataille paraît encore comme un accident à déplorer, les cadavres se comptent désormais par milliers (neuf mille à dix mille morts à Agnadel dans le camp vénitien) dans les troupes de fantassins hachées par l'artillerie. Ainsi l'écrit Guichardin avec une fausse candeur dans son *Histoire d'Italie* au sujet de la bataille de 1509 : « peu d'hommes d'armes moururent dans cette bataille ; en effet les fantassins des Vénitiens subirent les plus lourdes pertes... ». Du point de vue militaire, les guerres d'Italie se caractérisent par cette coexistence, déroutante pour nous, entre le maintien de pratiques chevaleresques et l'essor de techniques de combat de plus en plus meurtrières, les unes venant sans doute compenser l'effroi que provoquent les autres.

Certains historiens ont cru voir dans la bataille d'Agnadel un tournant décisif dans l'histoire de Venise. Il venait en quelque sorte châtier la Dominante qui, au XVe siècle, aurait tourné le dos à sa vocation maritime pour se lancer dans l'aventure inconsidérée de la conquête de la Terre Ferme. C'est là céder au mythe providentialiste d'une Venise vouée au grand large, mythe que les Vénitiens ne cessent de fortifier depuis le XIIIe siècle au moins, et qu'ils mettent fréquemment en scène dans de somptueux rituels urbains. Très vite, pourtant, le Lion repose ses griffes sur la Terre Ferme. À Trévise et ailleurs, ce sont souvent les paysans et les artisans qui se battent pour établir la domination de Saint-Marc, car, ainsi que l'écrit Guichardin, « ces vilains étaient animés d'une affection incroyable pour les Vénitiens ». Machiavel retiendra la leçon, lui qui défend dans *L'Art de la guerre* (1512-1519) l'idée que seul le lien d'amour entre le corps uni des citoyens en armes et l'autorité politique peut assurer la stabilité de l'État.

Venise sauve finalement son État et parvient même à retourner la Sainte Ligue contre les Français, lesquels perdent rapidement pied en Italie. Louis XII – qui s'était déjà résolu à abandonner le royaume de Naples en 1504 – perd le duché de Milan en 1512. Il n'empêche qu'il revient d'Agnadel auréolé de gloire. Sa victoire est célébrée par Symphorien Champier (*Le Triumphe du Très-Chrestien Roy de France, Louis XII*, Lyon, Claude Davost, 1509), Claude de Seyssel (*La Victoire du roy de France contre les Vénitiens*, Paris, Antoine Vérard, 1510), Jean de Saint-Gelais et Jean Marot, le père du poète. Tous font endosser à Louis XII l'habit glorieux du libérateur de la tyrannie, incarnant non seulement l'idéal de croisade, mais le rêve d'une monarchie universelle. La propagande royale le présente désormais comme l'anti-Louis XI, la légende noire de ce dernier nourrissant l'image du « roi sans dol », c'est-à-dire sans ruse et sans malice.

Tel était peut-être ce que l'Italie avait à offrir de plus précieux à la royauté française : l'horizon onirique d'un passé impérial, qui permettait la transfiguration de l'image monarchique en César triomphant. Cette image, Louis XII la garda longtemps. Il fut considéré au XVIIIe siècle comme l'un des plus prestigieux souverains de la « troisième race ». Voltaire lui consacra une biographie en 1770, tandis que l'Académie française organisait de nombreux concours pour exalter la mémoire de celui qui semblait rejeter toute forme d'absolutisme. Enrôlé par les théoriciens de la Restauration, qui voyaient dans son programme de réforme politique de 1499 la matrice idéologique de la Charte de 1814, il fut – pour cette même raison – pris pour cible par les historiens républicains du XIXe siècle. Agnadel s'enfonçait dans les brumes de l'histoire.

Patrick Boucheron

François Ier vainquit les Suisses à la bataille de Marignan, surnommée le combat des géants (1515).

1515
LE ROI FRANÇOIS IER, VAINQUEUR À MARIGNAN, EST SACRÉ CHEVALIER PAR BAYARD

François Ier à Marignan

« François Ier attaqua les Suisses à Marignan. Cette bataille, qu'on a appelée le combat des géants, dura deux jours. Le premier soir, le roi dormit sur l'affût d'un canon, à quelques pas des Suisses. Il demanda à boire ; on alla lui chercher de l'eau qui était souillée de sang. Le lendemain, la lutte recommença ; les Suisses reculèrent peu à peu, en bon ordre, et se retirèrent sur Milan. »

François Ier et Bayard

« Après la bataille, le roi fit demander le loyal chevalier qui par ses prouesses avait contribué à la victoire. Il lui dit qu'il voulait être armé chevalier par un si brave gentilhomme et il mit devant lui genou à terre. Bayard, touché de ce grand honneur, plaça son épée sur l'épaule du roi et lui dit : "Sire, je vous arme chevalier." »

À en croire Brantôme, l'une des filles d'honneur de la reine Catherine de Médicis aurait choisi à l'heure de sa mort de faire jouer *La Défaite des Suisses* de Clément Jannequin. Cette évocation musicale de la guerre était devenue, en effet, l'un des airs à succès du XVIe siècle. Le chœur y rend compte avec force onomatopées des bruits du combat de « la victoire du noble roy Françoys » sur les Suisses après une lutte de deux jours, les 13 et 14 septembre 1515, à proximité de Melegnano (en français Marignan), un peu au sud-est de Milan, région aujourd'hui rattrapée par l'extension de la capitale lombarde. Une telle manière peu banale de quitter le monde en musique est, pour l'historien, un témoignage parmi d'autres de l'incroyable retentissement d'un événement lui-même étonnant, d'autant que les suites de la victoire, la domination française sur le Milanais, n'eurent qu'une durée éphémère. Avant même le désastre de Pavie en 1525, le pape Léon X, toujours d'après Brantôme friand de plaisants trépas, avait juste eu le temps de mourir en suffoquant de joie lorsqu'il avait appris, en 1521, l'expulsion des Français de Milan !

À l'époque des faits, nombreuses furent les chansons et poésies qui répercutèrent dans les différentes langues des nations concernées – la française, l'italienne, l'allemande et l'espagnole – une image peu complaisante des Suisses, dévalant de leurs montagnes comme des loups et des chiens, se ruant sur les villes, en pillards et violeurs. Et voici que le roi François a su châtier les forfaits de ces vilains vachers et parfaits bélîtres. Savamment orchestrée en France, une habile propagande qui maîtrise autant l'écrit, l'image que la musique, célèbre une victoire à la mesure des ambitions de gloire du jeune monarque. Depuis deux mille ans, écrit ce dernier à sa sœur au soir de la bataille, il n'y eut de « si fière ni si cruelle bataille ». Nourri de culture antique, le roi se voit en nouveau Jules César, l'autre vainqueur des Helvètes, ou en nouvel Hannibal qui a franchi les Alpes, poursuivant pour l'honneur la vaste pérégrination chevaleresque des guerres d'Italie. Idéal nobiliaire sans aucun doute parce que le triomphe du roi conforte opportunément l'ordre social que les Suisses semblaient contester. Défiant les princes depuis plus de deux siècles, ceux que l'on présente à tort comme de simples paysans de montagne se sont prétendus leurs propres maîtres en se substituant à leurs seigneurs légitimes. En donnant à leurs succès militaires la prétention de dompter les princes, ils fournissaient un détestable exemple à tous les dépendants. C'est pourquoi Marignan est souvent perçu comme la fin de « l'une des grandes malices » de l'histoire, selon l'expression d'un chroniqueur. Idéal chevaleresque ensuite, puisque les récits et chroniques ne manquent pas de détailler les images légendaires susceptibles de renforcer l'aura d'un souverain loyal opposé aux Suisses félons, qui sait faire preuve de magnanimité envers les vaincus, empêche de les poursuivre lors de leur retraite vers Milan et interdit la mise à sac de la ville. Outre l'héroïsme du jeune roi de vingt et un ans qui passe la nuit décisive sur un affût de canon, il y a surtout l'épisode révélateur des codes guerriers des gentilshommes de la Renaissance mis en scène par le médecin chroniqueur Symphorien Champier. Épisode combien célèbre où le « noble capitaine Bayard », évoquant les héros des chansons de geste, Roland et Godefroy, crée chevalier le « Très-Chrétien roy ». La référence à la croisade n'est pas fortuite non plus puisque le 14 septembre est la fête de l'Exaltation de la Sainte Croix, remémorant la victoire d'Héraclius sur le roi des Perses qui s'était emparé de la croix du Christ. À la Renaissance, les Suisses sont précisément assimilés aux Turcs infidèles par les princes de l'Occident chrétien.

Obsédé par l'Italie, François Ier l'est sans conteste. L'humanisme dont il se réclame ne peut avoir son ancrage que dans la péninsule.

Déjà à son avènement, il se fait appeler duc de Milan, bien décidé à faire valoir sur le duché les droits hérités de son arrière-grand-mère, Valentine Visconti. Huit mois plus tard, il passe les monts et campe à Marignan. Le duc Maximilien Sforza est défendu par des troupes suisses qui lancent l'attaque contre l'armée royale, alors que d'autres alliés espagnols et pontificaux sont regroupés plus au sud sans intervenir. Il est vrai que les cantons suisses paraissent au faîte de leur puissance en Italie. Leur infanterie domine les champs de bataille, comme le prédécesseur et beau-père de François, Louis XII, en a fait l'amère expérience à Novare en 1513. Forts de leur succès, les Suisses peuvent se permettre d'exercer un véritable protectorat sur Milan et de jouer le rôle d'arbitres dans les rivalités européennes qui mobilisent l'Espagne, l'empereur, le pape et bien sûr les différentes villes et États italiens. Quant au Valois, il peut compter sur l'appui des Vénitiens dont l'armée stationne à une quinzaine de kilomètres du lieu de l'affrontement. Le choc est particulièrement violent et l'infanterie suisse résiste aux préparations d'artillerie et aux charges de cavalerie. Ce n'est qu'au second jour du combat que l'arrivée des Vénitiens transforme une bataille encore indécise en revers certain pour les Suisses qui se replient. Une « bataille des géants », selon le mot du condottiere Teodoro Trivulce, plus tard maréchal de France, tant par les effectifs engagés (chiffres très controversés de part et d'autre), les victimes (un véritable carnage) que par la durée exceptionnellement longue (une vingtaine d'heures) de l'engagement.

L'échec de la grande politique suisse dans la Péninsule s'explique notamment par l'incapacité des cantons à s'adapter aux nouvelles formes de la guerre. Formées quasi exclusivement de fantassins, les troupes suisses présentent des formations compactes de piquiers impénétrables et de hallebardiers, contre lesquelles la cavalerie lourde est impuissante. Réputés invincibles depuis les guerres de Bourgogne, ces fantassins révèlent pourtant leurs faiblesses à Marignan quand l'artillerie disloque leurs rangs ; les charges bien orchestrées de la cavalerie de flanc et à revers font le reste. Du point de vue stratégique, Marignan est donc une étape de la révolution militaire qui marque le XVIe siècle. La manière fruste de lancer des carrés hérissés de piques cède la place à des stratégies plus complexes où la réussite tient à l'art de coordonner l'engagement des différentes armes: artillerie, infanterie et cavalerie. Héros chevaleresque, François réussit aussi des opérations qui l'apparentent plus à un stratège moderne, n'en déplaise aux vignettes de la légende.

Les Espagnols étant déjà solidement ancrés à Naples et au sud, Marignan assure la présence française au nord de la Péninsule. Pas pour longtemps, on le sait, alors que le conflit va se transformer, après l'avènement de Charles Quint en 1519, en duel Valois-Habsbourg avec des revers notoires pour la France. C'est l'autre versant du règne. Dès lors, la faible portée politique de l'événement de 1515 contraste avec sa renommée et sa pérennité dans la mémoire scolaire où il a été complaisamment relayé par les historiens du XIXe siècle. En revanche, Marignan est à peine mentionné par l'historiographie italienne qui privilégie la victoire française de Ravenne en 1512. Et pourtant, si les partisans du pape Jules II considèrent volontiers vers 1510 les Français comme des barbares, ils ont été nombreux aussi en Italie ceux qui se sont réjouis d'être libérés de la tutelle helvétique. Nonobstant, si l'on considère que la guerre reste au XVIe siècle l'une des variantes des relations courantes entre les États, une manière de sport, on pourrait presque souscrire à la boutade de l'essayiste Denis de Rougemont pour lequel la bataille de Marignan fut une sorte de match de football, et pourquoi pas une finale de la coupe d'Europe des champions.

François Walter

Sur le champ de bataille de Marignan, Bayard sacra chevalier François Ier.

François Ier fut vaincu et fait prisonnier à la bataille de Pavie.

1525
FRANÇOIS IER EST VAINCU ET FAIT PRISONNIER PAR CHARLES QUINT À LA BATAILLE DE PAVIE

François Ier à Pavie (1525)
« François Ier livra à Charles Quint une grande bataille près de Pavie. Malgré son brillant courage, il fut vaincu. Il remit son épée au vice-roi de Naples qui la reçut à genoux. Il fut conduit à Madrid, où Charles Quint le retint dans une étroite captivité. L'empereur ne consentit à lui rendre sa liberté qu'en lui imposant de dures conditions. Libre, François Ier s'écria : "Enfin, je suis encore roi !" »

La gravure qui illustre la bataille de Pavie peut surprendre. Ne s'agit-il pas d'un geste tout à fait insolite ? Car c'est le vainqueur qui s'agenouille devant le vaincu, avant de saisir le pommeau de son épée. Mieux encore : le vainqueur est tête nue – il vient à l'évidence de se découvrir et tient son heaume de la main gauche, alors que le vaincu, revêtu de son armure, droit devant lui, est demeuré couvert.

Seule l'identité des deux protagonistes essentiels de la scène peut expliquer cette inversion des rôles. En effet... : le vaincu est le roi de France, François Ier. Le vainqueur est Charles de Lannoy, vice-roi de Naples, grand seigneur wallon au service de Charles Quint. (On sait que le royaume de Naples faisait alors partie des États de Charles Quint, lequel, soulignons-le, n'était pas présent quoi que laissent entendre les auteurs du manuel.) Charles de Lannoy témoigne ainsi de sa déférence envers le roi de France. Pour comprendre le caractère exceptionnel de cette scène, voyez le tableau du peintre Giusepe Leonardo, *La Reddition de Juliers* : le vaincu, agenouillé, tête nue, remet les clés de la ville à son vainqueur qui, demeuré en selle, le regarde de haut.

La bataille de Pavie, ainsi identifiée, livrée le 24 février 1525, se termina par une défaite de François Ier face à l'armée impériale. Les pertes françaises étaient considérables et plusieurs des meilleurs capitaines de l'armée française figuraient parmi les morts : Bonnivet, La Palice, La Trémouille... Le roi de France était prisonnier. Que s'était-il donc passé ?

Pavie, ville de Lombardie, proche de Milan, célèbre par son admirable Chartreuse et son Université, était défendue par une citadelle puissante. Lorsque la guerre avait repris en 1521 entre François Ier et Charles Quint, l'armée française commandée par

Lautrec avait subi une défaite grave à La Bicoque (29 avril 1522) : les Français avaient dû évacuer le Milanais, occupé depuis Marignan et le traité de Cambrai (mars 1517). Une forte garnison espagnole, d'environ six mille hommes, sous les ordres d'Antonio de Leyva, s'était alors installée dans la citadelle de Pavie.

Or, en 1524, Charles Quint avait constitué une grande alliance avec le roi d'Angleterre Henry VIII, Venise et les princes allemands ; le connétable de Bourbon, en conflit avec François Ier, s'était rallié à lui. L'armée impériale, renforcée par des mercenaires allemands, avait cru pouvoir pousser ses avantages, après La Bicoque, et envahir la Provence : Bourbon était parvenu facilement jusqu'à Aix mais ne réussit pas à prendre Marseille. Cependant, Henry VIII ne faisait rien, les princes allemands devaient affronter l'agitation paysanne et les Turcs menaçaient les frontières orientales de l'Empire.

François Ier, malade en 1524, avait retrouvé son énergie et, toujours obsédé par l'Italie, estimait qu'il y avait un bon coup à jouer puisque l'armée impériale, pour occuper la Provence, avait dégarni la Lombardie. Le roi de France mobilisa le ban et l'arrière-ban de la noblesse française, recruta lansquenets allemands et fantassins suisses. À la mi-octobre 1524, sa très forte armée (environ trente mille hommes) passa les Alpes. Les Impériaux, menacés sur leurs arrières, avaient dû refluer et abandonner la Provence. Dès le 26 octobre, François Ier était entré à Milan, que les Impériaux, regroupés à Lodi et Pavie, n'avaient pas défendu. Puis l'armée française vint assiéger Pavie où Leyva, certes en infériorité numérique éclatante, disposait de vivres et de munitions en abondance et d'une bonne artillerie.

Il est difficile de comprendre pourquoi il ne s'est rien passé du 10 novembre 1524 au 20 février 1525, après un premier assaut infructueux (6-10 novembre). En cas de bataille, le pronostic était très favorable au roi de France : Charles Quint, il l'avouait, aurait conclu la paix s'il l'avait pu. Et François Ier, il l'écrivait à sa mère le 3 février, était sûr de la victoire. En tout cas, l'inaction prolongée des troupes fut favorable aux Impériaux qui eurent le temps de recevoir des renforts. Le 23 février, Lannoy et Bourbon décidèrent de livrer bataille pour dégager Pavie.

La bataille de Pavie fut d'une grande confusion et reste difficile à expliquer. Le grand écrivain Jean Giono, après une visite prolongée du terrain et malgré un exposé de soixante pages très circonstancié, n'a pu en éclairer tous les aspects. La bataille, il est vrai, a été engagée de nuit, sur un terrain gorgé d'eau par les pluies récentes. En quelques mots, voici l'essentiel.

L'artillerie française, qui avait fait merveille à Marignan, brisa l'attaque des Impériaux, d'ailleurs embourbés. François Ier décida alors d'aller « chercher l'ennemi » à la tête de la lourde cavalerie française. Il culbuta les chevau-légers espagnols et, à huit heures du matin, croyait avoir gagné. Mais il se heurta aux fantassins du marquis de Pescara qui reçurent la cavalerie à coups d'arquebuse. De plus, la rapidité de la charge de cavalerie avait distancé les lansquenets et l'artillerie française ne pouvait plus tirer derrière les siens. Pour comble, Leyva réalisa avec sa garnison une sortie opportune. Les cavaliers français furent démontés, comme le roi lui-même : sur la gravure, on voit son cheval abattu près de lui. Lannoy intervint pour protéger le roi et recevoir son épée. La bataille avait été meurtrière : six mille morts au moins, douze mille à quatorze mille au plus. François pouvait écrire à Louise de Savoie sa mère : « De toutes choses ne m'est demeuré que l'honneur et la vie sauve. »

Pavie pourrait n'être qu'une bataille perdue. Pourquoi donc cet épisode a-t-il mérité un tel intérêt jamais démenti ? Parce qu'il a provoqué une grave crise, de portée nationale et internationale.

En France, la régente Louise de Savoie, sans argent, sans chefs militaires, dut faire preuve d'une grande énergie, encore heureuse que Charles Quint, à court d'argent, ait licencié de nombreux mercenaires et n'ait pu exploiter complètement sa victoire. Le roi captif, transféré finalement à Madrid où il n'arriva qu'en août, après être passé par Gênes et Barcelone, ne put obtenir l'entrevue avec l'empereur sur laquelle il comptait pour conclure une paix honorable. Le traité de Madrid signé le 14 janvier 1526, après que François Ier eut été fort près de mourir, permettait au roi de regagner la France. À quel prix ! Il avait dû échanger sa liberté contre celle des Enfants de France, le dauphin Henri et son frère. Il avait renoncé à tous ses droits en Italie (Milan, Naples, etc.), devait réhabiliter Bourbon, céder la Bourgogne et Tournai. Il est vrai que François Ier avait fait enregistrer devant deux notaires et plusieurs témoins sa protestation solennelle. Il ne signait que contraint et forcé, de sorte que « tout ce qui est convenu en iceluy sera et demeurera nul et de nul effet, et est délibéré de garder et poursuivre les droits de la couronne de France ». François Ier était bien résolu à ne pas céder la Bourgogne. Le traité de Madrid était d'une certaine façon une comédie qui devait empoisonner durablement les relations entre l'empereur et le roi de France. Et les princes, notamment le futur Henri II, gardèrent un très mauvais souvenir de leur captivité à Madrid.

Bartolomé Bennassar

Henri II fut servi par un grand capitaine, François de Guise, qui défendit Metz et prit Calais.

1552
HENRI II CONQUIERT METZ, TOUL ET VERDUN

Henri II
et François de Guise

« Henri II continua la lutte contre Charles Quint et, dans une rapide campagne, il s'empara des trois évêchés, Metz, Toul et Verdun. Charles Quint voulut reprendre la place forte de Metz qui, défendue par François de Guise, résista à toutes les attaques.
Le vieil empereur fut découragé par ce nouvel échec. "Je vois bien, dit-il, que la fortune n'aime pas les vieillards." Il abdiqua en faveur de son fils Philippe II et se retira dans un monastère où il mourut.
François de Guise se signala par un autre fait d'armes.
Il s'empara, en huit jours, au milieu de l'hiver, de la ville de Calais que les Anglais possédaient depuis la guerre de Cent Ans. »

Le contrôle des trois évêchés lorrains de Metz, Toul et Verdun par la France s'inscrit dans le long conflit qui oppose, depuis le début des guerres d'Italie, les Valois aux Habsbourg. Il s'inscrit aussi dans la politique des relations de plus en plus étroites nouées entre la France et les princes protestants d'Allemagne pour faire barrage à la puissance de Charles Quint. Il est vrai que l'empereur aux dix-sept couronnes était alors à la tête de la plus formidable puissance territoriale qu'un homme ait dirigée en Europe. Pour les rois de France, cette puissance, à vrai dire plus imaginaire que réelle, a fait naître une obsession qui perdura plusieurs siècles : la peur d'une prise en tenailles du royaume par les possessions des Habsbourg. Cette obsession commanda toute la politique étrangère du royaume du « Très-Chrétien », au moins jusqu'à la fin du règne de Louis XIV.

Des pourparlers secrets, amorcés en mai 1551 avec les princes protestants en lutte contre l'empereur, aboutissent à un accord à la fin du mois de septembre : le roi de France leur promet des subsides et l'ouverture d'un second front aux Pays-Bas pour diviser les forces de Charles Quint. En échange, Henri II obtient le droit d'occuper les trois évêchés. Le traité de Chambord, signé le 15 janvier, entérine ce dispositif, confirmant notamment la possibilité pour le roi de s'emparer de Metz, Toul, Verdun, « et autres villes de l'Empire ne parlant pas allemand ».

Durant l'hiver 1551-1552, Henri II, qui s'autoproclame « défenseur des libertés germaniques », prépare son « voyage d'Allemagne » : des taxes sont levées sur les villes, un emprunt est demandé au clergé, des offices sont créés (l'édit sur les présidiaux, nouveaux tribunaux royaux chargés de juger les affaires de justice

1552

jusqu'à 250 livres, est contemporain du traité de Chambord), des avances sont demandées aux banquiers de Lyon, de Lucques, de Florence... Au même moment, Charles Quint, incapable de faire face aux dépenses dévorantes de son empire ingouvernable, fut, dit-on, stupéfait de cette facilité du roi de France à obtenir ainsi des espèces sonnantes et trébuchantes. Pendant son absence, Henri II confie la régence à sa femme, Catherine de Médicis, épouse jusqu'alors effacée qui fait ainsi, pour la première fois, l'expérience de l'exercice du pouvoir : elle manifeste son mécontentement à l'égard d'un cordelier qui prêche à Paris contre les levées de deniers ; elle reçoit en audience l'ambassadeur d'Angleterre ; elle assiste, en femme « très humble et obéissante », au conseil du roi. Elle se souviendra de cette expérience fondatrice au lendemain de la mort brutale de son époux, à l'issue d'un tournoi fatal en 1559...

Une armée considérable, de plusieurs dizaines de milliers de soldats, s'ébranle en avril 1552, commandée par le souverain en personne qui assume ainsi, comme pratiquement tous les souverains français, sa fonction de roi de guerre. Le duc de Montmorency entre à Toul, qui lui a ouvert ses portes, dès le 5 avril. Aussitôt, il y installe une garnison. Le 10 avril, le jour des Rameaux, l'armée du roi entre à Metz, qui n'oppose aucune résistance : le souverain fait sa « joyeuse entrée » dans la ville soumise le lundi de Pâques, le 18 avril. Henri II traverse alors les Vosges pour aller en Alsace où les troupes obtiennent des Strasbourgeois suffisamment de vivres pour continuer l'expédition. Verdun, le troisième évêché, est pris sans difficulté, le 12 juin. Montmédy capitule le 23. Mais la défection de l'électeur Maurice de Saxe, inquiet de la puissance française et qui se réconcilie avec Ferdinand Ier, le 2 août, empêche Henri II de franchir le Rhin.

Le 10 novembre, le duc d'Albe assiège Metz, bien défendue par François d'Aumale, futur duc de Guise, nommé lieutenant-général. Ce dernier se distingue particulièrement, obligeant Charles Quint à une retraite douloureusement ressentie par le vieil empereur, au début du mois de janvier 1553. Cette victoire contribua à renforcer la puissance des Guises en Champagne et dans les territoires frontières. Le « voyage d'Allemagne » fut aussi marqué, pour les troupes, par de multiples difficultés de ravitaillement qui mirent en évidence la fragilité de l'organisation de l'armée et la faiblesse des finances royales. Les traités de Westphalie confirmèrent près d'un siècle plus tard, en 1648 (cf. p. 227), la possession des trois évêchés par la France.

Dans cette affaire, il demeure un mystère en partie inexpliqué : la facilité de la prise des trois villes, notamment de Metz, cité puissante, fortifiée, défendue, qui avait résisté à de nombreux sièges et attaques au cours des siècles précédents. Comme Toul et Verdun, elle ouvrit ses portes au « Très-Chrétien », sans combat, comme résignée. Pourquoi ? Il semblerait qu'une crise de conscience urbaine ait miné, depuis plusieurs décennies, l'identité de la ville. Le premier quart du XVIe siècle marque en effet un net déclin du sentiment collectif messin. Pour nombre de notables traumatisés par les crises, notamment religieuses, qui secouent l'empire (particulièrement la sanglante guerre des paysans en 1524-1525), la sécurité passait avant tout par la protection d'un puissant suzerain, en l'occurrence le roi de France. « C'est alors, explique Martial Gantelet, une ville sans destin et enferrée dans une impasse politique qui tombera, comme un fruit mûr, entre les mains d'Henri II. Ce qui ne signifie pas la disparition de toute conscience municipale, mais simplement sa mutation, voire sa renaissance, dans le cadre général du royaume de France. »

La prise de Metz, Toul et Verdun fait office de révélateur d'une mutation géopolitique inscrite dans la longue durée : l'affirmation et le triomphe des grands États territoriaux au détriment des identités et des solidarités locales.

Joël Cornette

Le massacre de la Saint-Barthélemy est un des faits les plus douloureux des guerres de Religion.

1572
LES PROTESTANTS SONT MASSACRÉS LA NUIT DE LA SAINT-BARTHÉLEMY, SOUS LE RÈGNE DE CHARLES IX

La Saint-Barthélemy

« Le massacre de la Saint-Barthélemy fut le plus triste épisode de cette lamentable époque. Dans la nuit du 24 août, tous les protestants qui étaient à Paris furent égorgés. Le brave amiral Coligny fut tué par ordre du duc de Guise. Les assassins n'épargnèrent ni les femmes ni les enfants. Les cadavres étaient traînés dans la boue et jetés à la Seine. »

Au petit matin du dimanche 24 août 1572, dans un Paris surchauffé par la chaleur estivale, par les rumeurs et par les angoisses, débutent les « matines parisiennes ». Entre deux mille et quatre mille réformés sont tués.

C'est depuis 1520 que les « idées nouvelles » se sont répandues dans le royaume de France. Ceux qui sont appelés les « luthériens » ou « huguenots » se mobilisent à partir de 1559 pour obtenir la liberté de conscience et de culte et pour s'opposer aux violences meurtrières des « papistes ». Actions iconoclastes, agressions contre les clercs, occupations de lieux cultuels se multiplient. Deux imaginaires concurrents pensent la violence comme l'instrument de l'obéissance à Dieu : pour les calvinistes, un imaginaire de la restitution du vrai culte évangélique exigeant la destruction des « pollutions papistes ». Pour leurs adversaires, la nouvelle foi est un signe eschatologique de la colère de Dieu commandant la mise à mort des avant-coureurs de l'Antéchrist que sont les huguenots. La division religieuse, malgré les efforts du pouvoir monarchique pour promouvoir une politique de concorde, se traduit par trois guerres civiles.

La paix de Saint-Germain (8 août 1570) est une paix précaire. Chaque faction vit dans la hantise que l'adversaire ne réalise son rêve de violence. Et joue le contentieux de l'assassinat du duc de Guise (février 1563), dont la responsabilité est attribuée par son lignage à l'amiral de Coligny, chef protestant. Autre facteur de fragilité : les huguenots sont obsédés par un projet de guerre étrangère pour la liberté des Pays-Bas. Le travail royal vise alors à neutraliser ces potentialités conflictuelles. Si, à l'occasion de pourparlers engagés en juillet 1571, la monarchie semble pencher en faveur de l'option

1572

belliciste huguenote, dès la victoire de Lépante, Charles IX et Catherine de Médicis se partagent les rôles afin de parvenir à l'événement qui pérenniserait magiquement l'union au sein du royaume : le mariage du protestant Henri de Navarre et de Marguerite de Valois. Tout se passe comme si le roi avait pris le parti de soutenir les huguenots dans leur projet, tandis que sa mère s'y opposait. Alors que les hostilités contre l'Espagne ont débuté autour de Flessinghe et de Brielle, Charles IX laisse un contingent huguenot occuper Mons et Valenciennes (22-23 mai), en fait, « il ne cherchoit qu'à gagner du tems » pour que puisse se réaliser le mariage princier, repoussé au mois d'août par la mort de Jeanne d'Albret mais auquel nombre de nobles huguenots sont décidés à se rendre. Les 9-10 août, c'est l'abandon définitif du plan de guerre.

Le 18 août, le mariage est célébré. Tout bascule le 22 août, vers 11 heures du matin, lorsque, au sortir du Louvre, Coligny est blessé par un tueur embusqué, le sieur de Maurevert. Dans l'après-midi, le roi, ses frères, sa mère et des grands se rendent à son chevet. Les capitaines huguenots auraient réclamé justice, les soupçons étant dirigés contre les Guises. Un climat de tension s'établit que la nuit n'apaise pas. Le lendemain, les huguenots réitèrent leurs exigences de justice. Dans la soirée, l'histoire se dérobe : des conseils improvisés au Louvre auraient décidé d'une opération d'exécution d'un nombre limité de huguenots, avec l'appui des Guises.

Le 24 août, entre 1 heure et 4 heures du matin, des groupes d'hommes se répandent dans la ville, mettant à mort les capitaines réformés. Coligny est assassiné par un commando emmené par Henri de Guise. Puis c'est la population civile calviniste qui est ciblée : pillages, meurtres, viols... Sonneries des cloches, et « miracle » au cimetière des Saints-Innocents : une aubépine, sèche depuis plusieurs années, fleurit. Vers 11 heures, le roi fait crier un mandement attribuant les morts de l'Amiral et de ses lieutenants à une vendetta privée. Les violences se poursuivent malgré les appels au calme. Les calvinistes, appréhendés dans leurs maisons, dans les rues, dans leurs cachettes, sont emmenés sur les rives de la Seine ou sur les ponts ; poignardés, frappés à coups de bâton, ils sont précipités dans les eaux. Enfants, nouveau-nés, femmes, vieillards, nul n'est épargné, et Paris devient un espace sacrificiel, livré à la violence d'un fantasme de réconciliation de Dieu et de son peuple. Les voisins, les proches, les parents sont parfois les tueurs, aux côtés des gardes du roi, d'une partie de la milice bourgeoise et sans doute du prolétariat parisien, entretenu par la prédication dans l'attente d'un moment providentiel qui verrait le royaume purgé de l'« abomination hérétique ».

Dans la soirée puis dans la journée du 25, Charles IX et sa mère adressent des lettres aux gouverneurs de province, déniant toute responsabilité dans les violences et exigeant l'application de l'édit de Saint-Germain. L'instant capital a lieu le mardi 26, alors que Paris demeure en sédition. Le roi se rend au Parlement et change son argumentation : il déclare que tout ce qui s'est passé l'a été par sa volonté ; c'est lui qui a commandé l'exécution des huguenots parce qu'ils complotaient contre lui, sa famille et l'État. Il ordonne la fin des violences, qui ne cesseront qu'à la fin du mois d'août, ainsi que la reconduction de l'édit. Le cadavre de Coligny, décapité, émasculé, mutilé, est abandonné sur les berges par de petits enfants.

Mais la Saint-Barthélemy n'est pas qu'un événement parisien : des massacres d'intensité très variable se déroulent à Orléans, La Charité-sur-Loire, Meaux, Angers, Saumur, Bourges, Lyon, Rouen, Troyes, Bordeaux, Toulouse, Albi, Gaillac, Romans, Valence, Rabastens, Orange, et, peut-être, à Aurillac, Montélimar, Dax, Moissac, Agen, Blaye, Castres...

Durant les années suivantes est élaborée une interprétation du massacre qui aurait été l'aboutissement du travail de dissimulation machiavélienne de Catherine de Médicis, acharnée à faire tomber les réformés dans un piège. Plus tard est avancée l'idée d'une préméditation courte : Charles IX se serait rallié au projet anti-espagnol de Coligny, délaissant le conseil de sa mère. Pour éviter une guerre contre l'Espagne et afin de ne pas perdre le pouvoir, la reine mère, en collusion avec les Guises, aurait alors fait tirer sur l'Amiral. Inquiète des conséquences de l'échec de l'attentat, elle aurait contraint le roi à accepter le principe d'un massacre des huguenots. Un crime politique dégénérant en un crime populaire. La Saint-Barthélemy peut aussi avoir aussi été un coup de force du parti des Guises contre la politique de modération royale. Auraient ici joué le mécontentement religieux et antifiscal, la pression de l'ambassadeur d'Espagne, les soldes impayées des gardes royaux... Charles IX aurait été forcé de cautionner un massacre. Enfin, la tragédie peut graviter autour de l'idéal néo-platonicien de la politique de concorde royale, que l'attentat du 22 août aurait déstabilisée. Face à un blocage des rapports de forces consécutif à l'attentat du 22 août, Charles IX et sa mère auraient conclu un accord avec les Guises, leur concédant la mort de Coligny et des capitaines protestants. Un montage aurait été organisé, qui laissait la royauté à l'écart de la violence et devait lui permettre de tenter de reconstruire ensuite la paix. Il y aurait eu « crime d'amour », qui échoue parce que la capitale s'emplit du rêve mystique d'une violence inspirée divinement. Ce serait alors que Charles IX aurait pris l'initiative d'un autre simulacre, avec la déclaration revendiquant la responsabilité du massacre... Un art empirique de faire de la politique. De la dissimulation à la simulation...

Denis Crouzet

Le roi Henri III eut pour rival le duc Henri de Guise, chef de la ligue catholique.

1588
LE ROI HENRI III FAIT ASSASSINER SON RIVAL, HENRI DE GUISE, AU CHÂTEAU DE BLOIS

Henri III et Henri de Guise

« Le règne d'Henri III est un des plus misérables de notre histoire.
Ce prince était superstitieux et corrompu ;
il se livrait aux plus honteuses débauches.
Les catholiques, qui méprisaient ce roi, voulurent le remplacer
par Henri de Guise, surnommé le Balafré. Mais Henri III
le fit lâchement assassiner au château de Blois. »

Le coup de majesté a pour cadre le château de Blois. Il témoigne d'un point extrême de tension entre le roi et la Ligue*, d'une volonté du roi de restaurer, dans leur intégrité, des prérogatives attachées à une monarchie de droit divin. Rien ne prouve qu'Henri III ait prémédité l'assassinat d'Henri de Guise durant la tenue d'états généraux qui se sont faits de plus en plus critiques à son égard en lui prescrivant une guerre à outrance contre l'« hérésie ». Il soupçonne Guise de faire de lui un roi diminué, en influant sur les députés pour qu'ils contestent son autorité. C'est sans doute à l'issue d'un dernier entretien, le 22 décembre 1588, que la décision est prise, après une première délibération le 18 décembre. Roger de Bellegarde reçoit la mission de planifier l'opération qui est organisée « avec tout ce que l'on sçauroit de prudence humaine ». Partagent le secret de l'entreprise le maréchal d'Aumont, le secrétaire Revol, les frères Rambouillet…

Alors qu'il assiste le vendredi 23 avec son frère, le cardinal de Guise, à une réunion matinale du conseil, le duc est convoqué par le roi dans le cabinet vieux du château. Il est attendu par des gentilshommes de la garde rapprochée d'Henri III, une douzaine de « Quarante-Cinq » cachés derrière une tapisserie. Une fois que le duc a passé le seuil de la pièce, la porte est refermée et les coups sont portés, « si vivement, qu'il n'eut moyen que de rasler ». Guise tombe mort et son cadavre est laissé sur un « méchant tapis », livré aux moqueries de courtisans qui l'appellent le « beau roy de Paris », selon le surnom attribué par le roi. La légende racontera qu'Henri III, en donnant un coup de pied en direction du visage du duc, « tout ainsi

---

* *Ligue : confédération de catholiques français organisée par Henri de Guise en 1584 (cf. p. 198) au nom de l'unité religieuse du royaume.*

que le duc de Guise en avait donné au feu amiral », se serait exclamé : « Mon Dieu, qu'il est grand ! Il paraît encore plus grand mort que vivant. » Le cardinal de Guise, arrêté avec l'archevêque de Lyon, Pierre d'Épinac, le comte de Brissac, le cardinal de Bourbon, les ducs d'Elbeuf et de Nemours, le prince de Joinville et plusieurs députés du tiers état, est exécuté le lendemain. Le grand prévôt Richelieu fait brûler les deux corps à la nuit et les cendres sont dispersées.

Le pouvoir royal justifie le double meurtre en vertu de la détention d'un droit de justice retenue autorisant le roi, en cas de menace contre sa personne et son État et face à des criminels de lèse-majesté divine et humaine, à recourir à la violence de manière immédiate, sans procédure. Des dépêches sont expédiées aux principales villes du royaume pour dénoncer un projet criminel des Guises contre le roi, version que Richelieu expose devant les états généraux. En réalité, il s'est agi d'un coup d'État par lequel le roi tenta de reprendre le monopole de l'autorité souveraine, comme l'analysa Étienne Pasquier : « sçachez que le Roy, indigné de plusieurs particularitez qui se passoient en nostre assemblée à son desadvantage, qu'il estimoit ne se faire que sous l'autorité de ces deux Princes ; et que plus il se rendoit souple envers nos depputez, plus ils se roidissoient contre luy... ».

S'ouvre un temps de paroxysme de crise, qui s'achève par le régicide du 1er août 1589. Début janvier, la Sorbonne délie le peuple de l'obéissance au « tyran », qui réagit en s'alliant avec le roi de Navarre, puis en mettant le siège devant Paris. Dénoncé par les prédicateurs et les libellistes ligueurs comme un antéchrist, un « vilain Hérode » ayant martyrisé les meilleurs des serviteurs de Dieu, Henri III subit le choc d'une rhétorique désacralisatrice qui l'accuse d'athéisme, de sorcellerie et de machiavélisme... De Paris sillonné de processions pénitentielles et envahi de messes et de prières pour le salut des âmes des deux frères, s'élèvent des appels à la vengeance divine dont le dominicain Jacques Clément se fera le bras armé en assassinant le roi.

Mais avec l'assassinat de Blois se clôt une autre séquence de crise qui, depuis 1570-1572, a opposé le pouvoir royal au fils du triumvir François de Guise. Un conflit entre deux conceptions de l'autorité royale : celle d'un souverain se voulant l'incarnation du Christ sur terre, un soleil donnant unilatéralement la vie au royaume, et celle d'un gentilhomme animé par la conscience d'une mission providentielle inscrite dans son sang même et le portant à se faire le défenseur de la foi. C'est jeune encore que, à la tête d'une puissante clientèle nobiliaire, investi du gouvernement de Champagne et de Brie, des offices de grand maître et de grand chambellan, Guise se voue à un idéal de croisade en combattant en 1566 le Turc en Hongrie, puis en participant aux opérations militaires antihuguenotes de 1569. Son rôle fut capital dans la Saint-Barthélemy parisienne : il aurait, à la fois, accompli une vendetta familiale contre Coligny et été l'outil d'un crime politique décidé par la royauté. Au début du règne d'Henri III, il façonne son image de nouveau David en battant les reîtres à Dormans, en 1575, et en soutenant la Ligue de 1576. Il incarne un idéal de retour à l'unité de foi par la voie de la lutte à outrance contre la Réforme, un idéal sacrificiel de combat pour l'unité religieuse. Plus les années passent, plus le pouvoir royal est accusé par l'opinion catholique d'accepter les compromissions avec les hérétiques, d'être noyauté par des « hypocrites », les Politiques, qui préfèrent privilégier la vie mondaine et donc l'État aux dépens de la « manutention » de la foi catholique, plus, dans le « peuple » de Paris comme de province, la figure de Guise en héros et en sauveur prend de force.

Son engagement contre les options de la politique royale s'accentue après la mort du duc d'Anjou, parallèlement à l'exaltation d'une ascendance carolingienne de sa Maison. C'est, à l'issue d'une réunion des chefs nobiliaires catholiques tenue à Nancy en septembre 1584, la fondation de la seconde Ligue, vouée à l'extirpation de l'« hérésie », appuyée sur un financement espagnol. Par une prise d'armes que justifie une conception aristocratique de la monarchie participative, le duc impose au roi l'édit du 18 juillet 1585 qui interdit le culte réformé et déchoit Henri de Navarre de ses droits sur la couronne de France. Confronté à la stratégie temporisatrice du roi et à la prédominance politique du duc d'Épernon, Guise amplifie encore son image davidique en écrasant une armée étrangère aux batailles de Vimory et d'Auneau. Son but politique aurait été de chercher moins à détrôner le roi comme la propagande royaliste le lui reproche, qu'à être nommé lieutenant général du royaume ou connétable, pour prendre la tête d'une croisade. L'épreuve de force a lieu quand, malgré l'interdiction royale, il rentre dans Paris, le 9 mai 1588, laissant, trois jours plus tard, les Seize* dresser des barricades pour empêcher les Suisses du roi d'occuper les points stratégiques de la capitale. Tandis que les ligueurs parisiens instaurent un pouvoir révolutionnaire, Guise s'efforce de négocier avec Henri III réfugié à Chartres, protestant de sa fidélité et de celle des Parisiens, mais laissant se développer une propagande fustigeant l'entourage du roi, ses mœurs, la corruption de sa cour, un exercice tyrannique de l'autorité. Après avoir accepté, le 15 juillet, de signer l'édit d'Union, par lequel il s'alignait sur les exigences de la Ligue, s'engageait au rétablissement de l'unité religieuse et convoquait les états généraux, le roi confère au duc de Guise, le 4 août, le titre de lieutenant général.

Mais, si elle est pour le pouvoir royal une « practique » de la conservation des équilibres, la politique est surtout un art de la simulation et de l'action. La réconciliation n'est que factice et la voie s'ouvrit au crime d'État, un crime jugé « nécessaire » quand l'« occasion » se présenta. Un beau crime, comme le jugea Étienne Pasquier...

Denis Crouzet

* *Les Seize : nom donné aux meneurs de la Ligue à Paris.*

« *Le château de Blois est un des monuments les plus remarquables de la Renaissance.* »

Henri IV entra à Paris et mit fin aux guerres de Religion par l'édit de Nantes en 1598.

1598
LE BON ROI HENRI IV MET FIN AUX GUERRES RELIGIEUSES PAR L'ÉDIT DE NANTES

Henri IV à Paris

« Henri IV fut le salut de la France. Ce bon roi, après avoir vaincu ses ennemis à Arques et à Ivry, se convertit au catholicisme et fit son entrée à Paris au milieu de l'enthousiasme populaire. Il mit fin aux guerres de Religion par l'édit de Nantes, qui accordait la liberté de conscience. »

L'édit de Nantes occupe dans le roman républicain national une place privilégiée qui ne s'est jamais démentie. Après quatre décennies de guerres civiles atroces, qui mettent en péril l'existence même de la France, Henri IV, le créateur d'une nouvelle dynastie, celle des Bourbons, réussit à réconcilier les Français de confessions opposées, catholiques et protestants, en proclamant la liberté de conscience. N'est-ce pas une belle préfiguration de l'idéal républicain de tolérance où la France montre l'exemple ? L'édit de Nantes justifie à lui seul l'appellation de « bon roi » accolée à Henri IV. C'est déjà la description des manuels d'avant 1914, reprise par Désirée Blanchet en 1938 et confirmée lors de la célébration officielle du quatrième centenaire.

Quel contraste avec le temps même de l'événement, où celui-ci est passé pratiquement inaperçu, le roi prudent, ne voulant pas le mettre en valeur ni chercher à en tirer gloire ! L'opinion, divisée et majoritairement hostile pour des raisons opposées, est alors beaucoup plus attentive à la préparation de la paix avec les Espagnols, signée quelques jours plus tard à Vervins, paix bien oubliée aujourd'hui et que ne cite même pas Blanchet, pourtant si attentif à la politique extérieure. En témoigne le journal du grand témoin qu'est Pierre de l'Estoile : il s'étend longuement sur la paix et sa ratification et ne dit pas un mot de l'édit alors qu'il est, pourtant, favorable à l'apaisement entre catholiques et protestants. Mais il existe bien d'autres signes de la discrétion du pouvoir royal. Début juillet 1598, plus d'un mois après la signature, l'assemblée du clergé n'est visiblement pas au courant de l'édit ! D'ailleurs, aujourd'hui encore, nous n'avons pas de certitude sur la date exacte

1598

de la signature : la date du 13 avril, traditionnellement retenue, est impossible, et nous n'avons aucune preuve pour celle qui reste la plus vraisemblable, le 30 avril.

Il est vrai que sous le vocable unique d'édit de Nantes se cachent quatre textes d'inégale importance : dans l'ordre chronologique, le 3 avril, un brevet royal promettant une subvention aux églises protestantes, le 30 du même mois, un second brevet, appelé aussi articles secrets, qui accorde au parti protestant des places fortes, et probablement l'édit principal contenant 95 articles, enfin le 2 mai, un second édit de 56 articles particuliers. Ces précisions ne relèvent pas de la simple érudition pour spécialistes ; elles révèlent la véritable nature de l'édit, un compromis laborieux, résultat d'une âpre négociation et d'un rapport de force provisoire. S'entremêlent des garanties traditionnelles comme les cent soixante places de sûreté ou les juridictions particulières qui font des protestants des privilégiés, parmi d'autres, avec des pratiques plus modernes comme l'assurance de ne pas être inquiétés pour leurs croyances, ce qui définit une liberté de conscience par la négative.

Les protestants français constituent un groupe trop faible numériquement (moins de 10 % de la population française) pour espérer être traités à égalité avec les catholiques. La prééminence du catholicisme est donc fortement réaffirmée ainsi que sa vocation à reprendre les positions perdues comme religion du roi et du royaume alors que le protestantisme est figé au mieux dans ses positions de 1598, sans possibilité d'extension. Mais les huguenots occupent des positions géographiques (au sud et le long de l'Atlantique) et sociales (dans la noblesse et la bourgeoisie commerçante) assez fortes pour pouvoir célébrer leur culte et conserver des privilèges qui assurent leur survie, d'autant plus que nombre de catholiques haut placés, les rois en tout premier lieu, ne veulent pas être soumis à la tutelle de l'institution ecclésiale et développent déjà l'idée d'un État au-dessus des factions religieuses, lointaine origine de la laïcité à la française.

Ce compromis a été précédé de sept tentatives de paix, la première dès 1562 ! La principale originalité de l'édit de Nantes est sa réussite et sa durée, car, pour le reste, il reprend des dispositions déjà proposées, de la définition des lieux de cultes protestants (1563) jusqu'aux mesures les plus novatrices comme l'accès de tous aux charges publiques (1570), en passant par l'attribution des places de sûreté (1570). Parfois, il est même en retrait sur des textes antérieurs, mais c'était la condition pour être « toléré » et accepté sans susciter de violentes réactions.

La preuve en est l'enregistrement par les divers parlements, particulièrement celui de Paris : ce ne fut pas une simple formalité. Le roi dut faire quelques concessions supplémentaires et surtout affirmer son autorité exprimée par cette déclaration devant le parlement de Paris, qui mérite d'être largement reproduite, tant elle donne la clé de l'opération : « Si l'obéissance était due à mes prédécesseurs, il m'est dû autant ou plus de dévotion, parce que j'ai rétabli l'État. Dieu m'ayant choisi pour me mettre au royaume qui est mien, par héritage et acquisition [...] ne m'alléguez point la religion catholique. Je l'aime plus que vous. Je suis fils aîné de l'Église, nul de vous ne l'est ni ne peut l'être. Vous vous abusez quand vous pensez bien être avec le pape. J'y suis mieux que vous. Quand je l'entreprendrai, je vous ferai déclarer tous hérétiques pour ne me vouloir obéir. »

On l'a compris, l'édit de Nantes est l'une des premières expressions de l'absolutisme royal naissant, ce qui fait alors sa force fait aussi sa faiblesse : imposé par celui-ci, il est susceptible d'être révoqué par le même absolutisme, ce qui arrivera quatre-vingt-huit ans plus tard. Mais les bons catholiques peuvent aussi s'inquiéter, car, avant d'être catholique, la religion ainsi définie est royale.

Éviter l'anachronisme et l'idéalisation n'est pas pour autant réduire la portée de 1598. La date mérite d'être mémorisée, sans avoir besoin d'être mythifiée. C'est un grand acte politique, non pas parce qu'il « obéirait à d'immortels principes », mais parce qu'il a le courage du compromis possible, assurant la coexistence entre deux communautés qui, alors, ne pouvaient pas se comprendre, encore moins s'estimer. La liberté de conscience en est bien le résultat, mais comme un pis-aller, un moindre mal, et non une valeur universelle : pour l'époque, c'est déjà un grand succès.

Philippe Joutard

1610
HENRI IV EST ASSASSINÉ PAR RAVAILLAC

MORT D'HENRI IV (1610)
« Henri IV fut assassiné par un misérable, nommé Ravaillac. »

La Bibliothèque nationale de France conserve, pour l'année 1610, cent soixante-treize textes, dont quarante-huit poèmes et plus d'une quinzaine de gravures, illustrant le tragique événement du 14 mai 1610. Cette ampleur documentaire témoigne tout à la fois d'une très forte « médiatisation » et de l'émotion extrême suscitée par la mort brutale d'Henri IV : soixante et onze imprimés expriment les lamentations et les plaintes de la « France souffrante ». Le « monstre » a osé, par un « abominable parricide », porter atteinte à la personne sacrée d'un roi-père, érigé en martyr : la légende du « bon roi Henri », déjà entretenue de son vivant, s'en trouve renforcée. Elle le place définitivement dans le panthéon des souverains fondateurs de la « nation France », aux côtés de Saint Louis, le roi de la justice impeccable, et de Louis XII, « père du peuple ». Cet imaginaire des « rois parfaits » subsista au moins jusqu'à la Révolution : Louis XVI fut salué avec enthousiasme à son avènement, en 1774, car son nom était composé de l'addition de (Louis) XII et de (Henri) IV.

Rappelons les faits : le vendredi 14 mai 1610, vers quatre heures de l'après-midi, « sans nulle escorte à l'entour », Henri IV se rendait à l'Arsenal pour s'entretenir des affaires avec Sully, le surintendant des finances. À l'angle de la rue de la Ferronnerie, une voie passante étroite et encombrée, vis-à-vis de la maison d'un notaire nommé Poutrain et près d'une auberge *Au Cœur couronné percé d'une flèche*, sa voiture fut arrêtée par l'embarras provoqué par un coche rempli de foin et une charrette lourdement chargée de tonneaux de vin. Surgissant de la foule des badauds, un grand homme roux, d'une trentaine d'années, François Ravaillac, catholique dévot venu spécialement d'Angoulême, s'élança vers le souverain. Par la portière ouverte, il porta deux coups de couteau à la poitrine du roi. Le second atteignit le cœur et provoqua une grande effusion de sang.

À cinq heures du soir, le procureur général du roi annonça au parlement, toutes chambres assemblées, que le roi était décédé « par un très cruel, très inhumain et très détestable parricide commis en sa personne sacrée ». Au même instant dans la capitale, signe d'un événement d'exception, presque toutes les boutiques furent fermées ; « chacun crie, pleure et se lamente », note Pierre de l'Estoile, « grands et petits, jeunes et vieux. Les femmes et les filles s'en prennent aux cheveux ».

Pourtant le mémorialiste remarque avec étonnement que, au lieu de l'appel aux armes comme au temps de la Ligue, le recueillement et la prière l'emportèrent sur la panique, et chacun prononça des vœux fervents pour la santé et la prospérité du petit Louis XIII, le fils d'Henri, âgé de neuf ans, et de Marie de Médicis, sa mère, proclamée régente par le parlement le soir même du sinistre événement.

Les 17, 18 et 19 mai, sans relâche, le meurtrier fut interrogé par les magistrats. Les juges voulaient absolument connaître ses complices. Mais, à leur grande surprise, Ravaillac répéta sans cesse avoir agi seul : « il n'y a que moi qui l'aie fait ». Le jeudi 27, le parlement rendit son verdict, immédiatement exécutoire : l'assassin, condamné à l'écartèlement, était convaincu du pire des forfaits dans la hiérarchie des délits, le « crime de lèse-majesté divine et humaine au premier chef ».

Ce crime et ce châtiment vont bien au-delà de l'acte solitaire de François Ravaillac contre Henri de Bourbon. Car la mort spectaculaire du roi, le traumatisme ressenti, avec effroi, par l'opinion, et l'affreuse exécution publique de l'assassin, ne furent qu'un épisode, et en France le dernier, d'une grande vague de violence régicide qui secouait l'Europe depuis la seconde partie du XVIe siècle : Henri IV échappa à une vingtaine de tentatives d'assassinat avant le tragique après-midi de mai 1610.

Qu'est-ce qu'un mauvais roi ? Dans quelles conditions les sujets sont-ils dispensés des liens d'obéissance qui les unissent à leur souverain ? Est-il licite de tuer un Prince considéré comme un tyran ? Ces questions divisèrent les sociétés, les États, brouillant les frontières de la violence légitime dont jusqu'alors, par la guerre ou la justice, les autorités temporelles se proclamaient seules dépositaires. Roland Mousnier a consacré un grand livre à l'assassinat d'Henri IV, recherchant, derrière le geste isolé du meurtrier, les circonstances, les motivations qui permettent de comprendre que « beaucoup de Français, et même des étrangers ont pensé comme Ravaillac ». Pourquoi, s'étonne-t-il, ces adeptes d'une religion d'amour (« Tu ne tueras point », dit le cinquième Commandement) sont-ils devenus « des meurtriers possibles, des meurtriers en pensée, des assassins en puissance » ?

L'interrogatoire de Ravaillac, sous la torture, nous apporte les premiers éléments d'une possible réponse. À plusieurs reprises, l'assassin déclara avoir commis son geste « pour Dieu » : il avait la certitude que l'édit signé à Nantes en 1598, marquant la fin des troubles de religion, était néfaste et qu'il était du devoir du roi de France, le « Très-Chrétien », de convertir les protestants hérétiques. Si le souverain refusait de le faire, il était coupable envers le Très-Haut. Ravaillac déclara aussi à ses juges qu'il était persuadé que le roi voulait faire la guerre au pape, vicaire du Christ, et ainsi le déposséder de ses États. Nous savons qu'au moment de son assassinat Henri IV s'apprêtait à prendre la tête de ses armées pour intervenir en terre d'Empire contre les Habsbourg dans le cadre de la complexe affaire de la succession des duchés de Clèves et Juliers.

Ces raisons ne sont qu'un élément d'une plus vaste « culture régicide ». Née de la Réforme, dans la majorité des États européens, la division religieuse fut en effet la principale cause d'une rupture sans équivalent dans l'histoire des relations que les hommes entretenaient avec la puissance temporelle et céleste. Sans doute des doctrines régicides et tyrannicides ont-elles été soutenues et développées depuis l'Antiquité : de l'Ancien Testament (Judith mettant à mort Holopherne, David tuant Goliath) à Bartole, éminent juriste italien du XIVe siècle, d'Aristote à Jean Calvin, de Cicéron à des théologiens jésuites comme Mariana, les textes ne manquent pas pour définir les conditions qui permettent, en certaines circonstances, de se défaire, par la violence s'il le faut, d'un mauvais roi, devenu un tyran d'exercice ou d'usurpation, deux cas de figure définis avec précision par les légistes : c'est ainsi qu'après les « matines sanglantes » de la Saint-Barthélemy (24-25 août 1572), des juristes protestants ont justifié la déposition possible de Charles IX, accusé du meurtre des protestants. Mais jamais jusque-là la doctrine n'avait à ce point quitté le cercle étroit des spécialistes du droit, des hommes d'Église et des lettrés pour légitimer une violence collective, atteindre une large fraction de la société, comme en témoigne par exemple le calvaire de granit de Saint-Thégonnec dans le Finistère : réalisé en 1610, l'année même de l'assassinat, il comporte une statue d'Henri IV représenté en bourreau flagellant le Christ, manière pour les Bretons ligueurs de dénoncer celui qui eut le malheur d'avoir été huguenot.

Pierre de l'Estoile, nous l'avons noté, fut surpris du calme de la population dans les heures qui suivirent l'événement. Et Ravaillac lui-même, voyant la foule excitée contre lui, aurait déclaré à son confesseur au moment de son supplice être persuadé que le peuple aurait approuvé son geste. C'est le contraire qui se produisit : l'assassinat du souverain a contribué, paradoxalement, à fortifier la monarchie. Quatre ans après l'événement, lors des états généraux de

1614-1615, le tiers état proposa en guise d'article premier de son cahier de revendications une spectaculaire proclamation : « Le Roi sera supplié de faire arrêter en l'assemblée de ses états pour loi fondamentale du royaume, que, comme il est reconnu souverain en son État, ne tenant sa couronne que de Dieu seul, il n'y a puissance en terre, quelle qu'elle soit, spirituelle ou temporelle, qui ait aucun droit sur son royaume pour en priver les personnes sacrées de nos rois, ni dispenser ou absoudre leurs sujets de la fidélité ou obéissance qu'ils lui doivent pour quelque prétexte que ce soit. » L'absolutisme louis-quatorzien était ainsi déjà formulé, fruit de la conjoncture dramatique des guerres de Religion. La génération venue à la majorité avec le règne pacifique et irénique d'Henri IV rejetait avec horreur les souvenirs d'un passé de violence et d'« épouvantement ».

Et c'est ainsi que, par un étrange paradoxe, le couteau que François Ravaillac vola dans une auberge, au moment de se rendre à Paris pour les Pâques de 1610, renforça par la mort tragique du premier des Bourbons l'union des sujets avec leur Prince, et l'État royal dans sa version absolue.

Joël Cornette

Le roi Louis XIII appela au ministère l'énergique cardinal de Richelieu, en 1624.

1627
LE CARDINAL DE RICHELIEU, MINISTRE DE LOUIS XIII, S'EMPARE DE LA ROCHELLE

Louis XIII et Richelieu

« Louis XIII était d'un caractère fantasque et capricieux, d'une humeur triste et mélancolique, d'une intelligence portée vers les petites choses plutôt que vers les grandes.
Richelieu avait l'âme grande, le caractère inflexible. Il ne pouvait tolérer aucune désobéissance ni aucune révolte. Il voulait que tous, grands et petits, courbassent la tête devant l'autorité royale. Il réussit, parce qu'il marcha résolument à son but. »

Richelieu à La Rochelle

« Richelieu se tourna vers les protestants qui, non contents d'avoir obtenu la liberté religieuse, voulaient l'indépendance politique. Il assiégea leur capitale, La Rochelle. Cette ville fut défendue par son maire, le corsaire Guiton, qui avait juré de se tuer plutôt que de se rendre. Richelieu bloqua la place par terre et par mer, et ferma le port par une vaste digue. La Rochelle, réduite par la famine, capitula ; Guiton apporta à Richelieu les clés de la ville. »

Importante, cette année 1627-1628 ? Sans doute ! Mais elle est plus symbolique du cours de l'histoire française que décisive. Néanmoins, « vignettes » et « récits à raconter » suggèrent clairement l'arrière-fond idéologique qui explique le « discours » tout aussi idéologique de ce manuel. L'État profile son ombre majestueuse sur cette vision de l'événement ; la mise en perspective du siège de La Rochelle donne à voir aux lycéens la reconquête de ses droits régaliens par Louis XIII aidé de son Premier ministre.

Les protestants sont bien les fauteurs de troubles, les obstacles à l'unification du royaume. Peut-être même peuvent-ils être considérés comme les descendants des grands féodaux avides de se tailler des principautés indépendantes dans une France en passe de gommer autonomies et « libertés » locales. Ces huguenots ne savent se satisfaire des avantages acquis précédemment par l'édit de Nantes ; la liberté religieuse ne leur suffit pas, il leur faut encore l'indépendance politique. La Rochelle se dessine dès lors comme la capitale d'un contre-État venant troubler l'harmonie d'un pays assemblé autour du roi et de son ministre. Les gens de La Rochelle, modestes et sans grade – leur maire n'est-il pas un ancien corsaire ? –, se montrent derrière leur chef d'une incroyable

1627

obstination, se proposant de mourir plutôt que de capituler devant l'armée royale.

Cette passion résistante s'effondre devant la détermination et l'intelligence de ce grand homme d'État qu'est Richelieu. Aussi fin stratège que brillant politique, celui-ci fait construire devant la ville rebelle la fameuse digue qui bloque le port de La Rochelle et interdit l'arrivée des secours. Brisés par la famine, les habitants abandonnent la lutte ; le maire, Jean Guiton, genoux pliés en guise de contrition, remet sur un plat (en argent ?) les clés de la ville au cardinal ministre qui les reçoit d'un air totalement bienveillant comme un père pardonnant au fils prodigue.

Vignettes et récits s'accordent pour exalter le personnage de Richelieu, l'homme fort de l'État royal, le bras politique et militaire d'un souverain aussi falot qu'« étriqué ». Quelques signes forts sont instillés dans l'esprit des enfants auxquels on propose ces images et ces textes. Dans le royaume de France, à cette époque, la véritable autorité appartient à celui qui la mérite ; non pas à Louis XIII, monarque de peu d'envergure, mais à Richelieu qui possède la largeur de vues et le tempérament inflexible d'un véritable chef. Celui-ci détient les qualités nécessaires pour constituer la France en un hexagone compact et unifié où l'ordre et la paix civile se maintiennent au prix de la soumission des peuples devant l'autorité légitime et naturelle du ministre.

Jouons à prendre la place des auteurs de ce manuel et à corriger avec une vision contemporaine leur perspective historique. Corriger quelques à-peu-près. Jean Guiton n'est pas un corsaire, soit un hors-la-loi, mais sieur de Repose-Pucelle (!), noble ou en voie de l'être ; il est aussi ancien amiral de la flotte rochelaise. Si la remise des clés de la ville s'est opérée, Guiton exécute cette reddition symbolique dans les mains du roi et non dans celles de son ministre. Ce qui étonne un historien du XXIe siècle, c'est le dédain absolu de la fonction royale qu'affichent les rédacteurs de ce manuel. De nos jours, on évoquerait le caractère sacré de la monarchie qui se veut absolue ; Richelieu n'est Premier ministre que par la volonté du souverain, et la maintenance, voire le renforcement de l'État, tient autant au roi

Louis XIII qu'à son ministre. On se souvient que le cardinal disait plaisamment que les quelques pieds du cabinet royal lui étaient aussi difficiles à conquérir qu'une forteresse sur le pied de guerre. Les jugements à l'emporte-pièce sur le caractère du deuxième Bourbon ne laissent pas de nous étonner ; le choix toujours reconduit de Richelieu comme chef du conseil, on se souvient de la journée des Dupes*, dénie ce « caractère fantasque et capricieux » que les auteurs de ce manuel lui imputent. D'ailleurs, le roi était présent au siège de La Rochelle, ce qui limite la mainmise du ministre sur cet événement.

Sans doute faudrait-il également reconsidérer le terme d'« indépendance politique » revendiquée par les huguenots, indépendance qui s'oppose à la construction de la monarchie autoritaire et centralisée, bien commun de tous les Français selon le discours de ce manuel. En 1627, les protestants demandent que quelques acquis de l'édit de Nantes dont les fameuses places de sûreté, telle La Rochelle, leur soient conservés. Bien sûr, ces places de sûreté ont été concédées pour un temps limité et, en voulant les conserver par la force, ils se mettent dans l'illégalité. On peut comprendre que la politique de reconquête religieuse menée par Louis XIII (sans Richelieu) dès 1620 et l'annexion du Béarn à la mouvance française fassent craindre aux religionnaires un démantèlement plus large du contenu de l'édit auquel ils s'accrochent avec passion. Pour l'heure, Louis XIII comme Richelieu ont choisi de détruire les privilèges trop voyants, ainsi les places de sûreté ; le reste, le pire, est encore à venir.

Janine Garrisson

---

* *Le 11 novembre 1630, l'opposition à Richelieu, menée par la reine mère, Marie de Médicis, faillit obtenir sa disgrâce, mais le cardinal sortit vainqueur de cette « journée des Dupes ».*

1627

Richelieu assiégea La Rochelle. Le maire, Guiton, lui apporta les clés de la ville.

La journée des Barricades.

1648
LA « JOURNÉE DES BARRICADES » (PARIS)

La journée des Barricades

« *Pour dompter la Fronde, Mazarin fit arrêter un membre du parlement de Paris, Broussel. Celui-ci était très aimé dans le quartier de Notre-Dame où il habitait. Aussitôt que l'on apprit son arrestation, la foule se mit en colère, éleva partout des barricades et réclama la mise en liberté de Broussel. La reine Anne d'Autriche fut obligée de l'accorder pour calmer le mécontentement populaire.* »

Le vendredi 28 août 1648 à minuit, le valet de chambre du roi, Marie Dubois, sort du Palais Royal et marche vers la « Croix-du-Tiroir », au carrefour de la rue Saint-Honoré et de la rue de l'Arbre-Sec. Il veut voir de ses yeux une de ces barricades dont Paris s'est couvert la veille, mais « tout le monde était désarmé et retiré ; il ne restait plus que les feux dans les rues comme d'une armée qui décampe la nuit ». Étrange atmosphère des rues vides où brûlent des feux dans la nuit, seule trace du désordre dont l'embrasement vient, quelques paragraphes plus haut dans son récit, de lui arracher ce cri : « cela n'est pas concevable la puissance de Paris ». Mais de quel désordre s'agissait-il vraiment ? Il faut remonter plusieurs mois en arrière pour en avoir une idée un peu claire.

Dans la deuxième semaine de janvier, des troubles avaient éclaté en plusieurs endroits de la capitale : cris, rassemblements, mousquetades. Rue Saint-Denis, les gardes du roi et une compagnie de la milice bourgeoise avaient été tout près d'en venir aux mains. Les Parisiens protestaient contre l'offensive fiscale du gouvernement : depuis 1644, les taxes indirectes pesant sur les bourgeois avaient été multipliées (la guerre contre l'Espagne qui durait depuis plus de dix ans avait ruiné les finances de l'État). Or la ville jouissait depuis le Moyen Âge de privilèges et franchises qui semblaient devoir la mettre à l'abri de pareille politique. Ces franchises et privilèges étaient au cœur du sentiment de l'identité et de la fierté citadines. Ils n'étaient pas seulement fiscaux ; ils concernaient aussi l'organisation politique de la cité et le droit pour les bourgeois d'être armés et organisés en corps pour assumer leur propre protection et contrôler l'ordre public : c'était le rôle de la milice bourgeoise, à la fois force de police urbaine et troupe civique garantissant l'autonomie de l'ordre citadin.

Le 15 janvier 1648, la même politique gouvernementale imposait au parlement l'enregistrement d'une série d'édits fiscaux et la création de nouvelles charges vénales de grands magistrats (des maîtres des requêtes), dans un contexte où se précisait la menace d'une considérable augmentation des droits de mutation pesant sur la transmission des offices de judicature. C'était prendre le risque de réunir les protestations fiscales de la ville et celles des magistrats, les unes animées par le souci de la défense des privilèges urbains et les autres par le souci de la défense de prérogatives traditionnelles que le gouvernement autoritaire des cardinaux ministres avait mis à mal, deux dimensions qui conféraient à ces protestations une forte intensité politique. De fait, cette conjonction des oppositions parisiennes déboucha sur la mise au point, en juillet, d'un programme de réformes, la « déclaration des 27 articles de la Chambre Saint Louis », préparé par les députés des cinq cours souveraines (parlement, Grand Conseil, chambre des Comptes, cour des Aides, cour des Monnaies). La situation de faiblesse, due à l'aggravation de la crise financière, dans laquelle se trouvaient la reine régente Anne d'Autriche et le cardinal de Mazarin les conduisit à entériner ce programme. Mais le rapport de forces parut s'inverser le 20 août avec l'éclatante victoire des armées royales à Lens. Il fut alors décidé d'emprisonner trois magistrats du parlement considérés comme des meneurs le jour même de la célébration de la victoire à Notre-Dame par un solennel *Te Deum*. Parmi eux, Pierre Broussel, conseiller à la Grand Chambre, arrêté chez lui, enlevé dans un carrosse qui ne réussit pas à passer inaperçu : immédiatement le quartier de la Cité se souleva.

Les troubles s'étendirent à la ville entière dans la soirée. Le lendemain, la tentative du chancelier Séguier d'aller interdire le parlement provoqua l'émeute ; il fut pourchassé, l'hôtel de Luynes où il avait trouvé refuge pillé. Des centaines de barricades furent érigées. Le parlement se rendit en corps au Palais-Royal pour négocier la libération de Broussel et fut lui-même pris à partie lorsqu'il s'en retourna bredouille : sous la menace, il fallut faire demi-tour. Dans la soirée, la reine et son ministre finirent par accepter de libérer Broussel qui rentra triomphalement à Paris le lendemain matin.

L'interprétation la plus forte et la plus convaincante de ces événements a été donnée par Robert Descimon. S'attaquer à Broussel était une faute politique. Ce magistrat âgé, « père du peuple » réputé pour son intégrité, s'était spécialisé au Parlement dans la défense du droit des corps de métiers et dans le règlement des conflits qui les divisaient. Plusieurs fois il avait informé contre les financiers vilipendés par le peuple de Paris. Et il était un notable respecté dans son quartier, où il commandait une compagnie de la milice bourgeoise. Précisément, le rôle de la milice fut essentiel dans les troubles. Réunissant officiers, marchands, maîtres de métiers, elle incarnait l'ordre coutumier de la ville à la fois contre l'intrusion des troupes royales et contre les menaces de violence et de pillage venues des couches les plus populaires d'une population urbaine en très forte croissance. C'est ainsi que les barricades, dont certaines furent construites par les bourgeois armés alors qu'ils en faisaient démolir d'autres, peuvent être regardées comme les instruments d'une protestation contre le pouvoir étatique aussi bien qu'un moyen de protéger l'ordre communautaire traditionnel contre la subversion sociale. La journée des barricades fut d'abord une riposte des Parisiens à ce qu'ils percevaient comme une agression ; ce ne fut pas une « journée révolutionnaire » comme on l'a dit trop souvent, mais le dernier éclat d'une puissance politique communale qui allait cesser ensuite de compter dans les combats de cette crise majeure de l'État absolutiste qu'on appelle la Fronde.

Christian Jouhaud

Anne d'Autriche prit pour ministre le cardinal Mazarin, en 1643.

1648
SIGNATURE DU TRAITÉ DE WESTPHALIE

1659
LE CARDINAL MAZARIN, MINISTRE DE LOUIS XIV, SIGNE AVEC L'ESPAGNE LE TRAITÉ DES PYRÉNÉES

Les traités de Westphalie (1648) et des Pyrénées (1659)

« *En même temps il termina la guerre contre l'Autriche et l'Espagne par les traités de Westphalie et des Pyrénées. La France acquit l'Alsace, l'Artois et le Roussillon.* »

La date de 1648, évoquée avec celle de 1659 dans la « leçon à réciter » consacrée à la politique extérieure de Mazarin, regroupe les traités de paix dont il avait été le principal artisan en sa qualité de Premier ministre depuis la mort de Richelieu (1642). C'est ce dernier qui avait entraîné son roi, au début des années 1630, dans le conflit européen en soutenant, contre les Habsbourg, les Hollandais ainsi que les protestants d'Allemagne et leurs alliés scandinaves. En 1635, la France était intervenue directement dans la guerre. En un temps de Contre-Réforme triomphante, ce choix était difficile pour un souverain pieux, disposé à écouter les sollicitations du « parti dévot » en faveur des puissances catholiques. Cardinal comme son prédécesseur (même s'il ne fut jamais prêtre), Mazarin fut le continuateur de la politique extérieure de Richelieu que Christian Jouhaud qualifie, très pertinemment, de « figure majeure de la contradiction dépassée », dans la mesure où il prenait sur lui « le poids du péché et de la violence d'État ».

La « période française » de la guerre de Trente Ans fut marquée par un accroissement énorme des prélèvements fiscaux, le « tour de vis fiscal de Richelieu » (E. Le Roy Ladurie), générateur de révoltes populaires et accentué encore pendant la première partie du ministériat de son successeur. Il s'agissait de financer la lutte contre la meilleure armée d'Europe, les *tercios* espagnols qui, en 1636, avaient menacé la capitale (prise de Corbie) et, l'année suivante, avaient essayé d'envahir le Languedoc (bataille de Leucate). Il ne saurait être question de faire le récit des combats qui jalonnèrent les treize années de la guerre française. Parmi les magnifiques périodes dont Jacques Bénigne Bossuet fit retentir les voûtes de Notre-Dame de Paris pour l'oraison funèbre du prince Louis de Condé, le 10 mars 1687, évoquons seulement cet épisode majeur qu'il rappelle : le 19 mai 1643, cinq jours après l'avènement de Louis XIV, la victoire de Rocroi remportée par le duc d'Enghien, futur prince de Condé, ce « jeune prince du sang qui portait la victoire dans ses yeux ». Les auteurs du manuel n'ont pas jugé utile de retenir cette date, si importante pourtant dans leur propre perspective patriotique. Ce triomphe militaire (les quatre cinquièmes des ennemis furent tués ou faits prisonniers) a également une valeur symbolique, au début de la régence d'Anne d'Autriche. Suivons Bossuet dans l'évocation de l'épisode final de la bataille : « Restait cette redoutable infanterie de l'armée d'Espagne (les *tercios viejos*) dont les gros bataillons serrés semblables à autant de tours, mais des tours qui sauraient réparer leurs brèches, demeuraient inébranlables au milieu de tout le reste en déroute... » Et Bossuet termine le récit de l'écrasement de ces carrés de fantassins espagnols par celui de la mort de leur chef, le comte de Fontaines : « Il se trouva par terre parmi des milliers de morts dont l'Espagne sent encore la perte. Elle ne savait pas que le prince qui lui fit perdre tant de ses vieux régiments à la journée de Rocroy en devait achever les restes dans les plaines de Lens. » Malgré les victoires de Rocroi et de Lens (20 août 1648), les Espagnols, qui avaient participé aux négociations commencées depuis quatre ans, refusèrent de conclure la paix. En effet, les Hollandais, craignant que les Français n'échangent les Pays-Bas espagnols contre la Catalogne qu'ils avaient conquise (« *Gallus amicus non vicinus* »), avaient conclu une paix séparée avec l'Espagne. Par ailleurs, la France était en proie à la Fronde.

C'est donc seulement avec l'Empire que furent signés les traités de Munster et Osnabrück en Westphalie (24 octobre 1648), après la victoire de Zusmarshausen en Bavière qui ouvrait la route de Vienne aux armées franco-suédoises. La « leçon à réciter » n'envisage, pour Westphalie, que l'acquisition de l'Alsace. Cette assertion n'est pas totalement exacte : la France acquérait, certes, avec Brisach, une tête de pont sur la rive droite du Rhin, mais Strasbourg n'était pas annexé, pas plus que Mulhouse, tandis que la Décapole (fédération de dix villes libres dont Colmar) devenait sujette du roi de France. Surtout, dans ces traités, les clauses concernant le Saint Empire étaient plus importantes que la poussée de la France vers l'est. Elles traduisaient un échec de la Contre-Réforme : reconnaissance du calvinisme, à côté du luthéranisme et du catholicisme, possibilité maintenue pour les provinces d'imposer leur religion à leurs sujets (*cujus regio ejus religio*) qui pouvaient, il est vrai, émigrer sans perdre leurs biens. Les traités reconnaissaient aux princes allemands le droit d'avoir une diplomatie indépendante (l'éventualité de faire la guerre à l'empereur étant cependant exclue). S'ils ne pouvaient prétendre à une pleine souveraineté, la *Landeshoheit* (supériorité territoriale) qui leur était reconnue en approchait beaucoup. C'était un succès pour la diplomatie française mais moindre qu'on ne l'a dit : la dignité impériale restait élective mais gardait son prestige aux yeux des Allemands et l'habitude d'élire un Habsbourg la rendait quasiment héréditaire dans cette famille.

En 1648, la paix avec l'empereur ne valut aucune reconnaissance à Mazarin puisque la guerre continuait contre l'Espagne. C'est seulement après la liquidation de la Fronde (1648-1652), pendant laquelle la diplomatie espagnole obtint des soutiens en France (notamment celui de Condé qui resta au service de l'Espagne de 1651 à 1659), que les négociations de paix, commencées en 1656, purent aboutir. L'alliance conclue par Mazarin avec l'Angleterre de Cromwell (victoire franco-anglaise des Dunes, juin 1658) accéléra le processus. Au traité des Pyrénées, la France obtenait le Roussillon, la Cerdagne, l'Artois et quelques places en Flandre. Le mariage du roi avec l'infante Marie-Thérèse était assorti d'une promesse de 500 000 écus de dot, condition nécessaire pour la renonciation de la future reine de France à ses droits éventuels à la succession d'Espagne.

Les traités de 1648 et 1659 sont envisagés dans ce manuel par rapport aux avantages qu'ils procurèrent à la France en direction du Rhin et des Pyrénées. À l'époque où étaient rédigés les programmes dont ce livre est issu, la France victorieuse occupait la Sarre et la Rhénanie.

Les historiens français, quant à eux, sortaient à peine de la vulgate d'Albert Sorel et d'Émile Bourgeois qui voyaient dans la diplomatie française du XVIIe siècle la préfiguration de la théorie des « frontières naturelles », telle que devait la formuler Danton en son discours du 31 janvier 1793, justifiant l'annexion de la Belgique : « Je dis que c'est en vain qu'on veut faire craindre de donner trop d'étendue à la République. Ses limites sont marquées par la nature. » Dans le tome 7 (Louis XIV) de son *Histoire de France*, en 1911, l'illustre Ernest Lavisse n'écrivait-il pas : « L'idée que la France devait remplir le cadre de la Gaule entre la mer, le Rhin et les Alpes, se trouve dès les temps mérovingiens » ?

Robert Sauzet

Turenne et Condé furent deux grands généraux de Louis XIV.

1678
LOUIS XIV SIGNE LE TRAITÉ DE NIMÈGUE ET REÇOIT LE TITRE DE LOUIS LE GRAND

Les premières guerres de Louis XIV

« *La guerre de Flandre, qui se termina par le traité d'Aix-la-Chapelle, et celle de Hollande, qui se termina par le traité de Nimègue en 1678, furent utiles et glorieuses. Louis XIV annexa la Flandre et la Franche-Comté.* »

Au mois d'août 1678 fut signé le traité de Nimègue entre la France et la Hollande. À la suite de cette paix complétée par d'autres conventions avec les alliés des Provinces-Unies* (Espagne, Empereur, Brandebourg, Danemark), la ville de Paris décerna au roi de France le titre de Louis le Grand. La paix de Nimègue est évoquée ici avec celle d'Aix-la-Chapelle qui termina, dix ans plus tôt, la guerre de Dévolution dans une « leçon à réciter ». Elles sont toutes deux qualifiées d'« utiles et glorieuses ». Ces deux conflits sont en fait inséparables.

La guerre dite de Dévolution (du nom d'une coutume brabançonne – étendue abusivement au droit public – qui réservait les successions aux enfants du premier lit) était destinée à faire valoir les droits de la reine de France Marie-Thérèse, fille du premier mariage de Philippe IV (1621-1665), dans l'éventualité jugée, à tort, imminente de la mort du jeune et débile roi d'Espagne, Charles II. Cette guerre (1668) se termina assez rapidement par l'acquisition de quelques places des Pays-Bas espagnols, notamment de la ville de Lille où Vauban construisit la « reine des citadelles ». Cette forteresse était à la fois le symbole de la domination française, un élément du futur « pré carré », le système défensif couvrant la France au nord, un point d'appui pour des conquêtes ultérieures. Le gouvernement avait accepté rapidement la médiation de la Triple Alliance (conclue en janvier 1668 entre l'Angleterre et les Provinces-Unies auxquelles se joignit la Suède).

---

* *Provinces-Unies : les sept provinces révoltées des Pays-Bas espagnols furent reconnues indépendantes en 1648. Le territoire de cette république des Provinces-Unies correspondait à l'actuel royaume des Pays-Bas. L'Empereur désigne Leopold Ier (1658-1705) qui avait succédé au vaincu de 1648, Ferdinand III.*

1678

En effet, dans l'immédiat, le roi de France pouvait tenir compte des inquiétudes anglaises et hollandaises quant à une éventuelle conquête de la totalité des Pays-Bas... d'autant plus que le diplomate français Grémonville venait de signer à Vienne un traité secret prévoyant le partage entre l'Empereur et le roi de France de la totalité des territoires espagnols, à la mort de Charles II (dans cette éventualité, la France recevrait notamment, avec la Navarre, Naples, la Franche-Comté et la totalité des Pays-Bas). Il était donc inutile de risquer une guerre générale alors que la mort attendue du marmot valétudinaire allait résoudre le problème ; et le roi de France accepta même de restituer aux Espagnols la Franche-Comté conquise par Condé.

Louis XIV garda de cette guerre un ressentiment contre les Hollandais. Après la paix séparée qu'ils avaient signée en 1648, leurs inquiétudes très justifiées constituaient un nouveau grief. S'y ajoutaient des inimitiés religieuses contre cette république protestante (les catholiques extrémistes du Bas-Languedoc, tel Étienne Borrelly, détestaient la principauté d'Orange leur voisine, comme un redoutable lieu de soutien des entreprises des huguenots) et une vive hostilité contre les gazettes hollandaises qui critiquaient et les mœurs de la cour de France et la politique extérieure de son roi. Surtout une vive rivalité commerciale faisait du contrôleur général des finances, Colbert, un adversaire déclaré des Provinces-Unies. C'est contre elles qu'il avait établi le tarif douanier prohibitif de 1667. Il poussa vigoureusement à la guerre préparée par une habile campagne diplomatique, alliance avec l'Angleterre, renouvellement de celle avec la Suède, avec les princes d'Empire protégés par la France, dont l'électorat de Cologne d'où les armées françaises partirent pour envahir le territoire néerlandais en juin 1672.

L'invasion française fut arrêtée par l'inondation du plat pays tandis que les états généraux représentant l'ensemble des Provinces-Unies étaient contraints par les Orangistes (c'est-à-dire les partisans de la famille d'Orange : pasteurs « gomaristes » partisans du calvinisme le plus intransigeant, noblesse, petit peuple des artisans des villes) de nommer Guillaume d'Orange chef militaire (capitaine général) et chef d'État (*stathouder*) à vie. Dès l'été 1672, l'échec de la guerre éclair était patent et le *stathouder* put trouver des alliances (Empereur, Espagne, Brandebourg). En 1674, l'Angleterre fit une paix séparée puis se rapprocha de la Hollande (en 1677, Marie d'York, nièce du roi Charles II, épousait Guillaume d'Orange). La guerre était devenue européenne. Les troupes impériales envahirent l'Alsace que sauva une brillante campagne d'hiver de Turenne en 1674. La même année, Condé avait arrêté près de Charleroi, par la sanglante bataille de Seneffe, une armée d'Espagnols, d'Impériaux et de Hollandais commandée par Guillaume d'Orange, tandis que le roi reprenait possession de la Franche-Comté. Les années suivantes, succès et échecs s'équilibrèrent (guerre indécise sur le Rhin après la mort de Turenne en juillet 1675 et victoire de l'électeur de Brandebourg, Frédéric-Guillaume, sur les Suédois alliés des Français, à Fehrbellin en juin 1675, triomphe de Duquesne en Méditerranée sur les flottes hispano-hollandaises).

En 1678, après la prise de Gand par le roi, tandis que l'Angleterre s'alliait à la Hollande, les négociations commencées depuis trois ans aboutirent enfin aux traités de Nimègue (avec les Provinces-Unies en août, avec l'Espagne en septembre, avec l'Empereur en février 1679). Contrairement aux affirmations de la « leçon à réciter » du manuel, cette paix ne fut pas totalement « glorieuse ». La Hollande restait invaincue et obtenait même le renoncement au tarif douanier de 1667. L'Espagne faisait les frais de la pacification, cédant à Louis XIV la Franche-Comté et un certain nombre de places aux Pays-Bas dont Valenciennes et Maubeuge.

Au lendemain de la revanche de 1918, la perspective patriotique du manuel de D. Blanchet et J. Toutain est éclatante, rendue plus apparente par la nécessaire simplification pédagogique. Après les traités victorieux de 1648 et de 1659, les acquisitions territoriales de 1668 et de 1678 couronnent des guerres « utiles et glorieuses ». Les deux auteurs paraissent convaincus que, « sans se proposer d'autre fin que le profit qu'on tire de la vérité, ils travaillaient d'une manière secrète et sûre à la grandeur de la Patrie en même temps qu'au progrès du genre humain » (Gabriel Monod, avant-propos du premier numéro de la *Revue historique*, 1876).

Robert Sauzet

Versailles, construit par Louis XIV, fut la résidence de la cour et du gouvernement.

1682
LE PALAIS DE VERSAILLES DEVIENT LA RÉSIDENCE DE LOUIS XIV

Le château de Versailles

« Le château de Versailles fut le séjour de la cour. Il est l'œuvre de trois grands artistes. L'architecte Mansart le construisit ; le peintre Lebrun le décora ; Le Nôtre traça le parc et le jardin. Louis XIV aimait de Versailles les allées grandioses, les vastes galeries, les statues allégoriques. Là tout était disposé pour célébrer sa gloire et flatter son orgueil. Le Roi-Soleil y brillait de toute sa splendeur. Depuis 1682 jusqu'à la Révolution, Versailles a été la résidence de la cour et du gouvernement. »

LA COUR DE LOUIS XIV

*« La cour de Louis XIV était la plus brillante de l'Europe.
Tout ce qui était grand par la naissance ou le talent s'y réunissait.
On ne pouvait obtenir aucune faveur si on ne paraissait pas à la cour.
Être exilé de la cour était une disgrâce. Un courtisan disait :
"Sire, quand on est loin de Votre Majesté, on n'est pas
seulement malheureux, on est ridicule."
Aussi les familles nobles recherchaient les offices de la cour.
Une étiquette sévère et minutieuse en réglait le cérémonial.
Le lever du roi, les repas du roi, tout était ordonné d'après
des règles fixes. Une des plus grandes distinctions était de tenir
le bougeoir au coucher du roi. »*

En 1677, Louis XIV fait connaître officiellement sa décision, longuement mûrie, de faire de Versailles sa résidence. Le temps n'est plus où les châteaux du Val-de-Loire ou d'Île-de-France n'étaient que des étapes plus ou moins longues dans les pérégrinations incessantes des souverains et de leur entourage. Désormais, c'est à demeure que seront installés à Versailles le roi, sa famille, la cour et les principaux rouages du gouvernement.

En 1661, après la mort de Mazarin, le 9 mars, et au lendemain de la fête somptueuse offerte au roi par Fouquet le 17 août dans son château de Vaux-le-Vicomte, Louis XIV décide de se doter d'une résidence à la mesure de son sens de la grandeur. Achèvement du Louvre et des Tuileries ? Aménagement de tel ou de tel des grands châteaux proches de Paris, Vincennes, Saint-Germain, voire Fontainebleau ? Création *ex nihilo* ? Finalement, il opte pour une solution moyenne : partir, pour édifier le palais dont il rêve, du petit château que Louis XIII a fait construire en 1623 et agrandir en 1631 au cœur de la forêt giboyeuse de Versailles.

1682

Impressionné par Vaux-le-Vicomte, le roi reprend à Fouquet, désormais disgracié, l'équipe que celui-ci avait réunie, l'architecte Louis Le Vau, le jardinier André Le Nôtre, le peintre Charles Le Brun. S'ouvre alors le plus grand chantier du siècle : il va compter jusqu'à trente-cinq mille ouvriers, s'étaler sur plusieurs décennies, coûter environ quatre-vingts millions de livres, soit, par an, 10 % en moyenne du budget de l'État, contre 50 à 70 % pour les dépenses militaires. Le Nôtre est le premier à intervenir sur le site versaillais et commence à inscrire dans le paysage, qui pourtant ne s'y prête guère, les jardins et le parc qui assureront autant que le palais lui-même la réputation de Versailles.

En 1668, après diverses hésitations, le roi décide donc de conserver le château de son père. Le Vau s'emploie à agrandir celui-ci en l'enveloppant sur trois côtés de constructions nouvelles et en conservant la façade côté cour avec son alternance de pierres et de briques. Colbert, qui suit le chantier avec attention depuis ses débuts, conseille au roi, en 1678, de confier la direction générale des travaux à Jules Hardouin-Mansart. Le roi qui, l'année précédente, a décidé le transfert définitif de la cour, est conscient de la nécessité d'accroître considérablement les possibilités d'accueil du palais. Dans ce but, Mansart construit deux grandes ailes, dites du Nord et du Sud, et, côté jardin, une grande galerie, dite des Glaces, fermant le bâtiment de Le Vau. Pour l'intérieur, c'est Charles Le Brun qui préside à la décoration aussi bien peinte que sculptée. Il obéit aux commandes de Louis XIV, notamment pour la galerie des Glaces où sont évoqués les hauts faits du roi pendant la guerre de Hollande.

En mai 1682, Versailles est encore un immense chantier et le restera jusqu'en 1715, avec une activité irrégulière, rythmée par les difficultés financières de la fin du règne. Mais, à cette date, Versailles est bien déjà le cadre incomparable qu'a voulu le Roi-Soleil. Majesté, symétrie, mesure, telles sont les caractéristiques d'un ensemble où tout concourt à la gloire du souverain. Bâtiments et jardins s'ordonnent autour d'un grand axe qui part de la statue du roi dans la cour d'accès, passe par sa chambre au centre du palais et se prolonge par le Tapis vert et le Grand Canal. L'immense façade du château, du côté des jardins, est d'une ordonnance toute classique, avec ses trois étages, ses hautes fenêtres à pilastres, ses toits en terrasse limités par une balustrade. Les jardins, avec leurs pièces d'eau, leurs fontaines, leurs statues, sont, autant que le palais ou la chapelle, le théâtre de fêtes qui constituent la grande occupation des courtisans et dans lesquelles la musique joue un rôle de premier plan. En dépit de certaines survivances de l'esthétique baroque dans le décor éphémère des fêtes et dans la décoration des intérieurs ou des jardins, Versailles est la plus grande réalisation de l'art classique.

C'est aussi, comme l'a voulu Louis XIV, le siège du gouvernement du royaume, même si plusieurs des grandes institutions de l'État, comme les cours souveraines, restent à Paris. C'est enfin et surtout la résidence de la cour. Un millier de grands seigneurs et quatre mille serviteurs habitent le château pratiquement en permanence ; un autre millier de courtisans le fréquentent plus ou moins régulièrement. Ils sont, tous, les acteurs et les spectateurs des manifestations du culte monarchique qui s'est peu à peu mis en place : de son lever à son coucher, le roi est en perpétuelle représentation. Cette étiquette tyrannique a l'avantage, voulu par le roi, de fixer à Versailles les fils et les petits-fils de ces nobles du temps de Richelieu et de Mazarin qui, dans leurs provinces, avaient tenté de freiner la montée de l'absolutisme.

L'installation définitive de la cour à Versailles en mai 1682 est une date importante dans l'histoire de la France, par sa charge symbolique plus que par l'événement lui-même, annoncé depuis 1677. Même s'il n'est pas achevé, le palais de Versailles est déjà avec son château et ses jardins le modèle d'un classicisme français mis au service d'un monarque qui entend faire savoir au monde qu'il incarne l'État et que devant lui doivent s'incliner tous les sujets, à quelque ordre qu'ils appartiennent. En outre, c'est dans ce même lieu, où se joue la liturgie monarchique, que le roi lui-même dirige les affaires de l'État, au sein de ses conseils ou dans ses entretiens avec ses ministres. Cette unité de lieu devait durer plus d'un siècle, jusqu'au 5 octobre 1789.

François Lebrun

1682

Louis XIV, surnommé le « Roi-Soleil », aimait à recevoir les hommages de ses courtisans.

Bossuet fut l'un des plus grands orateurs chrétiens du siècle de Louis XIV.

1685
LOUIS XIV COMMET LA FAUTE DE RÉVOQUER L'ÉDIT DE NANTES

La révocation de l'édit de Nantes

« Mais Louis XIV, entraîné par son orgueil et par son despotisme, commit des fautes graves. La principale fut la révocation de l'édit de Nantes. Les protestants persécutés s'exilèrent de la France. »

La date de 1685 est une des grandes dates de l'Histoire, non seulement française mais européenne. L'édit de Fontainebleau, le 18 octobre 1685, révoquait celui de Nantes (1598), l'année même où l'avènement du catholique Jacques II semblait amorcer la recatholicisation de l'Angleterre. Dans les deux cas, il s'agissait d'un triomphe, beaucoup plus apparent que réel, de la Contre-Réforme.

L'édit de Nantes (cf. p. 203) accordait aux protestants la liberté de conscience, une liberté de culte limitée et des « places de sûreté ». Depuis la grâce d'Alès qui, en 1629, avait mis fin aux guerres religieuses du temps de Louis XIII, les réformés avaient perdu leurs privilèges politiques et militaires. Ils conservaient, cependant, le bénéfice des clauses religieuses de l'édit de 1598. Dès le début de son gouvernement personnel en 1661, Louis XIV avait entrepris de restreindre les avantages que leur avait confirmés solennellement, en 1652, la déclaration de Saint-Germain.

Le roi a bien marqué, en 1671, dans ses *Mémoires pour l'instruction du dauphin*, l'esprit de sa politique à l'égard des calvinistes : « Je crus, mon fils, que le meilleur moyen pour *réduire peu à peu les huguenots de mon royaume* était [...] de faire observer ce qu'ils avaient obtenu de mes prédécesseurs mais de *ne rien leur accorder au-delà...* » Dès 1661, des commissaires mi-partis (un de chaque confession) avaient été chargés de vérifier si tous les lieux où se célébrait le culte protestant étaient conformes aux stipulations de l'édit de Henri IV. D'où une série d'interdictions d'exercice de la religion réformée (une trentaine en Poitou, une centaine en Languedoc). Durant les années 1660, des mesures avaient atteint les communautés réformées sur le plan de l'enseignement. Le prosélytisme huguenot avait été également frappé (bannissement pour les relaps, c'est-à-dire les convertis au catholicisme revenus au calvinisme). En 1669, quelques mesures avaient bien été rapportées mais c'est qu'à cette époque on espérait la « réunion » pacifique des huguenots à l'Église de Rome. Or cette tentative des « accommodeurs de religion » se heurta à une vigoureuse défense des théologiens protestants et se solda par un fiasco. Aussi total avait été, pendant les années 1670, l'échec de la tentative d'acheter les conversions (dix mille réformés, soit 1 % du total, avaient accepté les arguments sonnants et trébuchants de la « caisse des conversions »). C'est que, à l'encontre d'une affirmation excessive de son historien E.-G. Léonard, le protestantisme n'était pas, au XVIIe siècle, anémié, léthargique, paralysé par le loyalisme monarchique. Cette conclusion, exacte sans doute pour les réformés du Bassin parisien, ne correspond pas à la réalité pour les bastions méridionaux : les missions des capucins n'y avaient obtenu que des résultats médiocres et un courant continu de conversions à la Réforme compensait largement les passages au papisme. Pendant la Fronde, les églises protestantes méridionales avaient profité de l'affaiblissement du pouvoir central pour étendre l'exercice de leur religion. C'est une confession vigoureuse que le pouvoir royal allait essayer d'éliminer.

L'échec des missionnaires fut suivi de l'efficacité redoutable des dragons, les fameux « missionnaires bottés ». Le logement des gens de guerre était toujours une épreuve pour les populations. Celui de militaires autorisés à se livrer à toutes sortes d'exactions (assassinat et viol théoriquement exclus) était un véritable cauchemar. Il avait obtenu rapidement le résultat désiré. Dès lors, le roi pouvait considérer le protestantisme comme anéanti et l'édit de Nantes comme inutile. D'où la révocation : destruction des temples, interdiction de tout exercice religieux, bannissement des pasteurs qui ne voudraient pas se convertir, interdiction aux fidèles de s'exiler.

Pourquoi cette politique ? Certes, Louis XIV considérait l'unité religieuse comme le couronnement de sa grandeur. La tolérance était l'idéal d'une petite élite qui ne se manifesta efficacement qu'au siècle suivant. Mais la notion – qui prévalait dans le Saint Empire –

du *cujus regio ejus religio* (tel prince, telle religion) ne pouvait-elle pas s'appliquer à un royaume ? L'arrière-grand-mère de Louis XIV, Jeanne d'Albret, l'avait imposée, sans état d'âme, à celui de Navarre – réduit au Béarn – en faveur du calvinisme. De plus, Louis XIV était soumis aux sollicitations des dévots – non pas, de son épouse, Madame de Maintenon, dont on a voulu faire bien à tort l'inspiratrice de la politique royale dans ce domaine, mais du clan Le Tellier-Louvois, tout-puissant depuis la mort de Colbert en 1683. Sans oublier la majorité de l'Église catholique : les assemblées du clergé étaient l'occasion, tous les cinq ans, de protestations contre la liberté de conscience. À celle de 1670, Jacques Adhémar de Monteil de Grignan, évêque d'Uzès, se montrait presque menaçant pour Sa Majesté Très-Chrétienne : « désormais ce ne sera plus à nous mais à Elle que Dieu demandera compte de tant de catholiques qui se pervertissent tous les jours » ; il s'agissait d'interdire les conversions au protestantisme et cette interdiction (obtenue en 1680) en dit long sur l'impuissance des convertisseurs et sur la vitalité de la Réforme française.

La joie de l'Église gallicane s'exprima d'une façon particulièrement éclatante, en 1686, dans l'oraison funèbre de Michel Le Tellier qui, en qualité de chancelier, avait scellé trois mois plus tôt l'édit de révocation : « Ne laissons pas de publier ce miracle de nos jours... Poussons jusqu'au ciel nos acclamations », s'écrie Bossuet qui salue Louis XIV du titre de « nouveau Constantin »*.

Contrastant avec la masse courtisane ou fanatique de ses contemporains, Saint-Simon dans ses *Mémoires* (il est vrai restés inédits) condamna la révocation. Vauban également.

Celle-ci se solda par un échec total. Les protestants transformés en N. C. (nouveaux catholiques) se refusèrent à pratiquer une religion qu'on leur imposait. Ce refus déboucha, dans les régions

---

* *Constantin (premier empereur chrétien) : lors de la bataille du pont de Milvius (312 après J.-C.), au cours de laquelle Constantin défie son rival Maxence, il aurait eu la vision d'une croix lumineuse entourée de ces mots : « Par ce signe, tu vaincras. »*

méridionales, sur le prophétisme annonçant la «chute de Babylone» et finalement sur la révolte des camisards (1702-1710) qui immobilisa trente mille hommes de troupes royales en Bas-Languedoc, au moment de la grande guerre de succession d'Espagne. Par ailleurs – surtout chez les artisans et les marchands –, près de deux cent mille huguenots, le cinquième de leur effectif, s'exilèrent au «Refuge» (en Angleterre, Provinces-Unies, Prusse, Suisse). Cet exode, qui suscita des foyers d'hostilité à la France dans les pays d'accueil, a longtemps été considéré non seulement comme une hémorragie humaine mais aussi comme une catastrophe économique, entraînant fuite des capitaux et déclin industriel. Warren Scoville a montré que cet aspect avait été exagéré. Par ailleurs, le départ de nombreux hommes d'affaires contribua à la mise en place d'une internationale bancaire protestante. Paradoxalement, en liaison avec leurs homologues restés en France comme «nouveaux convertis», tel Samuel Bernard, ces banquiers, tout en faisant de bonnes affaires, permirent au roi de financer l'effort de guerre de la fin du règne.

Face au jugement de valeur qui qualifie de «faute» la révocation, nous devons aussi nous garder de tout anachronisme. La «leçon à réciter» explicite la faute («Louis XIV entraîné par son orgueil et son despotisme»), mais ignore le poids de l'Église gallicane. Ernest Lavisse, «intituteur national» (Pierre Nora), voulait que l'enseignement de l'Histoire fût aussi une instruction civique et qu'il servît à exalter le patriotisme et l'attachement à la République. Le manuel de Blanchet et Toutain se place dans cette perspective.

Robert Sauzet

Villars sauva la France à Denain, 1712.

1712
VILLARS SAUVE LA FRANCE PAR SA VICTOIRE DE DENAIN

Villars

« *Villars, né à Moulins, fut surtout remarquable par son audace et sa confiance. "Sire, disait-il à Louis XIV, j'ai appris de Condé à craindre les ennemis quand ils sont loin et à les mépriser quand ils sont près." En 1712, il sauva la France par sa victoire de Denain.* »

1712 : une guerre interminable déchire une nouvelle fois l'Europe, depuis qu'à sa mort, le 16 novembre 1700, le Habsbourg Charles II, roi d'Espagne, sans héritier direct, a laissé par testament ses couronnes au second petit-fils de Louis XIV, Philippe, duc d'Anjou. Celui-ci, après l'acceptation du testament par le roi de France, devient Philippe V, roi d'Espagne, c'est-à-dire, au-delà du royaume ibérique, souverain d'une grande partie de l'Italie et des colonies du Nouveau Monde. Toutefois, la plupart des États européens, l'empereur Habsbourg, de nombreux princes allemands et les puissances maritimes que sont l'Angleterre et la Hollande, refusent d'accepter le surcroît de puissance qu'assurerait au roi de France la présence d'un Bourbon sur le trône de Madrid et reconnaissent comme successeur de Charles II, l'archiduc Charles, frère cadet de l'empereur Joseph, conservant ainsi le lien existant entre Habsbourg de Vienne et Habsbourg de Madrid.

Bientôt une double coalition se noue : d'un côté la France et l'Espagne, auxquelles se joignent les ducs de Savoie et de Bavière, de l'autre, la majeure partie de l'Europe. Les hostilités qui commencent à l'été de 1701 sont d'abord favorables aux Franco-Espagnols, mais ceux-ci connaissent rapidement une série d'échecs militaires, cependant qu'en France la pression fiscale, conséquence du coût de la guerre, aggrave la misère du peuple, qui sera encore accrue par les répercussions du terrible hiver de 1709. En octobre 1708, Lille tombe aux mains des Anglo-Autrichiens, commandés par Marlborough et le prince Eugène, première étape d'une invasion programmée du territoire français. Louis XIV se résigne alors à ouvrir, en mai 1709, des négociations avec les

1712

coalisés, mais les prétentions de ceux-ci sont telles qu'il rompt très vite les pourparlers. Quelques semaines plus tard, un demi-succès témoigne que la France n'est pas encore abattue : le 11 septembre, à Malplaquet, près de Maubeuge, les troupes françaises, commandées par Villars, résistent aux troupes ennemies, pourtant supérieures en nombre et, à l'issue de cette bataille indécise et meurtrière, celles-ci renoncent à l'offensive prévue en direction de Paris.

Villars, maréchal de France, duc et pair, a servi Louis XIV d'abord comme ambassadeur à Vienne, puis à la tête des armées, et il a été le principal artisan des victoires françaises du début du conflit. En 1703, il a été envoyé par le roi dans les Cévennes pour tenter de mettre fin à la guerre des camisards et a obtenu la soumission de Jean Cavalier. Louis XIV l'a nommé à la tête de l'armée des Alpes en 1708, puis de celle du Nord en 1709 : c'est alors qu'il s'illustre à Malplaquet.

Le 17 avril 1711, un événement fortuit, la mort de l'empereur Joseph, vient modifier complètement les données de la succession espagnole. En effet, l'empereur ne laissant pas d'héritier direct, c'est son frère l'archiduc Charles qui lui succède comme souverain des possessions autrichiennes et bientôt comme empereur. Mais Charles, devenu Charles VI, n'entend pas pour autant renoncer au trône de Madrid. Or aucune puissance européenne, l'Angleterre moins que quiconque, ne peut envisager que soit reconstitué l'« empire » de Charles Quint au profit d'un seul souverain. De ce fait, la coalition va peu à peu se déliter. L'Angleterre se retire de la lutte et, à son instigation, des négociations générales s'ouvrent à Utrecht en janvier 1712. Pour autant, le nouvel empereur, qu'appuient les Hollandais, ne désarme pas : au printemps de 1712, le prince Eugène tente un dernier effort pour s'ouvrir la route de Paris. À la tête de cent trente mille soldats impériaux et hollandais, il met le siège devant Landrecies, dernière place protégeant la vallée de l'Oise. Louis XIV, qui a conscience de l'extrême gravité de la situation, confie à Villars le commandement des dernières troupes disponibles, quelque soixante-dix mille hommes. Trompant l'ennemi par une manœuvre habile, dont le mérite revient d'ailleurs moins à Villars qu'à son subordonné Montesquiou, les Français battent les coalisés à Denain, le 24 juillet 1712. Le 2 août, le prince Eugène lève le siège de Landrecies et se replie sur Mons : Paris est sauvé. La décisive victoire de Denain va permettre à la France d'obtenir la paix, l'année suivante, en 1713, dans des conditions inespérées quelques années plus tôt.

Au total, oui, on peut dire que « Villars a sauvé la France à Denain », à condition toutefois de nuancer les choses : d'une part, le rôle personnel de Villars est incontestablement magnifié ; d'autre part, la victoire militaire ne peut être séparée du contexte politique, avec au premier chef l'attitude de l'Angleterre et son désengagement de la coalition contre la France.

François Lebrun

Le maréchal de Saxe remporta la victoire de Fontenoy sur les Anglais, en 1745.

1745
LE MARÉCHAL DE SAXE GAGNE SUR LES ANGLAIS LA BATAILLE DE FONTENOY

Le maréchal de Saxe à Fontenoy

« Pendant les guerres de Louis XV, les Français ont fait preuve de leurs qualités naturelles, la bravoure et la belle humeur. À la bataille de Fontenoy, nos soldats se trouvant en face des Anglais, nos ennemis, les saluèrent et dire : "À vous, Messieurs les Anglais, tirez les premiers !" »

Depuis 1741, dans un conflit opposant les deux grandes puissances allemandes, la Prusse et l'Autriche, le jeu des alliances avait entraîné l'hostilité entre les Anglais, détenteurs du duché de Hanovre, et les Français, alliés du roi de Prusse. Le royaume de France, riche et peuplé, avait les moyens d'intervenir dans une crise continentale. Le 11 mai 1745, une armée française commandée par le maréchal Maurice de Saxe vainquit les troupes anglaises du duc de Cumberland, fils du roi George II, près du village de Fontenoy, non loin de la place forte de Tournai. La victoire fut indubitable, puisque les pertes françaises furent bien moindres que celles des ennemis qui laissaient neuf mille hommes morts ou blessés et se trouvaient contraints de battre en retraite. Dans la suite des opérations militaires, pendant le printemps et l'été, les Français purent s'emparer d'une grande partie du territoire de Flandre et Brabant. La bataille de Fontenoy n'était pas à elle seule décisive, mais la suite des opérations ne démentait pas sa réputation. La paix conclue à Aix-la-Chapelle en octobre 1748 posait le roi de France en arbitre du droit public de l'Europe.

Voici le détail des opérations. En avril 1745, la guerre de Succession d'Autriche amenait une fois encore les Français à entrer dans l'espace des Pays-Bas méridionaux, l'actuelle Belgique, dépendance au XVIIIe siècle de l'Empire de Vienne. Ils avaient encerclé la place de Tournai. L'armée de secours des Anglais tentant de rompre ce siège s'avançait à l'est. Il y avait environ cinquante mille hommes de part et d'autre. Un affrontement en bataille rangée était inévitable. Le roi Louis XV et son fils le dauphin Louis étaient présents sur le terrain, venus d'urgence pour encourager les soldats. Les deux armées avaient formé leurs bataillons en carrés, épais de plusieurs lignes de tireurs. Le maréchal de Saxe avait fait aménager des redoutes de terre pour protéger ses ailes, disposé des canons de chaque côté et placé la cavalerie en réserve. Les duels d'artillerie commencés à cinq heures du matin n'avaient pas réussi à ébranler les dispositifs centraux. Au cours de la matinée, le duc de Cumberland interrompit le combat en ligne et prit l'initiative d'un mouvement d'attaque en colonne serrée. Vingt mille Anglo-Hanovriens, remarquablement disciplinés, s'avancèrent au pas d'exercice, prêts à tirer, vers un passage de la ligne française moins défendu parce que accidenté et broussailleux. L'élan de la colonne anglaise fut effectivement irrésistible, enfonçant les rangs des gardes françaises et suisses. Pendant trois heures de combat, on put penser que le dispositif français serait brisé et des mouvements de panique commençaient ; on envisagea même d'éloigner le roi. Cependant, en s'avançant, les Anglais étaient parvenus sous le feu latéral de batteries françaises ; en outre, le maréchal de Saxe disposait encore de troupes fraîches, la cavalerie de la Maison du roi et la brigade irlandaise, qui furent lancées à l'attaque de chaque côté de la colonne ennemie. En quelques minutes, elles réussirent à y faire brèche et à obliger Cumberland à ordonner un repli général, effectué en bon ordre vers deux heures de l'après-midi. La victoire avait été acquise dans cet effet de choc, sans manœuvres complexes, sans inventions tactiques, sans intervention d'armes innovantes. La valeur des hommes, l'entraînement, l'équipement, l'unité de commandement avaient joué leur rôle. Louis XV parcourut le champ de bataille sous les acclamations des soldats.

La nouvelle fut largement diffusée, par les almanachs et les images. Le roi était alors au faîte de sa popularité, il était surnommé le « Bien-Aimé ». Le maréchal de Saxe, guerrier prudent et efficace, continua une carrière de succès. À Paris, où le roi revint seulement le 7 août, l'enthousiasme était unanime.

Un esprit aussi peu complaisant que Voltaire composa un poème sur la victoire et ce morceau lui valut son entrée à l'Académie française. Vingt ans plus tard, rédigeant un *Précis du siècle de Louis XV*, il reprit son récit de la bataille, y plaçant un épisode curieux qui contribua beaucoup à l'image de Fontenoy pour la postérité. Lorsque la colonne anglaise fut parvenue à distance de tir, environ cinquante pas, les officiers se trouvant en tête des troupes se saluèrent en levant leur chapeau. Milord Charles Hay, capitaine des gardes anglaises, détaché de son rang, s'adressant au comte d'Anterroches, lieutenant de grenadiers, lui dit : « Monsieur, faites tirer vos gens. – Non, aurait répondu Anterroches, tirez les premiers, Messieurs les Anglais, à vous l'honneur. » Les paroles exactes ont été diversement rapportées ; le sens reste le même ; il était admis que la première salve, du fait de la distance, serait moins efficace ou que, en raison des temps de recharge, le premier à tirer aurait plus de difficultés à maintenir un feu continu. En fait, depuis les années 1720, les manuels prévoyaient très précisément les rythmes de tir et de recharge des quatre premiers rangs face à l'ennemi. Il reste que les premières volées étaient extrêmement meurtrières et qu'il fallait beaucoup de sang-froid aux fantassins des premières lignes pour tenir leur rang en servant de cibles immédiates.

Par la suite, les désastres de la guerre de Sept Ans (1756-1763) avivèrent la nostalgie de ce souvenir de gloire collective. Plus tard encore, au-delà des temps de la Révolution et de l'Empire, ce fait d'armes prit figure de dernier succès militaire des rois. L'épisode des échanges de civilités pour l'honneur ou le désavantage de la première décharge devint le symbole de manières courtoises disparues, et de ce qu'on appela désormais « la guerre en dentelles ».

Yves-Marie Bercé

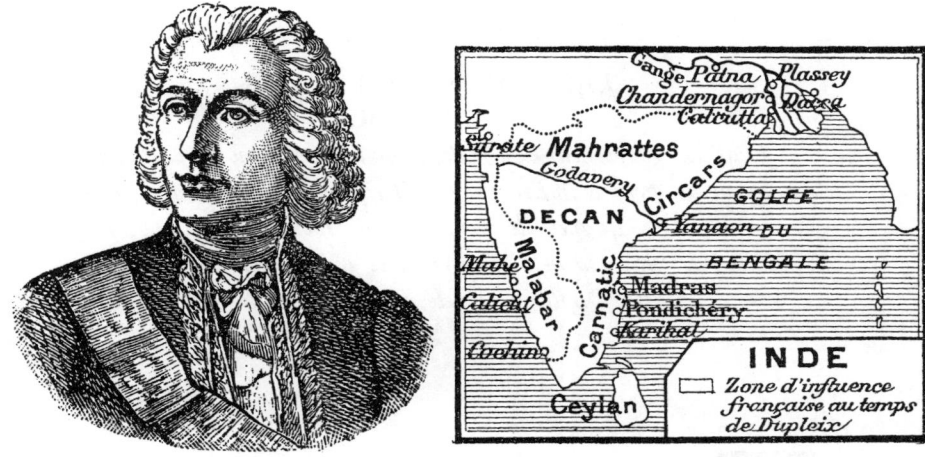

Dupleix voulut conquérir à la France l'Inde, aujourd'hui possession anglaise.

1763
LE TRAITÉ DE PARIS NOUS FAIT PERDRE NOS COLONIES

LA GUERRE DE SEPT ANS (1756)
« Par un revirement de politique, la France s'allia
avec Marie-Thérèse contre la Prusse et l'Angleterre.
Cette guerre fut malheureuse : les Prussiens nous vainquirent à Rosbach,
les Anglais détruisirent notre marine. »

TRAITÉ DE PARIS (1763)
« Le traité de Paris nous enleva le Canada et l'empire
des Indes, conquis par l'héroïque Dupleix. »

DUPLEIX, GOUVERNEUR DE L'INDE

« Dupleix, gouverneur de l'Inde, donna à la France ce vaste pays. Vainqueur des princes indiens, il disait fièrement : "La France règne ici, quand elle se montre, on s'incline !" Louis XV eut la lâcheté de sacrifier ce grand homme à la jalousie anglaise. Dupleix, rappelé, mourut dans la misère. »

Du fait de la perte de l'Inde et du Canada, ou perte des espoirs qu'on pouvait fonder sur l'une et l'autre, le traité de Paris (10 février 1763) marque le début d'un certain déclin français au niveau mondial ; et cela, même si « l'Hexagone » demeure, disons pour un siècle encore ou davantage, une grande puissance européenne à certains égards planétaire. Les prodromes de ce 10 février 1763 sont à chercher, par définition, parmi les avatars du conflit belliqueux que l'illustre traité vient clôturer pour le meilleur (à Londres) et pour le pire, ou presque (à Paris). Il s'agit, bien sûr, de la guerre dite de Sept Ans (mai-juin 1756-février 1763). Dès mai 1754, puis juin 1755, les Anglais (et les Yankees) sur terre américaine… et sur mer atlantique, s'étaient attaqués respectivement aux patrouilles et aux navires français, sans provocation. Ainsi se manifestait, en style martial, l'irrésistible croissance de ce qui deviendra plus tard… les États-Unis. La France ne pouvait, en principe, que riposter. À partir de 1756, les coalitions opposées sont en place, ou peu s'en faut. France, Autriche, Russie et bientôt Espagne, contre Angleterre et Prusse, celles-ci démographiquement moins « vastes » que leurs adversaires, mais servies par l'immense talent, voire le génie de Pitt et Frédéric II, cependant que la marine (britannique) et l'armée (prussienne) fournissent, remarquables, les outils de la victoire. On notera la coloration religieuse des camps qui se font face : union catholique (et orthodoxe) plus traditionnelle, chez les Austro-Franco-Russes. Protestantisme, non sans divergences dogmatiques de part et d'autre, du côté anglo-prussien.

Premiers théâtres d'opérations, datés de mai-juin 1756 : les Baléares et la région de Calcutta. Au Canada, victoire du marquis de Montcalm, au cours de l'été. En août 1756, la France s'installe quelque peu en Corse : politique de précaution anti-anglaise ! Mais il y a mainmise de Frédéric sur la Saxe, et succès frédéricien en Bohême (août-octobre 1756). Le Bengale à la mi-1757 tombe dans l'escarcelle de George II d'Angleterre. Faisant fi des distinctions religieuses, la Suède (protestante) rejoint le camp catholique français (février 1757). L'échec saxon de Frédéric (avril 1757) tranche sur ce qui s'était passé précédemment et met ce prince en triste position, coincé qu'il est entre Russes, Suédois et Autrichiens (août-septembre 1757). Pour leur part, les Français occupent pendant l'été le Hanovre (dépendance continentale de l'Angleterre) et Montcalm fait fi de l'infériorité numérique de ses Canadiens français : il est victorieux à Fort-William-Henry, en août 1757. Alors tout va très bien, Madame la Marquise (de Pompadour)... Oui sans doute, mais le couple illégitime que forment Jeanne-Antoinette et Louis XV vient tout juste d'être rudement affecté, surtout l'amant, par un coup de couteau, d'initiative de Robert Damiens (janvier 1757).

Le vent va tourner. Il souffle même en tempête à l'encontre du Bourbon et des siens : la troupe prussienne, formée au *drill*, bat les Français à Rossbach (novembre 1757). Après la défaite franco-canadienne de Louisbourg (août 1758), le destin des armes tourne décidément contre la monarchie des Lys. Frédéric II, longtemps menacé par le « rouleau compresseur » de l'armée russe, sera sauvé en janvier 1762 par le décès de la czarine Élizabeth, très anti-prussienne ; entre-temps, les Français, même si l'Hexagone reste sanctuarisé, sont étrillés par leurs défaites navales et par la chute de Québec que ponctue le décès de Montcalm (août-septembre 1759). Louis XIV, toujours constant dans l'adversité, aurait peut-être résisté jusqu'au bout, quitte à terminer la guerre par un *pat* comme aux échecs et comme en 1713. Mais l'arrière-petit-fils du Roi-Soleil cède à l'événement, à « la force inouïe de l'événement ». Dès la fin de 1760, il se met en quête de la paix qui, dans ces conditions, ne peut lui être que défavorable. Le sentiment de l'honneur interdit cependant au roi Très-Chrétien de laisser tomber l'Espagne qui va malencontreusement déclarer la guerre aux Anglais en janvier 1762.

Et donc février 1763, le traité de Paris : les abandons bourboniens de part et d'autre des Pyrénées, espagnoles et françaises, sont considérables. La France ne garde que cinq comptoirs aux Indes : Pondichéry, Karikal, Yanaon, Chandernagor et Mahé, liste qui restera familière pendant longtemps à nos élèves des écoles et des lycées. Ce quintette ne sera « perdu » qu'au temps de l'indépendance indienne, après la Seconde Guerre mondiale. En outre, à ce peu qui reste, s'ajoutent de sévères limitations : les fortifications pondychériennes sont rasées. La côte de Coromandel est spécialement fermée à la pénétration militaire française et il est bien entendu que « notre » influence au Bengale doit rester strictement commerciale, ce qui du reste se traduira ultérieurement par un beau développement du négoce de la France dans ces régions, même et surtout si la Compagnie britannique des Indes en devient l'arbitre suprême. Aux Caraïbes, la France garde ou récupère selon le cas Sainte-Lucie, la Guadeloupe, la Martinique et la partie occidentale de Saint-Domingue, *alias* Haïti : dans le court ou moyen terme, de telles sauvegardes insulaires ne sont pas tellement sottes, même si peu justifiables du point de vue de l'éthique. Haïti, esclavagiste, se présente comme une fantastique source de richesse, sucrière et autre, pour nos compatriotes. De quoi donner vie à toute la côte atlantique d'Aquitaine et Bretagne ainsi qu'aux ports tant sucriers que négriers de Bordeaux, Nantes, La Rochelle et *tutti quanti*. Mais la révolte des Noirs sous Toussaint Louverture, dès les premières années de la Révolution française, mettra fin à ce pactole. Par ailleurs, le « restant » des petites îles antillaises, notamment Grenade et Grenadines, bascule en masse vers le pouvoir anglais. L'Amérique continentale pour sa part, et ce glissement est énorme, devient dépendance entière de George III : soit le Canada, la Nouvelle-Écosse, la vallée du Saint-Laurent jusque dans ses portions insulaires, et ce qui se situe à l'est du Mississippi, à commencer par la vallée de l'Ohio. Une « immensité territoriale va échoir au vorace impérialisme d'outre-Manche ». Comme l'écrivent peu aimablement deux historiens anglais, les Dupuy, oublieux de leurs origines onomastiques, les prétentions coloniales (*sic*) de la France sont détruites, et celles de l'Espagne sont sévèrement secouées. Seule la Nouvelle-Orléans va échapper à la marée montante de l'expansion des pays de langue anglaise, *english speaking*, mais pour combien de temps... Louis XV ne conserve que les confettis de l'Empire : Saint-Pierre-et-Miquelon ; « des droits de pêche à Terre-Neuve ; et Gorée en Afrique ». Tout est à refaire : le second empire colonial français, surtout africain, voire indochinois, ne prendra son envol qu'après ou bien après 1829. Avec, là aussi, des promesses d'éternité bien douteuses : par-delà quelques générations quand même, au cours desquelles s'épanouiront derechef et momentanément sur la cartographie les émouvantes taches roses des progressions territoriales de nos militaires et de nos administrateurs.

L'Espagne bourbonique, alliée de la France, est également très maltraitée en 1763, même si l'Amérique latine, Brésil excepté, reste rattachée à Madrid en termes de gouvernance, et cela jusqu'à l'époque post-napoléonienne, voire linguistiquement jusqu'à nos jours. Charles III cède quand même aux Anglais la Floride, afin de récupérer La Havane, centre commercial important.

Ces désastres, essentiellement français en réalité, sont à la fois minces, et de grande portée. Le royaume des Capets n'a perdu aucune bataille importante sur son propre sol : grosse différence, positive, d'avec 1815, 1871, 1940 et même 1914. On a pris congé de l'empire canadien en 1763 (quelques arpents de neige...), comme on se séparera de l'Algérie deux siècles plus tard : la larme à l'œil pour certains, du reste nombreux, mais sans plus. L'immense anglophonie nord-américaine et pour le coup canadienne, ainsi qu'indienne des Indes, au XXIe siècle encore, donne une idée sans doute gonflée, mais qu'importe, de ce qu'aurait pu être une francité d'Asie et surtout du Nouveau Continent, eût-elle été de moindre ampleur que dans le cas, qui est réel, lui, et non point fictif, de l'anglicité contemporaine.

Il nous reste quand même le Québec comme lot de compensation pour des rêves de grandeur décidément bien envolés. Le Québec : ce n'est pas rien, même si on le doit davantage aux Français d'outre-Atlantique qu'à ceux de la métropole qui longtemps mépriseront ces paysans du Canada de l'Est tenus pour cléricaux et patoisants.

Cela dit, l'Hexagone bientôt accru de la Corse (non sans soucis futurs) demeure en 1764 et ultérieurement la première puissance du Vieux Continent, un peu à la manière de l'Allemagne post-bismarckienne, compte tenu de ce que le génie politique de Louis XVI et de Guillaume II n'auront l'un et l'autre, chacun pour son époque, rien d'éblouissant. La France donnera bientôt aux autres nations, qui n'en croiront pas leurs yeux, le « package » des formidables avancées socio-politiques de sa grande révolution (1789 et années suivantes) : elles furent préparées (dès les années qui suivirent le « funeste traité » de 1763) par les réformes libérales de Choiseul, mais il y aura aussi, pour notre pays, par rapport à ces percées incontestablement prometteuses de démocratie, la perspective d'un lent affaiblissement des forces nationales au moins à titre relatif vis-à-vis des grandes entités d'Europe, proches et lointaines. On pense essentiellement, vue sous cet angle, à la Prusse, vouée un jour ou l'autre à régner sur l'Allemagne qu'unifiera Bismarck un siècle plus tard. Les déboires ultérieurs de nos commensaux d'outre-Rhin (au XXe siècle, de 1914 à 1945) doivent-ils nous consoler de nos propres malheurs, tels qu'ils furent enregistrés dès les années 1760 et bien après celles-ci ? De telles réflexions seraient évidemment absurdes : elles reviendraient de notre part à raisonner non pas en historien, mais en marchand de tapis, établissant un bilan soigneux de nos propres pertes, pour les comparer, délectation morose et ridicule, avec celles d'autrui intervenues nettement plus tard.

Oublions donc nos infortunes et celles des autres. Laissons-nous séduire à l'audition des flonflons rutilants d'une anglosaxophonie sans rivages : elle est maintenant notre alliée ; elle étend sur le monde son prodigieux dynamisme linguistique ; à certains égards, il doit beaucoup aux stipulations territoriales du traité de Paris, si cruelles à notre endroit, si fâcheuses aussi pour l'amour-propre et la fierté nationale du peuple français.

Emmanuel Le Roy Ladurie

Le roi Louis XVI épousa Marie-Antoinette, fille de Marie-Thérèse d'Autriche.

1774
LE ROI LOUIS XVI MONTE SUR LE TRÔNE

Louis XVI et Marie-Antoinette

*« Louis XVI était bon, de mœurs simples et honnêtes.
Il avait des goûts bourgeois ; il aimait à travailler dans son atelier
et à fabriquer des serrures. Il avait l'étoffe d'un brave homme,
mais non d'un roi.
La faiblesse était son principal défaut.
La reine Marie-Antoinette, fille de Marie-Thérèse d'Autriche,
était également bonne et généreuse, mais légère et frivole.
Elle resta toujours attachée aux préjugés de la cour et ainsi
elle devint impopulaire. »*

Le récit qui figure dans le manuel, en proposant un portrait très contrasté des personnages de Louis XVI et de Marie-Antoinette, procurait au jeune élève l'une des clés de 1789. La prudence extrême, les loisirs simples, la rondeur gourmande du roi – autant de goûts bourgeois ? – s'associant à la frivolité dépensière, les caprices et l'attachement aux privilèges curiaux de la reine vont développer l'incertitude du pouvoir et entraîner le pays vers la Révolution. En dépit de ces désignations tranchées, tout n'est pas à rejeter dans cette succession de considérations morales brèves et tenaces.

Le 12 mai 1774, deux jours après le décès de Louis XV, alors qu'il est déjà officiellement roi, Louis s'adresse au comte de Maurepas en ces termes : « Monsieur, dans la juste douleur qui m'accable et que je partage avec tout le royaume, j'ai pourtant des devoirs à remplir. Je suis roi : ce seul mot renferme bien des obligations et je n'ai que vingt ans. Je ne pense pas avoir acquis les connaissances nécessaires. De plus, je ne puis voir aucun ministre, ayant tous été enfermés avec le roi dans sa maladie. J'ai toujours entendu parler de votre probité et de votre réputation [...]. C'est ce qui m'engage à vous prier de bien vouloir m'aider de vos conseils et de vos lumières. »

Louis est seul. Ce sentiment l'habite pourtant depuis longtemps. Enfant taciturne, sensible et émotif, il fut souvent tenu à l'écart par ses parents et quelque peu souffre-douleur de son entourage fraternel. En ce printemps 1774, les événements viennent renforcer le trait. Éloigné de la chambre de son grand-père agonisant, puis envoyé à Choisy par crainte d'une contagion fatale, il pressent désormais la solitude du pouvoir qui lui échoit. Toutefois, la forte impopularité du défunt et le pourrissement rapide de son cadavre, symbole pour beaucoup des débauches royales et d'un gouvernement perverti, n'ont pas entamé le crédit porté au nouveau souverain, soutenu par la faveur que son couple avait acquise au cours des années précédentes.

Louis est roi. Il l'écrit à Maurepas comme pour s'en persuader et atténuer ce qu'il perçoit de devoirs et d'obligations, lui qui n'était pas directement voué à cette fonction. La mort prématurée, en mars 1761, de son frère aîné, vif et choyé, qu'on lui présentera toujours comme un modèle, puis celle du Dauphin, son père, en décembre 1765, entretinrent Louis, duc de Berry, dans un sentiment d'usurpation en dépit des règles de succession dynastique.

C'est donc un monarque de vingt ans qui monte sur le trône, s'estimant à la fois bien jeune et immature face aux exigences de la charge, lui qui préfère la table, la chasse ou les travaux manuels (ah ! le roi serrurier). Et d'avouer n'avoir pas acquis les connaissances nécessaires. Il est vrai que son prédécesseur ne l'initia pas formellement aux rouages complexes de cette machine à gouverner la France. En revanche, sous la férule sourcilleuse de son père, il a reçu une solide éducation où les sciences, l'histoire et surtout la géographie dans laquelle il excelle le disputaient au latin et au droit. La Vauguyon, son précepteur, lui enseigna aussi les règles d'un bon gouvernement monarchique, catholique et tempéré à travers Domat* ou Fénelon : un souverain même absolu doit ainsi préférer le bonheur des peuples à la recherche de sa propre gloire. Cependant, le maître décela vite l'indécision et l'opiniâtreté de l'élève et lui exposa souvent les dangers que fit courir au royaume la faiblesse de certains de ses ancêtres.

Le 10 mai 1774, Louis est roi mais seul. Son environnement immédiat, la reine Marie-Antoinette, ses frères ou ses cousins, Conti et Orléans, ne lui sont d'aucune aide réelle, chacun jouant sa partie. Comme il souhaite « se barricader d'honnêtes hommes », Mesdames, ses tantes, lui conseillent de prendre un mentor et lui soufflent le

---

Jean Domat, jurisconsulte du XVIIe siècle, janséniste et ami de Pascal.

nom du vieux Maurepas. Disgracié sous le règne précédent, l'ancien secrétaire d'État à la Marine prend sa revanche et conseillera désormais fermement le prince jusqu'au début des années 1780. Durant les premiers mois, Maurepas, devenu ministre d'État, demande effectivement à Louis d'éviter de tergiverser sur le sort des anciens serviteurs de Louis XV. D'Aiguillon puis Terray et Maupeou, triumvirat honni, sont alors congédiés. L'équipe nouvelle, Vergennes, Malesherbes, Miromesnil, Turgot, manque pourtant de cohésion entre « choiseulistes » et « philosophes », entre partisans des modifications radicales entreprises par Maupeou et alliés des anciens parlements, effectivement réinstallés à la fin de l'année.

Ainsi, dès le début du règne et en dépit des royales requêtes formulées à Maurepas (« Vous me ferez toujours plaisir de me dire la vérité avec force, j'en ai besoin »), des contradictions se dessinent entre les premières entreprises réformatrices et libérales et l'abolition de mesures antérieures, conduisant bientôt à une crise d'autorité. Les pressions du premier cercle, les rapides protestations des privilégiés face aux inflexions sociales et financières engagées dès l'automne 1774 soulignent explicitement les atermoiements et les ambiguïtés de Louis, incertain du rôle qu'il doit tenir. Turgot, principal initiateur des changements et contraint à la démission le 12 mai 1776, n'écrira-t-il pas alors au souverain : « N'oubliez jamais, sire, que c'est la faiblesse qui a mis la tête de Charles Ier (d'Angleterre) sur le billot. Tout mon désir est que vous puissiez croire que j'avais mal vu et que les dangers que je vous montrais étaient chimériques » ?

Louis Capet* s'en souvint-il au matin du 21 janvier 1793 ?

Alain Cabantous

---

* *C'est ainsi que les révolutionnaires désignent Louis XVI, le roi déchu.*

Franklin et le général La Fayette contribuèrent à l'affranchissement des États-Unis.

1783
LOUIS XVI FAIT RECONNAÎTRE L'INDÉPENDANCE DES ÉTATS-UNIS PAR LE TRAITÉ DE VERSAILLES

La guerre de l'indépendance américaine

« Louis XVI soutint les colons de l'Amérique du Nord révoltés contre l'Angleterre, et il fit reconnaître l'indépendance des États-Unis par le traité de Versailles (1783). »

L'INDÉPENDANCE AMÉRICAINE

« La France soutint contre l'Angleterre les colons anglais de l'Amérique du Nord, qui avaient proclamé leur indépendance.
L'illustre savant Franklin, délégué des États-Unis, signa avec Louis XVI un traité d'alliance. De jeunes nobles, comme La Fayette et Rochambeau, partirent d'abord comme volontaires, enthousiastes de la liberté américaine.
La marine, commandée par les amiraux d'Estaing, d'Orvilliers et le bailli de Suffren, vengea nos désastres de la guerre de Sept Ans.
L'Angleterre, par le traité de Versailles, reconnut l'indépendance de la République américaine ; Washington en fut le premier président. »

La France de Louis XVI vit à l'heure américaine depuis qu'en juillet 1776 les colonies britanniques d'Amérique du Nord ont proclamé leur indépendance. Les *Insurgents* d'outre-Atlantique enthousiasment les jeunes nobles qui rêvent d'aventures et de combats. Les conseillers du roi, au premier rang desquels figure Vergennes, tiennent un raisonnement simple. L'Angleterre est l'ennemi héréditaire ; elle a gagné la guerre de Sept Ans (cf. p. 266-267) et conquis une bonne partie de l'Empire français. La France doit saisir l'occasion de prendre sa revanche, donc venir en aide aux Américains, combattre l'Angleterre, « cette arrogante puissance qui savoure le plaisir de nous avoir humiliés ». À deux conditions, toutefois. C'est que les *Insurgents* ne se laissent pas tenter par une réconciliation avec l'ancienne métropole. C'est aussi que la flotte française dispose des moyens de faire face à la flotte anglaise. Dans un premier temps, le concours de la France sera financier, matériel, discret, pour ne pas dire clandestin.

À la fin de 1776, Benjamin Franklin part pour la France. Au nom du Congrès des États-Unis, il tente d'obtenir « l'aide des puissances européennes ». Franklin n'ignore pas que Louis XVI éprouve sans doute de la sympathie pour un peuple opprimé, mais qu'il cherche avant tout « la gloire de son règne ». L'accueil de Paris et de Versailles dépasse les espérances. Franklin, c'est, croit-on, le porte-parole d'un peuple vertueux, empreint de philosophie, proche de la nature. Brûlant d'admiration, le jeune marquis de La Fayette s'embarque secrètement pour l'Amérique, malgré l'avis défavorable de la cour. Le 5 décembre 1777, voilà qu'on apprend en France que, six semaines plus tôt, une armée britannique a été défaite par les Américains à Saratoga, au nord de New York. La cause des *Insurgents* est donc solide. Le général Washington et ses compagnons n'entendent pas renouer avec les Anglais, tant que l'indépendance des États-Unis ne sera pas reconnue.

La France franchit le pas. Le 6 février 1778, elle signe un traité d'amitié et de commerce, puis un traité d'alliance. Elle vient de reconnaître « la liberté, la souveraineté et l'indépendance, absolues et illimitées, des États-Unis en matière de gouvernement aussi bien que de commerce ». En Amérique, la joie éclate, d'autant plus que, peu après, la France entre en guerre contre l'Angleterre, attire dans la bataille l'Espagne, plus soucieuse, il est vrai, de récupérer Gibraltar que de défendre les intérêts américains. En outre, une Ligue de neutralité armée réunit la Russie, le Danemark, la Suède, la Prusse, le Portugal, l'Autriche et le royaume des Deux-Siciles, ce qui gêne considérablement la flotte anglaise.

Bref, la France tient le premier rôle dans la coalition contre l'Empire britannique, pour la toute jeune République. Aux Américains elle prête 38 millions de livres, soit 7 millions de dollars. Elle affronte, avec un succès inégal, la flotte anglaise. Et surtout, le 3 mai 1780, elle envoie un corps expéditionnaire de six mille hommes, que commande le comte de Rochambeau. Désormais, Français et Américains, main dans la main, font officiellement la guerre à l'Angleterre.

Il n'empêche que les soldats de Rochambeau n'éprouvent aucune hâte à prendre les armes. Le 14 août 1781 enfin, Rochambeau et Washington apprennent que l'escadre de l'amiral de Grasse est sur le point d'entrer dans la baie de la Chesapeake. Occasion rêvée de mettre sur pied une opération combinée qui permettrait de chasser du Sud le général anglais Cornwallis. Rochambeau, Washington, La Fayette et ses volontaires, de Grasse assiègent Yorktown en Virginie dès la fin de septembre. Le 18 octobre, Cornwallis capitule. Tandis que les soldats de Sa Majesté déposent les armes, leurs musiciens jouent un air de circonstance : *Le monde est sens dessus dessous.*

Yorktown, c'est le commencement de la fin. L'Angleterre n'a plus la volonté de combattre. À quoi servirait-il de poursuivre une guerre qui éloignerait davantage encore les Anglais et les Américains ? Ne partagent-ils pas les mêmes origines, la même culture ? Ne sont-ils pas naturellement destinés à faire front ensemble contre l'Europe continentale, un jour peut-être contre les Français ? L'heure de la négociation a sonné. Et la négociation ne manquera ni de sous-entendus ni d'arrière-pensées. C'est à Paris, en avril 1782, que les négociateurs engagent les pourparlers. Le Congrès a donné des instructions précises à Franklin, à John Adams et à John Jay : obtenir la reconnaissance de l'indépendance, puis se laisser guider « par les avis de la cour de France ou de son ministre ». Mais les trois négociateurs se méfient des intrigues françaises. D'ailleurs, la France souhaite-t-elle vraiment que les États-Unis s'étendent jusqu'au Mississippi et deviennent une véritable puissance sur le continent américain ? N'a-t-elle pas promis à l'Espagne de poursuivre le combat jusqu'à ce que Gibraltar soit arraché aux Anglais ?

Dans ces conditions, les Américains jouent un jeu serré au milieu des grands de l'époque. Des bruits de paix séparée circulent. Ici et là, on fait des promesses qu'on s'empresse d'annuler. On espionne, on dissimule, on élabore des plans dans le secret. Franklin, Adams et Jay négocient, puis signent avec les Anglais, le 30 novembre 1782 à Paris, des préliminaires de paix. Anglais et Français signent à leur tour, le 20 janvier 1783 à Versailles, des préliminaires. L'armistice général date du 4 février. En fin de compte, le traité de paix est signé le 3 septembre 1783 entre l'Angleterre et les États-Unis à Paris, entre l'Angleterre et la France à Versailles. Le territoire de la République américaine s'étend à l'ouest jusqu'au Mississippi, au sud jusqu'à la limite avec la Floride, au nord jusqu'à la frontière avec le Canada.

Les Américains ont obtenu satisfaction sur l'essentiel. Ils sont indépendants, et la communauté internationale vient de reconnaître leur indépendance, mais ils n'ont pas pu annexer le Canada. Les Anglais ont perdu leurs treize colonies. Ils conservent, pourtant, l'espoir de renouer avec Washington et ses compatriotes. Les Français ont pris leur revanche sur le traité de Paris de 1763. Vergennes a manifesté de la mauvaise humeur, lorsqu'il a appris que les alliés américains négociaient directement avec l'ennemi anglais. Agiraient-ils, comme toutes les autres nations, en fonction de leurs seuls intérêts ? Les Américains seraient-ils des ingrats ?

André Kaspi

Les députés aux états généraux.

1789
LOUIS XVI CONVOQUE LES ÉTATS GÉNÉRAUX

Les états généraux de 1789

« Les états généraux comprenaient les députés de la noblesse, du clergé et du tiers état, c'est-à-dire des trois classes de la nation. La noblesse et le clergé étaient les classes privilégiées, parce qu'elles jouissaient de tous les privilèges de l'Ancien Régime. Le tiers état, c'est-à-dire la grande majorité de la nation, supportait toutes les charges. C'est sur lui que pesaient tous les impôts. Il ne pouvait aspirer ni aux emplois élevés, ni aux grades supérieurs de l'armée, ni aux honneurs, réservés aux nobles. Aussi c'est le tiers état qui protesta le plus vivement contre les vices de l'Ancien Régime et qui fit la révolution. »

Avec sept dates dans une liste de soixante-quinze, la décennie révolutionnaire jouit d'un privilège de surreprésentation qui n'est surpassé que par celui de Napoléon Ier : au total, le quart de siècle 1789-1814 concentre... près du quart des repères de la mémoire officielle à l'usage des élèves de l'enseignement primaire dans la première moitié du XXe siècle. Qu'on ne me reproche pas ce compte d'apothicaire : tel dosage a dû être délibéré. Il témoigne du statut exceptionnel que tient cet épisode charnière dans l'histoire nationale telle qu'on la perçoit et l'enseigne alors.

Et qu'on ne s'étonne pas dès lors, dans ce qui reste une sélection drastique, d'absences manifestes, au regard de nos repères, non seulement d'historien mais d'hommes (et de femmes) cultivés d'aujourd'hui : pour me restreindre désormais à la séquence dont j'assume la responsabilité – l'année 89, emblématique entre toutes –, les deux repères retenus, les états généraux et le serment du Jeu de paume, quelle que soit leur importance, suscitent l'étonnement de ne pas trouver dans le tableau chronologique la prise de la Bastille au 14 juillet 1789 – reconnue en France, comme dans le reste du monde, comme une date phare. On ne contestera pas la pertinence d'ouvrir l'histoire de la Révolution sur la convocation des états généraux, dont la décision a été prise le 17 décembre 1788, suivie du règlement électoral de janvier 1789 qui ouvrit ce que l'on peut considérer comme la première campagne électorale de la France moderne, à la charnière de l'Ancien Régime et des temps nouveaux. L'anachronisme se justifiant par ce qu'il y a d'inédit autant que d'ancien dans cette consultation de ses sujets par le roi Louis XVI, dictée par la crise financière et l'urgence de réformes. Les écoliers du siècle passé devaient se souvenir que Philippe le Bel convoqua pour la première fois les états généraux en 1302 (cf. p. 102-103) : nous savons, nous autres savants, qu'ils ne l'avaient plus été depuis 1614. Durant près de deux siècles, l'absolutisme renforcé s'était passé de ce recours.

C'est sous la pression d'une force qui commence à se constituer en pouvoir, l'opinion, que le roi, après avoir vainement sollicité sa noblesse dans l'assemblée des Notables et essuyé la fronde des parlements, décida avec son ministre Necker d'user de ce moyen extraordinaire. On sait, et il ne nous appartient pas ici d'en faire le récit détaillé, l'intense campagne d'opinion que déclencha dans tout le pays durant l'hiver et le printemps 1789 la rédaction des cahiers de doléances que les sujets avaient été sollicités de rédiger, et la préparation des élections de leurs représentants. C'est que l'affrontement fut vif sur le point des procédures à suivre. Reconduire celles en usage deux siècles plus tôt, ou presque? C'est ce que réclamaient les privilégiés et les parlements, mais les temps avaient changé. Le roi et son ministre associèrent l'ancien et le nouveau. C'était, malgré les précédents que l'on a pu invoquer, grande nouveauté que de consulter tous les sujets, sans discrimination de richesse, chacun il est vrai à son rang et selon son statut. On témoignait d'un esprit moderne dans la ventilation des circonscriptions. Mais, quant au reste, l'organisation de la consultation n'était que le reflet des structures sociales, politiques et institutionnelles de la monarchie d'Ancien Régime : entendons celles d'une société hiérarchisée en ordres, opposant les privilégiés – le clergé, premier par le rang, et la noblesse (à eux deux, moins de 5 % de la population) – à l'immense majorité des roturiers significativement désignés comme le tiers état. Expression d'un ordre traditionnel, devenu inadapté aux réalités sociales nouvelles à l'issue de ce « glorieux XVIIIe siècle » d'essor de la bourgeoisie autant qu'aux aspirations des élites des Lumières, cependant que dans les campagnes comme dans les villes se faisait entendre la voix populaire associant la rumeur de la misère d'en bas à celle de la prospérité des élites.

Il y a eu débat, focalisé durant ces mois sur des points d'achoppement essentiels : aux états généraux dont l'ouverture fut fixée à Versailles au 5 mai 1789, la représentation des trois ordres serait-elle identique, plaçant le tiers état en position d'infériorité, à un contre deux, face aux privilégiés ? Siégeraient-ils séparément ou en commun ? On concéda le doublement du Tiers, mais le second point restait en suspens. Et c'est sur ce point de suspension que nous laissent l'image et la notice du répertoire présenté aux écoliers.

L'image n'illustre pas directement la scène, ou l'événement proprement dit, si souvent représenté, du cortège de la cérémonie d'ouverture des états, avec le contraste de la magnificence des tenues de la cour, du clergé et de la noblesse, et de la modestie de celle des représentants du Tiers, non plus que la séance inaugurale. Mais de ces images hautement symboliques, et si souvent commentées depuis Michelet, on a comme un reflet simplifié, dans une visée probablement pédagogique, sous la forme des trois profils du noble, du prélat et du représentant du tiers état, porteur de son cahier de revendications. Plus qu'un événement, c'est un moment et plus encore un tableau (on dirait un arrêt sur image) que l'on a voulu présenter en raccourci symbolique. Simplification défendable dans une chronologie dont la vocation est d'énoncer plutôt que d'expliquer : c'est en raccourci un aperçu de la société mais aussi de la crise d'Ancien Régime qui nous est présenté. Et sans doute doit-on quelque indulgence pour le caractère élémentaire du commentaire : noblesse et clergé, classes privilégiées... « parce qu'elles jouissaient de tous les privilèges... », quitte à énumérer sommairement les impôts, l'accessibilité aux charges, les honneurs. Des problèmes fondamentaux de cette société, comme du conflit des valeurs anciennes et nouvelles, renvoyé au registre traditionnel des « vices » de l'Ancien Régime, il y aurait beaucoup à dire, trop pour ces pages. Mais finalement, le mot est lâché : « c'est le tiers état [...] qui fit la Révolution ». C'est le message que l'on voulait faire passer. Et globalement cela tient encore la route.

Michelle Vovelle

Le 20 juin 1789, les députés prêtèrent le serment du Jeu de paume.

1789
LE SERMENT DU JEU DE PAUME

Le serment du Jeu de paume
« *La salle des états généraux avait été fermée par ordre du roi. Les députés du Tiers se réunirent dans une salle de jeu de paume. Bailly, député de Paris, monta sur une table et prononça ce serment : "Nous jurons de ne pas nous séparer avant d'avoir donné une Constitution au royaume." Tous les députés dirent : "Nous le jurons !"* »

Si le discours officiel de la Troisième République, à travers sa vulgate pédagogique, hésite, on l'a noté précédemment, à assumer de front la violence subversive du 14 juillet, il n'est pas exonéré pour autant d'avoir à donner à la Révolution un coup d'envoi officiel. Et l'on comprend que l'on ait choisi le serment du Jeu de paume, épisode connu et spectaculaire, hautement emblématique et de ce fait apte à recevoir le statut d'événement fondateur. Parmi les épisodes des mois de mai à juillet 1789, qui voient se nouer le processus révolutionnaire « au sommet », entendons dans l'affrontement entre le pouvoir royal et les députés du Tiers aux états généraux, le 11 juin (invitation du tiers état aux autres ordres à se joindre à lui) ou même le 17 quand ses députés à l'initiative de Sieyès se déclarent Assemblée nationale n'ont point l'éclat fracassant qu'aura le 23 juin la séance royale qui vit fuser les mots historiques de Bailly – « la Nation assemblée ne peut recevoir d'ordres » –, ou de Mirabeau – « Nous ne quitterons nos places que par la force des baïonnettes ». Gesticulations héroïques, supports à illustrations en images ou par le texte.

Mais la scène décisive restait bien celle du 20 juin, ce serment du Jeu de paume judicieusement choisi. Car c'est dans ce cadre pauvre et improvisé, d'une salle investie par les députés qui ont trouvé porte close au lieu de leurs séances, que, paradoxe, leur désarroi va se transfigurer en scène historique et fondatrice. Le serment les engage dans une aventure sans retour, proféré par Bailly, porte-parole respecté, « de ne jamais se séparer et de se rassembler partout où les circonstances l'exigeront jusqu'à ce que la Constitution du royaume soit établie et affermie sur des fondements solides ».

Ces juristes, pour la plupart, légalistes, issus du service du roi, franchissent le Rubicon, en se dressant ouvertement contre l'autorité royale, ils formulent un programme précis: celui d'une Constitution, comme en Angleterre. C'est une des voies – une monarchie constitutionnelle – qui s'ouvre vers l'avenir.

Nous savons – car nous connaissons la suite – que rien n'est joué encore, et que, pour prévenir la tentative de reprise en main préparée par le roi et les milieux de la cour, il faudra rien de moins que l'entrée en action des masses populaires parisiennes dans la journée du 14 juillet.

Mais nous ne refuserons point, pour une fois, de reprendre et cautionner la définition de François Furet du serment comme « scène inaugurale »; même si nous ne pousserons pas comme lui le paradoxe d'ajouter à propos du tableau qui l'a immortalisé en 1790 que « composé en pleine période de monarchie constitutionnelle par un David qui n'était pas encore robespierriste [...], rien ne sert mieux déjà l'imaginaire républicain de la Révolution ».

C'est tirer peut-être sur les brins d'herbe pour les faire pousser. Le serment du Jeu de paume n'annonce pas encore la République. Mais il est vrai qu'il fait table rase de l'autorité royale, et que ce groupe d'hommes représentants de la Nation, se portent émissaires d'une nouvelle souveraineté, celle du peuple, pour établir par la Constitution un nouveau régime qui, au fil de bien des tribulations encore, sera celui de la démocratie moderne. On a parlé de la Révolution des légistes, pour l'opposer à la Révolution populaire parisienne, ou à celle qui gronde dans les campagnes. Elle se trouve ici mise en pleine lumière, comme la voie du changement du monde dans lequel la Troisième République puise sa légitimité.

Le commentaire pauvret qui présente la scène aux écoliers d'hier paraît d'une platitude laconique – sans détails ni justifications. Résumant la formule du serment, il livre cependant l'essentiel, dans la pensée de ses rédacteurs: le sentiment d'unanimité, « tous les députés dirent: "Nous le jurons" ». Nous savons qu'il y en eut un (Martin d'Auch) pour s'y refuser obstinément, mais à cela rien de grave.

L'image, sur cette séquence, parle mieux que le texte. Il est vrai qu'elle dispose d'un modèle célèbre de référence, la composition de David, élaborée en 1790, inachevée et toutefois gravée ultérieurement. À l'usage des jeunes c'est une version simplifiée, assez rustique mais grossièrement fidèle, qui est transmise au prix de quelques mutilations (la partie supérieure de la composition avec les spectateurs aux fenêtres et le superbe coup de vent, celui de l'histoire sans doute). Mais l'essentiel est là : le porte-parole, l'astronome Bailly, sur une chaise, faisant face non à ceux qui l'écoutent mais à nous qui recevons le message. Et autour, l'effet de foule, pour bonne part indistincte, mais où l'adaptateur a repris les groupes les plus significatifs de David : de gauche à droite, l'accolade du cossu Reubell et du modeste curé Thibault, au centre, encore à gauche, la réconciliation des cultes symbolisée par Grégoire, Dom Gerle et le pasteur Rabaut Saint-Étienne, à droite les postures – théâtrale chez Robespierre, gesticulante chez Mirabeau –, suivies de Barnave. Ils sont déjà là ! (Du moins plusieurs des grands, présents et à venir.) C'est ce qu'a voulu dire David, mais aussi ce qu'a voulu transmettre, en choisissant le serment du Jeu de paume, le responsable de ce choix. Deux thèmes majeurs : le serment, gage d'unanimité et d'irréversibilité, légitimation et sacralisation du moment historique. La Révolution n'est pas rupture, mais communion.

Cette révolution est aussi celle des grands hommes, ils se déchireront nous le savons, mais on tient à nous les montrer, en ce moment de grâce, comme sur un portrait de famille.

Michel Vovelle

Le 14 juillet 1789, le peuple en armes s'empara de la Bastille.

1790
LE 14 JUILLET A LIEU L'ANNIVERSAIRE DE LA PRISE DE LA BASTILLE

La prise de la Bastille (14 juillet 1789)

« La prise de la Bastille fut un grand événement, surtout par ses conséquences. C'était la première victoire du peuple sur la royauté. Ce jour-là, la garde nationale fut organisée avec le drapeau tricolore pour emblème. L'anniversaire du 14 juillet est célébré comme notre fête nationale. »

Saisir toute la portée de la fête de la Fédération du 14 juillet 1790 impose de revenir à l'événement de l'année précédente dont elle célèbre l'anniversaire ; c'est-à-dire à la prise de la Bastille par le peuple parisien. La menace, réelle ou supposée, d'un complot aristocratique, la crainte inspirée par la présence de troupes royales dans Paris, le renvoi par Louis XVI du ministre Necker, alors très populaire, créaient, quelque deux mois après la réunion des états généraux, une conjoncture favorable à une sporadique agitation, orchestrée par les orateurs du Palais-Royal, notamment par le plus talentueux d'entre eux : Camille Desmoulins.

À leur instigation, des cortèges se forment le 12 juillet, qui promènent dans la ville des bustes de Necker et du duc d'Orléans. Ce jour-là, les gardes françaises se joignent au mouvement. Le lendemain, le peuple parisien réclame des armes afin de parer au complot aristocratique et aux éventuelles menaces contre les propriétés. Le 14 au matin, la foule s'empare de fusils puis elle se dirige vers la Bastille, alors défendue par quatre-vingts invalides et trente Suisses, sous le commandement du gouverneur Launay. Elle espère y trouver d'autres armes et, surtout, une grande quantité de poudre et des balles. Vers une heure de l'après-midi, après que des négociations ont échoué, elle réussit à franchir l'enceinte. C'est alors que Launay ordonne un tir qui fait une centaine de victimes. À cinq heures, les insurgés reviennent, armés de canons. La foule se saisit du gouverneur, massacré quelque temps plus tard, place de Grève. Le soir, Flesselles, le prévôt des marchands, est à son tour abattu ; et les têtes des deux hommes, fichées sur des piques, sont promenées dans la ville. Un ancien rituel du massacre urbain se trouve ainsi réactivé.

Le 14 juillet inaugure une semaine de troubles. Bertier de Sauvigny, l'intendant de Paris et son beau-père, Foullon de Doué, sont pendus par la foule. Dès le 15, le roi annonce sa décision de retirer les troupes de la ville. Le 16, il rappelle Necker. Le 17, il se rend à l'Hôtel de Ville et accepte d'arborer la cocarde aux couleurs de Paris. La Fayette, nommé commandant de la garde nationale, alors constituée pour la défense des idées nouvelles, le maintien de l'ordre et la sauvegarde des propriétés, ainsi que Bailly, devenu maire de Paris, apparaissent comme les véritables triomphateurs de ces journées.

Au lendemain du 14 juillet 1789, nombre de milices bourgeoises, souvent improvisées et formées sans l'intervention de l'autorité municipale, se créent sur l'ensemble du territoire. L'institution de la garde nationale, au recrutement strictement limité et dont les pauvres sont exclus, est partiellement destinée à contrôler ce processus. La fête de la Fédération de l'été 1790 aura, entre autres, pour fonction de canaliser l'enthousiasme et de compenser, en quelque sorte, ces mesures de surveillance.

Le besoin de calmer l'inquiétude manifestée et avivée par la Grande Peur de l'été 1789, la force du modèle américain, le soutien des patriotes, c'est-à-dire des partisans des idées nouvelles, la crainte persistante du complot comme de l'émeute populaire, la propagation d'un ample mouvement de fédérations régionales, expliquent le succès de la proposition formulée par Bailly, au nom de la commune de Paris, visant à organiser une cérémonie qui célèbre la Fédération nationale, le 14 juillet 1790 ; façon de miser sur le dynamisme supposé d'un rassemblement que l'on veut spontané, unanime, simultané, destiné à exalter la Liberté et à mettre en scène la Fraternité.

Le voyage des gardes nationaux accourant de tous les points du territoire vers la capitale, l'afflux des spectateurs sur leur passage, constituent, sans doute, les temps forts de l'événement. Comme l'a souligné l'historienne Mona Ozouf, ce voyage signifie le renoncement aux particularismes et aux vieux conflits interurbains. S'arrachant à l'horizon villageois, les gardes nationaux qui convergent vers le centre font l'apprentissage de l'homogénéité du territoire. En cela, le voyage participe d'une éducation nationale, de plus ample portée. Cette expérience vécue d'un « égalitarisme topographique » se double d'un « glorieux pèlerinage fédératif ». Les gardes nationaux se dirigent vers Paris, alors perçu comme le berceau de la Révolution. Leur voyage redessine le rapport établi entre la province et la capitale. En cette occurrence, celle-ci devient le symbole de l'accord des parties et du tout. La fête de la Fédération confère à Paris une sorte d'investiture nationale. Elle le pare d'une sacralité nouvelle.

Cela fut sans doute plus important que le déroulement de la cérémonie elle-même. Cinquante mille gardes nationaux défilent au Champ-de-Mars, sous la pluie, devant quelque trois cent mille spectateurs. Il s'agit d'une fête militaire réservée à des soldats, accompagnés de deux bataillons d'enfants et de vieillards. Talleyrand, assisté de trois cents prêtres, célèbre une messe solennelle sur l'autel de la patrie. Le roi prête serment, quelque peu négligemment, semble-t-il. Des fêtes organisées sur le même modèle se déroulent, le même jour, sur l'ensemble du territoire ; les cérémonies étant, ici et là, agrémentées de cortèges de dames et de jeunes filles, de mariages civiques, de feux de joie, d'envols d'aérostats... Partout, à midi, les participants prêtent le serment fédératif.

Cela dit, tout, dans cet événement, ne se révèle pas à l'avantage de Paris. La fête de la Fédération du 14 juillet 1790 instaure un nouvel équilibre selon lequel les futures journées révolutionnaires, à la différence du 14 juillet 1789, cesseront d'être spécifiquement parisiennes. Le 10 août 1792, ce sont des Fédérés « montés » vers Paris, notamment des Bretons et des Marseillais, qui réclameront la suspension du roi et l'élection d'une Convention.

L'histoire de la fête de la Fédération du 14 juillet 1790 ne s'arrête donc pas au soir de la cérémonie. Sa pesée sur l'imaginaire et sur l'histoire politique du siècle suivant se révèle particulièrement claire lorsque, en 1880, se pose à la IIIe République le choix d'une fête nationale.

L'événement de 1790 présentait l'avantage de conjurer la peur, d'exorciser la violence du 14 juillet 1789. Il avait de quoi rassurer les modérés. Cet élan national, célébrant la Fraternité, répondait au désir de la IIIe République de rassembler toutes les communes de France. Il préfigurait les banquets des maires organisés par le nouveau régime en 1889 et en 1900. La fête de la Fédération avait eu le peuple anonyme pour principal acteur. Elle plaçait, en quelque sorte, hors du temps le souvenir de la Révolution. C'est, sans doute, dans cette perspective que les auteurs du manuel, tout en illustrant la prise de la Bastille, ont décidé de privilégier le 14 juillet 1790 pour évoquer la fête nationale. Ils s'inscrivaient par là dans la filiation de Michelet. Celui-ci confiait, en effet, dans son journal intime, que le seul mot de « fédération » suffisait à lui procurer une intense émotion.

Alain Corbin

Les volontaires de 1792, au combat de Valmy, arrêtèrent l'invasion prussienne.

1792
LES VOLONTAIRES REMPORTENT LA VICTOIRE DE VALMY

Le combat de Valmy
(20 septembre 1792)

« Les Prussiens attaquèrent notre armée sur le plateau de Valmy. Le général Kellermann, voyant les ennemis s'approcher, mit son chapeau au bout de son sabre et cria : "Vive la Nation !" Les volontaires se précipitèrent la baïonnette en avant et repoussèrent les Prussiens. »

Treize heures : à peine voit-on à dix pas devant soi. La brume qui monte du sol se mêle à la fumée des fusils et des canons. Par instants, l'air prend une teinte rougeâtre. Le bruit qui se fait entendre ressemble « au bourdonnement de l'eau et à la voix flûtée d'un oiseau », écrira Goethe. Une bouffée de chaleur envahit les corps grelottant dans le drap mouillé des uniformes de laine. D'instinct, les têtes se baissent et le boulet venu des lignes austro-prussiennes se fige dans le sol trop humide pour autoriser le ricochet meurtrier.

Six heures passées debout, à subir sans broncher le déluge de feu : certains soldats, n'en pouvant plus, quittent les rangs et s'éloignent d'un moulin qui, au sommet de la butte, permet aux batteries adverses de mieux ajuster leur tir. Dans la troupe, ce n'est d'abord qu'un murmure : trois mots, une invocation. Le général Kellermann les reprend. Droit sur ses étriers et le chapeau au plumet tricolore brandi à la pointe du sabre, il s'écrie : « Vive la Nation ! » Surmontant le fracas des armes, la clameur parcourt les rangs : « Vive la Nation ! » et les soldats se forment, baïonnettes dressées, en colonnes d'attaque.

Image d'Épinal ? Les dossiers d'archives et les mémoires des combattants témoignent de la communion civique entre les soldats et leurs chefs. Elle répond à celle qui, le 14 juillet 1790, eut lieu à l'occasion de la fête de la Fédération. Alsaciens ou Bretons, Lillois ou Marseillais, tous s'étaient réunis pour se dire d'abord français, formant volontairement une communauté de citoyens libres et égaux en droit, dictant ses lois et maîtresse de ses destinées. Sacrée souveraine au Champ-de-Mars à Paris, la Nation est aujourd'hui en armes pour se défendre. Chaque citoyen-soldat sait qu'il lui faut vivre libre ou mourir. Reculer, c'est livrer Paris à la subversion militaire promise par Brunswick dans son manifeste en juillet 1792, rétablir sur le trône Louis XVI, prisonnier du Temple depuis le 10 août, faire renaître enfin l'Ancien Régime et ses privilèges.

La canonnade incessante démoralisait les Français, le cri les galvanise. « Chaque coup qui venait de chez eux sans porter ou qui partait de chez nous avec succès, raconte Bourdoin, capitaine d'un bataillon de volontaires, était suivi du cri terrible pour eux et simultané de toute l'armée : "Vive la Nation !" » Brunswick, généralissime de l'armée austro-prussienne, ne comprend pas cette brusque résistance. Il s'attendait à voir fuir une fois encore l'armée de va-nu-pieds, elle se comporte comme si la victoire lui était acquise.

Depuis leur entrée en campagne, en avril 1792, les alliés n'ont guère rencontré d'obstacles. À leur approche, les Français se débandaient, bousculant, tuant même leurs généraux. À la fin du mois d'août, Longwy et Verdun prises, la marche victorieuse se déroulait sans coup férir. À Paris, les sans-culottes apeurés par leur avance et par un possible complot des prisons massacraient les détenus. Et puis, s'avançant vers l'Argonne, l'armée de Brunswick se heurta aux passages verrouillés par l'armée de Kellermann jointe à celle de Dumouriez. À la tête de plus de soixante mille hommes bien retranchés, ce dernier promettait au gouvernement provisoire que l'Argonne serait les Thermopyles de la France ! L'armée ennemie rassemblant plus de cinquante mille combattants réussissait cependant à pénétrer dans cet enchevêtrement de collines, de vallées et de marécages. Mais à quel prix ! À l'annonce que l'armée des émigrés suivait celle de Brunswick, les paysans avaient tendu des embuscades meurtrières. Brunswick ne pouvait continuer son avance vers Paris sans se rendre maître de la route principale permettant une liaison facile avec ses centres d'approvisionnements. Les Français la tenaient encore. Faute de s'en emparer, Brunswick condamnait ses hommes à vivre de viande de porcs fraîchement abattus et de raisins verts, provoquant d'atroces coliques. Pouvait-il enfin continuer sa marche sur Paris sans anéantir une force apte à porter l'attaque sur ses arrières ? Brunswick se résolut à un combat d'ailleurs souhaité par Dumouriez.

Combat étrange pour le profane que celui imaginé par le général français : il s'effectue à front renversé, les Français regardant en direction de Paris qu'ils doivent défendre et les alliés tournant le dos à une ville qu'ils veulent conquérir. 14 heures : un caisson de munitions explose dans le camp français, produisant un nouveau flottement dans les lignes. Brunswick ordonne à ses troupes de monter à l'assaut. « Vive la Nation ! » Les bataillons de Kellermann reprennent leur position. Les heures s'égrènent et les Français tiennent bon. « Ce n'est pas ici qu'il faut se battre », confie Brunswick au roi de Prusse. Le général soupçonne, derrière la butte de Valmy, la concentration des milliers de soldats de Dumouriez, prêts à fondre sur lui. Au crépuscule, Brunswick fait reculer ses hommes et improvise un campement. À l'aube, il ordonne la retraite. De la défensive, les Français passent à l'offensive et à la guerre de conquête. Dans l'immédiat, la victoire de Valmy en sauvant Paris permet l'établissement de la République que la Convention, nouvellement élue, proclame le 22 septembre.

Victoire ? Dès l'époque, les contre-révolutionnaires soutiennent que la bataille n'a pas eu lieu. Brunswick, acheté par Danton, avec les diamants de la couronne, ne livra qu'un simulacre de combat et incita le roi de Prusse, préoccupé d'autre part par un prochain partage de la Pologne, à sonner la retraite. Aucune preuve tangible n'a été apportée à une thèse reprise de siècle en siècle. Autre variante : Brunswick et Dumouriez, tous deux francs-maçons, s'entendirent pour que ce dernier, vainqueur factice, tourne son armée contre Paris et rétablisse le roi. Thiers a fait justice de cette légende noire. Victoire de la Révolution ou bien plutôt dernière victoire de la monarchie ? Les canons français qui, bien supérieurs à ceux de l'adversaire, tonnent à Valmy sont en effet ceux dont Gribeauval dota l'armée royale. Quant aux cadres, ils furent éduqués dans les camps du roi. Il reste cependant que les soldats, aussi bien ceux des régiments royaux que ceux des bataillons de volontaires nationaux, sont, en majorité, des engagés de fraîche date, sortis des villes et des villages en révolution. Les registres de contrôle déposés aux Archives de la guerre en témoignent. De leurs pages jaunies surgit aux yeux du chercheur « tout un remuement de pauvreté vaillante » levée pour sauver la Révolution.

À épeler les noms et à déceler l'origine de ces citoyens-soldats, résonnent à l'oreille de l'historien les paroles prononcées par Goethe au soir de Valmy : « De ce lieu et de ce jour date une nouvelle époque de l'histoire du monde. »

Jean-Paul Bertaud

En 1792, des volontaires accoururent en masse, à l'appel de la patrie en danger.

1792
LA CONVENTION ABOLIT LA ROYAUTÉ, ÉTABLIT LA RÉPUBLIQUE ET CONDAMNE LOUIS XVI À MORT

1793
LA MORT DE LOUIS XVI

La Convention (1792-1795)
« La Convention abolit la royauté, établit la République et condamna Louis XVI à mort. Elle organisa le régime de la Terreur. Mais elle fonda de grandes institutions. »

Le 21 septembre 1792, jour de sa première réunion, la Convention décrète que « la royauté est abolie en France ». Le lendemain, elle décide de dater tous les actes publics de « l'an un de la République française ». Sans éclat, sans proclamation solennelle, était instauré le régime qui rompait avec celui de la France de toujours.

Littéralement comme au plan du symbole, les auteurs de notre manuel ont eu raison de retenir la date de 1792 et le nom de la Convention pour graver ces grands événements dans les mémoires. Ils leur ont associé la condamnation à mort de Louis XVI, un choix somme toute logique puisque ce troisième événement découle des deux autres, même s'il se place en réalité en 1793, le 20 janvier, le roi devant être exécuté le lendemain.

Dans les faits, cependant, l'avènement de la République est l'aboutissement d'un processus qui ne se laisse pas enfermer en une date, fût-elle longue d'une année, ni réduire à l'initiative de la seule Convention. Sans doute la République – jugée à l'époque, dans le sillage de Rousseau, bonne pour les États-cités, mais incompatible avec les grandes nations – était-elle absente des projets de la quasi-totalité des députés réunis en mai 1789 pour les premières séances des états généraux, mais l'idée apparaît assez vite à la fin de l'Assemblée constituante, après l'échec de la fuite du roi et son arrestation à Varennes, le 21 juin 1791.

La fuite du roi révèle sa profonde hostilité à une révolution qu'il avait fait mine d'accepter (du moins depuis les journées d'octobre 1789). Elle provoque la désaffection, voire la défiance, d'une partie de l'opinion. Un mouvement populaire se dessine en faveur de la république qui s'exprime surtout dans les clubs de certaines villes, grandes ou petites. À Paris, le Club des cordeliers en demande l'établissement dès le 23 juin. Une partie des jacobins se prononce dans le même sens, ce qui va entraîner la scission des feuillants partisans du maintien de la monarchie tempérée.

La Constituante, cependant, refuse de proclamer la déchéance de Louis XVI. Adoptant, contre toute vraisemblance, la thèse de l'enlèvement du roi, elle décrète seulement sa suspension. Le 17 juillet, elle ordonne même de disperser la foule venue signer la pétition républicaine déposée par les cordeliers sur l'autel de la patrie. Ce sera le « massacre du Champ-de-Mars ». L'Assemblée se hâte d'achever ce que l'on nommera la « constitution de 1791 ». Après que le roi eut prêté serment à la constitution, il est rétabli dans ses pouvoirs et, le 1er octobre, la Constituante cède la place à l'Assemblée législative prévue par cette constitution. On peut croire la Révolution terminée et la monarchie constitutionnelle installée pour longtemps.

En fait, ce régime est vicié dès l'origine par une double opposition : celle du roi qui ne l'a accepté qu'en façade et à contrecœur, et celle de la majorité des députés de la « gauche », ceux que l'on nomme à l'époque les brissotins plutôt que les girondins. Ceux-ci, persuadés de la duplicité de Louis XVI, vont tout faire pour « le pousser à la faute » en proposant à sa ratification des décrets qui devaient l'amener à choisir décidément entre la fidélité à la Révolution et l'appui aux forces contre-révolutionnaires de l'intérieur ou de l'étranger, escomptant bien qu'il se démasquerait en choisissant le second terme de l'alternative. Louis XVI évite le piège en pratiquant une « politique du pire » qui l'amène, en mars 1792, à remplacer les ministres feuillants par des brissotins puis, le 20 avril, à déclarer la guerre à François II, le chef du Saint Empire, dans l'espoir qu'une rapide déroute de l'armée française lui donnera l'occasion de reprendre ses pouvoirs anciens. À deux reprises, il ne peut s'empêcher de faire paraître ses véritables sentiments. En novembre 1791, il oppose son veto aux décrets qui visent les émigrés, dont son propre frère, le futur Louis XVIII, et surtout, le 11 juin 1792, il refuse de sanctionner deux textes législatifs dont l'un prévoyait la déportation des prêtres « réfractaires » – ceux qui avaient refusé la nouvelle organisation de l'Église de France, la « Constitution civile du clergé » –, et l'autre organisait un camp de vingt mille « fédérés » à Paris, des gardes nationaux qui devaient permettre de maintenir l'ordre dans la capitale tandis que les troupes qui y étaient en garnison seraient envoyées combattre aux frontières menacées par les armées austro-prussiennes, fer de lance de la coalition qui s'était formée autour de l'empereur.

C'est ce dernier épisode qui déclenche le processus qui conduira à la chute de la monarchie par le biais des deux journées populaires du 20 juin et du 10 août. La première voit les sans-culottes des faubourgs Saint-Antoine et Saint-Marcel défiler à l'Assemblée puis envahir la résidence royale des Tuileries en réclamant la levée du veto, ainsi que le rappel des ministres « patriotes » que Louis XVI, trop sûr de la victoire des coalisés, venait de renvoyer. Le roi ne cède pas, ce qui n'empêche pas l'afflux des « fédérés » à Paris, d'autant que les députés proclament, le 11 juillet, « la Patrie en danger ». Mais cette première « journée » a montré que les deux pouvoirs, exécutif et législatif, étaient facilement vulnérables en cas de nouvelle émeute. Celle-ci paraît inévitable quand est connu à Paris, le 28 juillet, le « manifeste de Brunswick », sorte d'ultimatum envoyé par le général commandant les armées austro-prussiennes qui promet de livrer la capitale « à une exécution militaire et à une subversion totale » si « les Parisiens ne se soumettent pas immédiatement et sans condition à leur roi ». Ce manifeste, par la psychose qu'il provoque en exaspérant la hantise du « complot aristocratique », est largement à l'origine de la seconde « journée », décisive celle-ci. Le 3 août, un ultimatum remis à l'Assemblée réclame la déchéance du roi, au nom de 47 des 48 « sections » – assemblées de quartier dominées par les sans-culottes – de Paris. L'Assemblée ajourne le débat au 9, mais comme elle se sépare ce jour-là sans s'être prononcée, le 10 août voit sectionnaires et « fédérés » donner l'assaut aux Tuileries défendues par les Suisses à la solde du roi. Les députés restés présents à la Législative – une minorité – décrètent la suspension (provisoire) de Louis XVI, son internement et l'élection au suffrage universel masculin d'une nouvelle constituante à laquelle on donnera le nom de Convention en hommage aux États-Unis d'Amérique.

La sanglante journée du 10 août a été retenue par l'histoire comme celle de la chute du trône et il est vrai que la monarchie est bien morte ce jour-là, au temps de la Législative, plutôt que le 21 septembre. Mais l'Assemblée a agi sous la pression des sans-culottes de la rue et de la Commune insurrectionnelle de Paris qui a remplacé la municipalité légale à l'aube du 10 août. Plus que les députés, les fossoyeurs de la monarchie sont des gens du peuple, originaires de la capitale mais aussi de la province, Marseillais et Brestois notamment, les plus nombreux parmi les « fédérés ». Et il reviendra bien à la Convention de donner le coup de grâce au régime en faisant mourir le roi, un acte hautement politique qui rendait impensable tout retour en arrière.

En 1792, la Révolution est entrée dans une nouvelle phase dont l'historiographie a donné des interprétations différentes. On se souvient des rudes débats qui opposèrent, dès la fin des années 1960, François Furet et Albert Soboul, le premier estimant que le tournant de 1792 constituait une déviation accidentelle, un « dérapage » du cours initial de la Révolution voué à la mise en œuvre du programme libéral des Lumières, tandis que le second, dans la lignée de Jean Jaurès, Albert Mathiez et Georges Lefebvre, tenait à l'unité de la Révolution, l'épisode de 1792 étant perçu comme une simple accélération du processus révolutionnaire grâce à l'alliance de la bourgeoisie montagnarde et des sans-culottes, rendue nécessaire par l'opiniâtreté de la résistance des « aristocrates » de l'intérieur et de l'étranger. En somme, la loi des circonstances ou celle de la nécessité ? Depuis, le débat a perdu de son acuité, François Furet admettant d'ailleurs, dans un ouvrage paru en 1988, que « tout [...] n'est pas circonstanciel dans cette poussée révolutionnaire d'août-septembre » et que « le 10 août 1792 complète [...] les grandes mesures de 1789 ». Ne prétendant pas, quant à moi, à une réflexion philosophique sur le sens de l'Histoire, je me contenterai de souligner la complexité des origines d'un phénomène qui doit sans doute beaucoup au politique – les luttes acharnées pour le pouvoir qui ont opposé le camp du roi, les différentes factions de la représentation nationale, les clubs, les sections –, mais sans oublier l'économique et le social – le fond de disette et de misère sur lequel se déroulent ces journées – et surtout le culturel – le recours traditionnel à la violence collective pour tuer le bouc émissaire et exorciser la panique alimentée par la hantise du fameux « complot aristocratique » auquel l'avancée des troupes étrangères donnait cette fois les couleurs du réel.

Claude Petitfrère

Les soldats de la Convention, au chant de La Marseillaise, *vainquirent les Autrichiens à Fleurus.*

1794
LES SOLDATS DE LA CONVENTION SONT VAINQUEURS À FLEURUS

La victoire de Fleurus (1794)

« La guerre devint plus terrible sous la Convention. Mais nos armées, organisées par l'illustre Carnot, et commandées par d'habiles généraux tels que Jourdan, Moreau, Hoche, Marceau, Kléber, firent des prodiges. La glorieuse armée de Sambre-et-Meuse, commandée par Jourdan, vainquit, au chant de La Marseillaise, *les troupes allemandes à Fleurus et conquit toute la rive gauche du Rhin. »*

Partout les armées françaises doivent attaquer, bousculer, anéantir l'adversaire. Carnot l'écrit dans son *Système des opérations*, le gouvernement révolutionnaire l'ordonne. Une seule sanction pour le général vaincu : la mort. Prête à s'abattre sur eux, la Terreur fournit aux chefs les moyens de la victoire : les contingents nouveaux de la levée en masse, les armes forgées sur les places publiques, la poudre et les vêtements fabriqués par des centaines d'ateliers où s'affairent des citoyens. La République effectue une mobilisation générale des hommes, des femmes et des enfants, des artisans, des savants et des techniciens.

L'attaque principale doit avoir lieu dans le Nord pour écarter de Paris le péril ennemi. Le 8 juin, l'armée de la Moselle réunie à l'armée des Ardennes forme, sous les ordres du général Jourdan, l'armée de Sambre-et-Meuse. Quatre fois, elle échoue à prendre Charleroi après avoir traversé la Sambre. Saint-Just, représentant en mission, fustige les chefs, encourage les soldats. Le 25 juin, la rivière une nouvelle fois franchie, Jourdan s'empare de la place forte. Il rencontre alors le gros des forces autrichiennes (cinquante-deux mille hommes) commandées par le général Cobourg. Les soixante-quinze mille Français occupent un secteur de trente kilomètres de large, leurs positions formant un arc de cercle dont le côté convexe est dirigé vers l'ennemi. À gauche, Montaigu et Kléber, au centre Morlot, Championnet et Lefebvre, à droite Marceau. À l'arrière, Jourdan garde une réserve d'hommes. Dans les airs, un ballon captif, l'*Entreprenant*, observe les mouvements de l'ennemi et en avertit le commandement français. Présence inquiétante pour l'ennemi, le ballon est, pour les révolutionnaires, un symbole : celui des progrès opérés sous l'égide de la Liberté face à l'obscurantisme des tyrans coalisés.

1794

La bataille commence avant le lever du soleil. Au lieu de concentrer ses troupes sur un point pour obtenir la rupture, Cobourg les disperse dans une attaque menée contre toutes les divisions françaises. Une première colonne commandée par le prince d'Orange fait reculer les troupes de Montaigu et de Kléber. Une deuxième, aux ordres du maréchal Quasdanovitch oblige la division du général Morlot à se replier. Au centre, le général Championnet résiste à la colonne dirigée par Kaunitz. À droite, les troupes de Marceau bousculées doivent en partie retraverser la Sambre. Dans l'après-midi, les Français échappent à l'encerclement et stabilisent leurs positions. À Marchiennes ou à Lambusart, à Fleurus ou à Heppignies, les combattants s'affrontent dans les rues, dans les jardins et derrière les haies. Le moindre bosquet devient une zone retranchée, les cimetières des fortins où se brisent les assauts de la cavalerie. Les canons grondent sans relâche. Les jours suivants, trois mille boulets seront ramassés dans les champs. Le feu de l'artillerie est si intense qu'il embrase les blés. La plaine devient un océan de feu et de fumée. L'après-midi touche à sa fin : Kléber repart à l'attaque, Lefebvre repousse l'assaut ennemi et Championnet se bat dans Heppignies. Jourdan vient à son secours. Le général harangue ses troupes : « Non, point de retraite aujourd'hui ! Il faut vaincre ou mourir ! En avant, mes amis, en avant ! » Les soldats, chantant *La Marseillaise*, bousculent leurs adversaires. Cobourg fait alors avancer sur deux lignes douze mille de ses hommes. Alerté par les aérostiers, Jourdan prévient leur mouvement, fait donner ses réserves et ordonne au général Dubois de faire charger sa cavalerie. Celle-ci, ouvrant des brèches dans les lignes ennemies, répand la peur dans toute l'armée autrichienne. Devant la résistance des Français et la perte définitive de Charleroi, Cobourg ordonne la retraite. De part et d'autre, les pertes approchent cinq mille hommes.

Si l'armée française laisse échapper l'armée adverse sans l'anéantir comme le recommandait Carnot, elle démontre néanmoins qu'elle a tiré les enseignements des précédentes rencontres. Elle est devenue un instrument de guerre capable d'absorber les charges ennemies et de mener une contre-attaque. La victoire de Fleurus permet à la

France de passer à l'offensive et d'occuper la Belgique. La guerre de conquête, inaugurée à Valmy et interrompue par la défaite de Neerwinden, reprend. Elle accroît les dissensions entre Saint-Just, adepte d'une politique de défense, et Carnot, qui prône l'offensive sans discontinuer jusqu'aux Provinces-Unies. La victoire augmente les tensions au-dedans et au-dehors du Comité de salut public : le territoire français étant presque tout entier libéré, la Patrie n'est plus en danger et la Terreur ne paraît plus nécessaire. Derrière la marche triomphale de l'armée française, se profile la chute de Robespierre, le 9 thermidor.

Jean-Paul Bertaud

Le général Desaix fut tué à la bataille de Marengo, en 1800.

1800
BONAPARTE, PREMIER CONSUL, EST VAINQUEUR À MARENGO

Fin du Directoire
« Bonaparte, à son retour d'Égypte, mit fin au Directoire par le coup d'État du 18 brumaire. »

Le général Desaix à Marengo (1800)
« À l'arrivée du général Desaix le combat recommença. Desaix, à la tête de la neuvième demi-brigade d'infanterie légère, qui, ce jour-là, mérita le titre d'incomparable, tomba blessé mortellement aux premiers coups de feu. Ses soldats vengèrent sa mort. Les Autrichiens furent mis en déroute. "Quelle belle journée, dit Bonaparte, si, ce soir, j'avais pu embrasser Desaix sur le champ de bataille !" »

À 9 heures du matin, à peine l'armée française prend-elle position autour du village de Marengo qu'une patrouille alerte : l'armée autrichienne du général Mélas arrive, prête au combat. La tactique de Bonaparte basée sur la concentration des forces et l'effet de surprise est mise en défaut. La stupeur est dans son camp et la supériorité numérique dans celui de l'ennemi. Quelques heures auparavant, Bonaparte a, pour localiser l'adversaire qu'il croit en retraite, distrait plusieurs divisions dont celles commandées par Desaix. Les Français alignent vingt-deux mille hommes, une artillerie réduite à une quinzaine de canons et une cavalerie affaiblie. En face d'eux, Mélas dispose de vingt-huit mille cinq cents soldats, d'une centaine de pièces d'artillerie et d'une excellente cavalerie. Du combat qui s'engage dans une plaine de trois kilomètres du nord au sud et de six kilomètres d'est en ouest, dépend le sort de la République consulaire. Vainqueur, Bonaparte établit la paix sur le Continent, isole l'Angleterre en guerre et affermit son pouvoir. Vaincu, il doit affronter en France une opposition politique. Huit mois après le coup d'État du 18 brumaire qui l'a installé au pouvoir, des civils et des militaires se rencontrent à Paris pour comploter contre le Premier consul.

Jusqu'à 14 heures, l'armée française résiste aux attaques frontales et aux tentatives de débordement de l'adversaire, en utilisant pour se défendre les clôtures, les canaux d'irrigation et les fermes. De 14 à 17 heures, les Français, manquant de munitions, commencent à décrocher et à reculer, malgré le renfort de la division Monnier et de la garde consulaire rappelées en hâte par Bonaparte. Kellermann fils multiplie les charges pour protéger une retraite qui annonce la débâcle et la défaite. Le général Mélas est si assuré de sa victoire qu'il laisse le commandement à son adjoint le général Zach et part soigner ses blessures.

De 17 à 22 heures, la situation est totalement inversée. Zach poursuit mollement les Français, sans songer à les attaquer de flanc et à les tourner. « Les Autrichiens venaient comme s'ils faisaient route pour aller chez eux, l'arme sur l'épaule », raconte le capitaine Coignet. Bonaparte apprenant l'arrivée des troupes et des canons de Desaix, parcourt les rangs, redonne courage et interrompt la retraite. Après avoir tenu conseil, près du village de San Giuliano, avec Berthier, Marmont, Desaix et Murat, il se résout à un combat d'arrière-garde pour arrêter l'ennemi et donner le temps à son armée de se retirer, la nuit dissimulant ses mouvements. Desaix et ses fusiliers sont, avec les canons de Marmont et la cavalerie de Kellermann fils, le noyau de la résistance. Alors s'avancent les Autrichiens. Disposés en lignes parfaites, les fusiliers flanqués de dragons et précédés d'un corps de musique, ils sont certains de leur victoire prochaine. Les Français les laissent approcher au plus près puis déchargent sur eux la mitraille des canons. À la tête de la 9e demi-brigade légère, Desaix charge et tombe mortellement blessé. Ses hommes, continuant leur progression, s'engouffrent dans les brèches ouvertes dans les lignes ennemies par la cavalerie de Kellermann fils. L'explosion d'un caisson de munitions autrichien crée la panique parmi les troupes du général Zach qui se débandent. Mille sept cents Autrichiens se rendent, alors que les dragons de Liechtenstein, en tournant bride, propagent la peur dans le reste de l'armée autrichienne. La nuit venue, celle-ci quitte le champ de bataille. Elle a perdu neuf mille quatre cents hommes, tués, blessés ou prisonniers. Les pertes françaises s'élèvent à six mille hommes. Cependant, si Mélas signe le 15 juin la convention d'Alexandrie qui livre l'Italie jusqu'au Mincio à Bonaparte, l'Autriche a encore suffisamment de forces pour tenir tête aux Français.

La victoire de Marengo doit davantage aux erreurs de l'adversaire, aux conseils et au courage de Desaix qu'au génie tactique de Bonaparte. Revenu à Paris, le Premier consul transforme un engagement qui faillit tourner au désastre en un « modèle de bataille type » et la propagande officielle en diffuse l'image. Bonaparte renforce ainsi son autorité. Cependant, la victoire qui contraint l'Autriche à la paix est celle remportée par Moreau, le 3 décembre 1800, à Hohenlinden. Un moment, la rumeur avait couru de la mort du Premier consul à Marengo et Moreau avait été regardé comme un candidat possible à son remplacement. Désormais, le général devient le centre d'une opposition civile et militaire au Premier consul.

Jean-Paul Bertaud

1804
LE CONSUL BONAPARTE EST NOMMÉ EMPEREUR SOUS LE NOM DE NAPOLÉON I^(ER)

L'Empire

« En 1804, le consul Bonaparte fut couronné Empereur sous le nom de Napoléon I^(er). L'Empire fut une guerre continuelle. »

Dans une historiographie sur l'époque napoléonienne très marquée par le récit des victoires du « grand homme », la proclamation de l'Empire est l'un des rares événements politiques à faire l'objet d'une attention particulière. Parmi les dates à retenir, la victoire de Marengo avait été préférée au coup d'État du 18 brumaire. Toute l'ambiguïté concernant Napoléon Bonaparte est ici présente. Il demeure, aux yeux des républicains, sur le plan politique, ce général de la Révolution mort à Saint-Cloud le 18 brumaire an VIII (9 novembre 1799), selon la célèbre formule de Pierre Larousse dans son dictionnaire. Il était toutefois difficile de passer sous silence la proclamation de l'Empire. Le choix des mots est cependant très révélateur des partis pris idéologiques sous-jacents. Ce n'est pas par simple souci pédagogique qu'il est dit que « le consul Bonaparte est nommé Empereur sous le nom de Napoléon Ier ». La nomination est un concept neutre, d'autant plus neutre ici que l'on ne sait pas par qui est effectuée cette nomination. Il ne peut évidemment pas être question de faire allusion au sacre, ni même à la ratification de cette nomination par le peuple français. Dans sa sobriété, la formule laisse entendre que Napoléon est nommé empereur comme on nomme un ministre ou un haut fonctionnaire. Et pourtant, que d'événements se profilent derrière ce simple rappel !

Sur le plan constitutionnel, c'est le 18 mai 1804 que Bonaparte, alors consul à vie, est nommé empereur des Français, au terme d'un sénatus-consulte voté par le Sénat, seule assemblée dans la France consulaire à pouvoir modifier la Constitution. Le Consulat cesse d'exister, laissant place à un régime que l'on ne qualifie pas encore d'Empire ; la République n'est pas encore abolie, elle est simplement confiée à un empereur. Il a fallu de longues discussions, depuis la fin du mois de mars, pour parvenir à ce résultat. Bonaparte, qui n'avait cessé de voir ses pouvoirs se renforcer depuis le coup d'État de brumaire, devenant consul à vie en 1802 et écartant toute opposition à son pouvoir, voulait obtenir l'hérédité de sa charge et redonner au chef d'État un titre glorieux, dans une Europe de rois et d'empereurs. Le prétexte fut fourni par la découverte d'un complot, fomenté par Cadoudal avec l'appui de l'Angleterre et le soutien de deux généraux populaires dans l'armée, Pichegru et surtout Moreau. Cette conspiration fut habilement exploitée par la propagande gouvernementale, la presse d'une part, les autorités locales d'autre part, suscitant dans le pays une vague de réprobation, exprimée par des adresses au Premier consul, qui devait favoriser ses desseins. L'enlèvement en terre allemande, puis l'exécution, le 20 mars 1804, du duc d'Enghien que l'on croyait impliqué dans le complot, marquait dans le même temps la volonté de rupture avec l'Ancien Régime. La mort du petit-fils du prince de Condé, âme des émigrés et cousin de Louis XVI, paraissait en effet réitérer l'exécution du dernier roi de France et préparait ainsi l'instauration d'une nouvelle monarchie. Mais, au Sénat, dans l'armée aussi, des protestations plus ou moins vives s'élevèrent contre ce qui apparaissait comme un retour à l'Ancien Régime. Il fallut le soutien du Tribunat, assagi depuis l'épuration de 1802, mais aussi le ralliement de Cambacérès, second consul au poids politique réel, pour parvenir à imposer la décision. Au Sénat, l'intervention de Fouché, l'ancien ministre de la Police remercié en 1802 et avide de retrouver son poste, fut décisive. Malgré les protestations de Carnot défendant la République comme le régime de la modernité, en donnant en modèle la jeune République américaine, le principe de l'hérédité fut adopté.

Mais Napoléon ne voulait pas tenir son pouvoir uniquement du Sénat. Il fit donc organiser, comme en l'an VIII et en l'an X, un plébiscite pour obtenir l'assentiment du peuple français, non plus cette fois-ci sur le texte de la Constitution, mais sur la question de l'hérédité. Avec plus de trois millions de votes en sa faveur, le nouvel empereur obtenait le succès escompté, mais, au-delà des éventuelles manipulations du suffrage, moins nettes toutefois qu'en l'an VIII, il avait la satisfaction de voir son pouvoir bien assis dans le pays, en particulier dans les régions de l'Ouest, naguère marquées par la chouannerie, où la perspective de l'instauration d'une nouvelle monarchie, s'appuyant sur l'Église, fut appréciée. L'Empereur avait cependant, sans attendre les résultats du plébiscite, adopté la nouvelle Constitution, en créant les maréchaux d'Empire, les grands dignitaires de la couronne, autant de pièces de la nouvelle cour impériale.

Il voulut davantage encore et ne se contentant pas d'une simple proclamation souhaita qu'une cérémonie grandiose scellât le passage à l'Empire. On discuta longuement, au Conseil d'État, sur les modalités de cette cérémonie à laquelle les nostalgiques de la Révolution voulaient conserver un caractère laïc. Napoléon, appuyé par Portalis, directeur des Cultes, imposa non seulement l'idée d'un sacre mais aussi la venue du pape à Paris, ce qui fut doublement critiqué par ceux qui avaient œuvré à l'époque de la Révolution à la destruction de l'Église romaine. Mais Napoléon était le maître et son point de vue s'imposa, même si tout fut mis en œuvre, au cours de la cérémonie, pour minorer l'importance du pape. Les comptes rendus officiels du sacre, parus dans la presse, c'est-à-dire destinés aux notables, tentèrent d'imposer l'image d'un simple couronnement à l'issue duquel Napoléon avait prêté serment de respecter les principes de 1789 face à l'ensemble des corps constitués. Mais l'imagerie populaire, bientôt relayée par le célèbre tableau du sacre commandé par Napoléon à David, allait suggérer une autre lecture de la journée du 2 décembre. Certes, la scène du couronnement de Joséphine par Napoléon, après qu'il se fut ceint lui-même de la couronne impériale, montre que le pape reste en retrait, mais il est présent au milieu du clergé dans une église, la cathédrale de Paris. La force de l'image est telle – et elle fut largement propagée notamment par la lithographie – que le sacre de Napoléon par Pie VII apparaît comme l'acte fondateur de l'Empire. Passé relativement inaperçue sur le moment, la cérémonie du sacre marquait ainsi, aux yeux de la postérité, la véritable naissance de l'Empire et scellait dans le froid du mois de décembre 1804 une année qui avait été riche en événements.

Jacques-Olivier Boudon

Le 2 décembre 1805, Napoléon gagna sur les Autrichiens et les Russes la bataille d'Austerlitz.

1805
NAPOLÉON EST VAINQUEUR À AUSTERLITZ

Austerlitz (1805)
« Napoléon attaqua l'Angleterre, inspiratrice de toutes les coalitions. Il échoua à Boulogne et sa flotte fut défaite à Trafalgar. Plus heureux sur le Continent, il fit capituler les Autrichiens à Ulm et les vainquit à Austerlitz. L'Autriche signa le traité de Presbourg. »

Austerlitz (1805)
« La veille de la bataille, Napoléon parcourut les avant-postes. Les soldats le reconnurent, firent des torches avec la paille sur laquelle ils reposaient, et de toutes parts retentit le cri de : "Vive l'Empereur !" Le lendemain de la victoire, Napoléon adressa à ses troupes la célèbre proclamation : "Soldats, je suis content de vous… Il vous suffira de dire : 'J'étais à la bataille d'Austerlitz', pour que l'on vous réponde : 'Voilà un brave'." »

Empereur depuis le 18 mai 1804, Napoléon, en 1805, jouit encore de la popularité que lui a value la signature de la paix d'Amiens en 1802. Pourtant, la guerre s'est de nouveau profilée à l'horizon de la diplomatie européenne dès 1803. L'Angleterre avait accepté la paix notamment dans le but de reconstituer ses forces et concevait mal que la France pût la concurrencer dans la maîtrise commerciale de l'Europe et des mers : c'est à elle que, le 23 mai 1803, revient l'initiative de rompre la paix, cela en réponse au refus de la France de signer un traité de commerce et aux entreprises coloniales de celle-ci, propres à menacer les intérêts britanniques. Parallèlement, la France continuait à incarner aux yeux du reste de l'Europe une menace révolutionnaire pour le trône de chacun des souverains absolutistes de Prusse, d'Autriche ou de Russie. Quant à Bonaparte, avant même de devenir souverain héréditaire, il sait combien son pouvoir tient en partie à sa gloire militaire. Finalement, la reprise de la guerre était désirée par les deux camps.

Dès le mois de mai 1803, Bonaparte a prévu de répondre aux attaques menées par les Britanniques contre les colonies françaises par un débarquement sur le sol même de l'Angleterre. C'est ainsi que s'organise le camp de Boulogne, où une flotte et une armée sont en préparation, tandis que la propagande stigmatise la « perfide Albion » jusque sur les scènes des théâtres. De plus, la France organise contre l'Angleterre une véritable guerre économique, fondée sur la maîtrise des côtes de l'Europe, sur la mer du Nord et sur la Manche comme en Méditerranée. Mais les Anglais parviennent à organiser une contrebande active en même temps que des complots contre Bonaparte, lesquels ont finalement précipité la marche à l'Empire. Et Napoléon échoue dans son entreprise navale : la flotte de l'amiral Villeneuve, basée à Toulon, ne parvient pas à faire sa jonction avec les forces navales des Antilles. Elle est ensuite détruite à Trafalgar le 21 octobre 1805.

Entre-temps, la France s'est trouvée menacée sur le Continent par la formation de la troisième coalition, qui unit, autour de l'Angleterre, l'Autriche, la Russie et le royaume de Naples. Napoléon renonce donc à utiliser l'armée massée à Boulogne dans une entreprise de toute façon hasardeuse : les conditions météorologiques nécessaires pour faire traverser la Manche aux quelque mille sept cents embarcations à fonds plats destinées au transport des troupes demeuraient trop aléatoires. Devenue la Grande Armée, l'armée des Côtes de l'Océan est donc transformée en une force destinée à se battre sur le Continent. Elle part à marche forcée vers le Rhin, qui est franchi le 25 septembre 1805 : il s'agit désormais pour Napoléon de battre l'Angleterre sur un autre terrain.

Une première victoire contre les troupes autrichiennes du général Mack est remportée à Ulm, en Bavière, le 20 octobre. La route de Vienne se trouve ainsi ouverte aux armées françaises, qui font leur entrée dans la capitale autrichienne le 13 novembre. Pourtant, les armées alliées trouvent vite les ressources pour se remettre en ordre de bataille. Napoléon se lance alors à leur poursuite en direction du nord. Il s'emploie à provoquer l'affrontement le plus rapidement possible, car chaque jour qui passe permet aux Russes de renforcer leurs troupes, tandis que la Prusse menace d'entrer dans la coalition.

Il tend alors un piège à ses adversaires : à hauteur de la ville de Brünn, en Moravie, il feint d'opérer un repli et entame même des négociations avec le tsar Alexandre Ier : le 30 novembre, il a reçu le prince Dolgorouki et a proposé un armistice à la Russie. Le supposant ainsi en situation de faiblesse, les Austro-Russes décident de livrer bataille sans même attendre l'arrivée de leurs renforts. Ils sont du reste en mesure d'opposer à plus de soixante-treize mille Français près de quatre-vingt-six mille hommes, sous les ordres du général russe Koutousov. Si ce dernier a pressenti la ruse de

Napoléon, tel n'est pas le cas du tsar Alexandre Ier qui impose de prendre l'offensive sans attendre, soutenu en cela par le général autrichien Weyrother. Le 1er décembre, les troupes de la coalition sont disposées sur le plateau de Pratzen, à proximité du village d'Austerlitz. Cette belle position leur a été volontairement abandonnée par Napoléon pour les inciter à intervenir là où il le souhaite, en dégarnissant l'aile droite de son armée. De leur côté, les coalisés estiment que Napoléon n'a pas plus de quarante mille hommes à leur opposer et qu'il ne peut pas songer à attaquer leur position de Pratzen.

Napoléon passe la soirée du 1er dans l'attente, visitant ses troupes au bivouac. Des soldats éclairent bientôt ses pas de leurs torches, la spontanéité de cet accueil se propage le long de la ligne, et Napoléon fête ainsi au milieu des acclamations l'anniversaire de son couronnement qui a eu lieu le 2 décembre 1804 : cette attitude des troupes laisse penser que nombreux auraient été ceux qui pressentaient le caractère déterminant de la journée du lendemain.

Le 2 décembre au matin, alors que la position des troupes françaises est dissimulée par un épais brouillard, les alliés passent à l'offensive, mais plus au sud que Napoléon l'attendait. Lorsque, vers 8 heures, le brouillard se dissipe en révélant que les Austro-Russes, contenus par Davout, sont concentrés dans les bas-fonds, sur le Goldbach, Napoléon donne à Soult l'ordre d'attaquer le plateau de Pratzen, où l'ennemi est pris par surprise : cette position tombe définitivement aux mains des Français après un célèbre affrontement entre garde impériale française et garde impériale russe. La victoire est acquise dès le début de l'après-midi, alors que les Russes tentent de s'enfuir en traversant les étangs glacés de Satschan : le nombre des noyés est loin cependant d'y avoir été aussi élevé que l'a colporté la légende (quelques centaines d'hommes et non plusieurs milliers).

Un cessez-le-feu est signé le 6 décembre au château d'Austerlitz, après quoi l'empereur d'Autriche François II signe la paix à Presbourg (aujourd'hui Bratislava, capitale de la Slovaquie), le 26 décembre : celle-ci reconnaît la souveraineté de la France sur l'Italie et consacre la fin du Saint Empire romain germanique. Ce succès conduit Napoléon à envisager d'ores et déjà une refonte totale de la carte de l'Allemagne et du centre de l'Europe.

Cette bataille, qui a impliqué trois empereurs – si bien qu'elle est aussi connue sous le nom de « bataille des trois empereurs » –, entre aussitôt dans la légende que Napoléon s'emploie à pérenniser au fur et à mesure de ses exploits. En proclamant à ses soldats qu'il leur suffira de dire qu'ils étaient à Austerlitz pour qu'ils soient qualifiés de braves, il pose d'emblée cette victoire comme un moment exceptionnel de l'histoire de son armée et de son règne. La décision de fondre les cent quatre-vingts canons pris à l'ennemi pour ériger la colonne Vendôme, sur le modèle de la colonne Trajane à Rome, participe de cette même logique. Si Austerlitz a été souvent présentée comme le symbole du génie militaire de Napoléon, elle n'est cependant pas le fruit d'un plan longuement mûri : pour la remporter, Napoléon a surtout dû faire preuve de beaucoup d'ingéniosité dans l'adaptation aux revirements imposés par l'ennemi qui n'a pas toujours manœuvré comme il le prévoyait. Ainsi, la mémoire construite au sujet de la stratégie napoléonienne participe parfois de la légende.

Natalie Petiteau

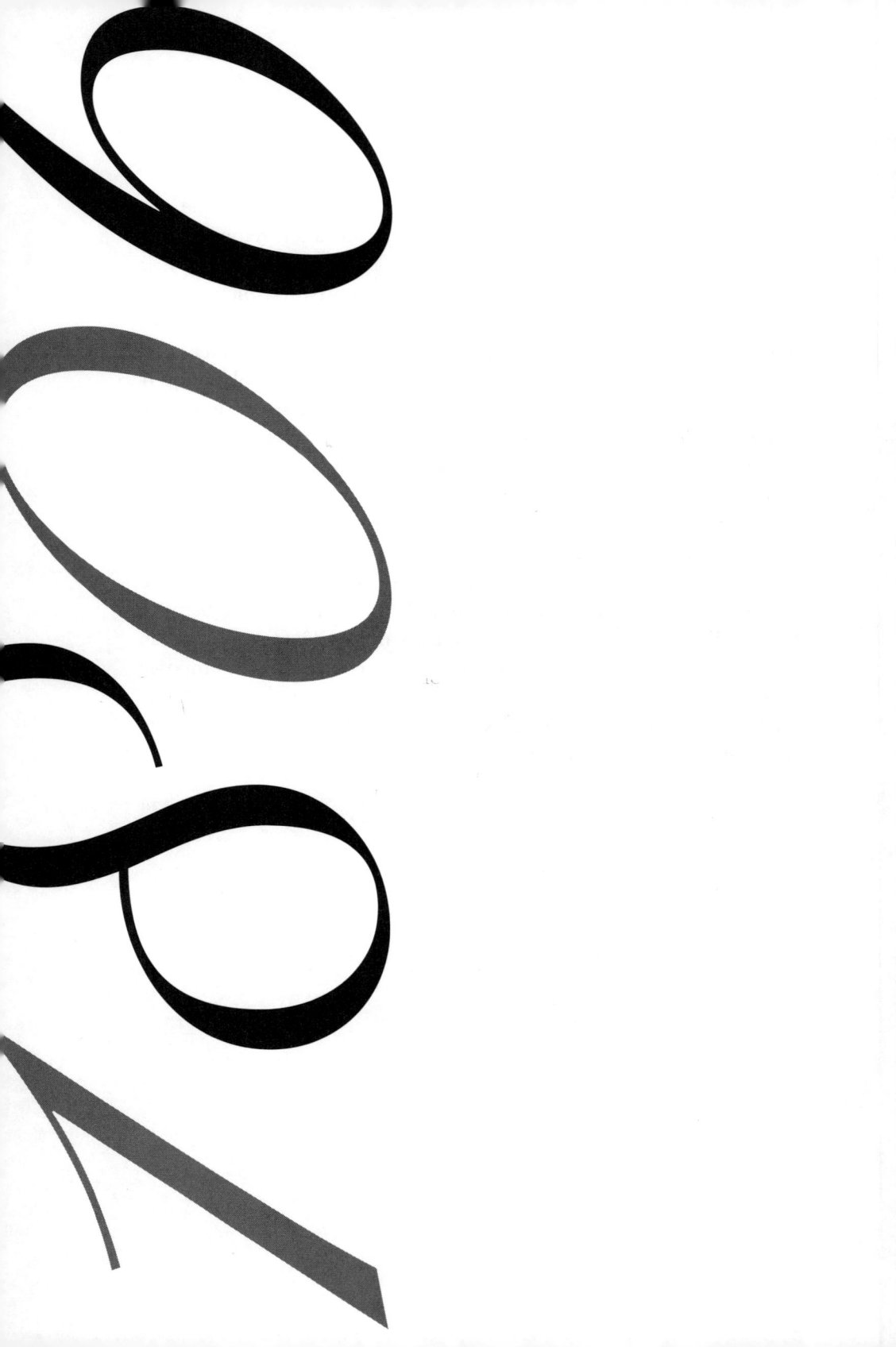

Napoléon, vainqueur à Iéna, entra à Berlin, en 1806.

1806
NAPOLÉON, VAINQUEUR DES PRUSSIENS À IÉNA, ENTRE À BERLIN

LES FRANÇAIS À BERLIN (1806)

« *Le roi de Prusse, vaincu à Iéna, battit en retraite et laissa ouverte la route de Berlin. Napoléon, entouré de sa garde, parcourut, au milieu d'une foule silencieuse, la longue rue qui conduit au palais des rois de Prusse. Il envoya aux Invalides, comme un glorieux trophée, l'épée du Grand Frédéric.* »

L a Prusse de 1806 n'a plus en Europe la place qu'elle y occupait au temps du Grand Frédéric. Son déclin militaire apparaît dès Valmy. En dépit des tentatives de Napoléon pour nouer une alliance avec elle – politique à laquelle la reine Louise, plus encore que le roi Frédéric-Guillaume III, s'est révélée particulièrement hostile –, elle s'est rapprochée de la Russie. Toutefois, la victoire française remportée à Austerlitz la conduit à changer de camp : l'alliance avec la France est scellée à Schönbrunn, le 15 décembre 1805. Napoléon tente de convaincre le roi de Prusse de travailler avec lui à la refonte de la carte de l'Europe : tandis que la France organise la Confédération du Rhin, la Prusse est incitée à établir une confédération au nord de l'Europe. Mais cette entente avec la France ne tient pas : dès le 1er juillet 1806, Frédéric-Guillaume s'allie secrètement à la Russie. Quelques mois plus tard, en octobre, la Prusse lance un ultimatum à la France en lui enjoignant d'évacuer les territoires allemands. Elle fait alors partie de la quatrième coalition, qui comprend également l'Angleterre, la Saxe et la Russie.

À cet ultimatum, Napoléon répond en choisissant l'offensive : il rejoint rapidement ses troupes, dont une bonne part était restée en Allemagne du Sud depuis la campagne de 1805, et les lance en direction de Berlin, l'armée prussienne se trouvant, à la mi-octobre, concentrée près de Weimar. Après de premiers affrontements au sud de la Saxe, l'armée prussienne est finalement divisée, la partie essentielle de ses forces étant à Auerstaedt, l'autre à Iéna, avec pour mission de couvrir la retraite du duc de Brunswick en direction de Magdebourg. Le 14 octobre, à Auerstaedt, Davout défait le gros des troupes prussiennes conduites par Brunswick et le roi, tandis que

1806

Napoléon est victorieux à Iéna des troupes de Hohenlohe. Cette double défaite, suivie d'une retraite dans la plus grande confusion, consacre la disparition définitive de l'armée du Grand Frédéric : il est vrai qu'en 1806 cette armée prussienne accusait un réel retard matériel et tactique, ses chefs croyant qu'être l'héritière de Frédéric le Grand lui suffirait. Lancées à la poursuite des troupes prussiennes, les armées françaises obtiennent aisément la capitulation des places fortes de Spandau, Küstrin, Magdebourg et Stettin. Hohenlohe et Blücher sont capturés.

Ces succès permettent à Napoléon de nouveaux actes symboliques constitutifs de son épopée guerrière, et dont les images sont bientôt diffusées par le biais des commandes aux artistes du temps : le 25 octobre, l'Empereur se recueille sur le tombeau du Grand Frédéric à Potsdam, là même où un an plus tôt le roi de Prusse et le tsar Alexandre s'étaient réunis pour se jurer fidélité. Si Napoléon tente ainsi d'effacer le souvenir de cette cérémonie, il vient également rendre hommage au grand stratège qu'il a toujours admiré, visite immortalisée par un tableau de Marie-Nicolas Ponce-Camus, présenté au salon de 1808. Napoléon fait alors de l'épée du roi de Prusse un trophée envoyé à Paris, avec les drapeaux pris à l'ennemi à Iéna, afin d'y rejoindre les prises de guerre déjà exposées aux Invalides, au milieu, donc, des soldats retraités et mutilés. Le 27 octobre 1806, l'armée française, à la tête de laquelle se trouve Davout, ainsi glorifié, défile dans Berlin. La population berlinoise réserve aux Français un accueil apparemment sans hostilité, mais sans aucune effusion. Elle semble étonnée, du reste, de découvrir que les soldats des armées napoléoniennes ont avant tout l'allure d'hommes dépenaillés et épuisés par les combats, pas aussi fringants que ce que laissent penser les images des livres scolaires, inspirées du célèbre tableau commandé à Charles Meynier, présenté au salon de 1810 et aujourd'hui exposé à Versailles : fort symboliquement, Napoléon y est représenté au milieu de son armée et des populations berlinoises, devant la porte de Brandebourg.

Mais la Prusse n'accepte pas pour autant la paix, car elle est soumise à un régime d'occupation sévère : dès le 23 octobre, les territoires prussiens entre Rhin et Elbe sont confisqués au profit de l'Empire français, tandis que ce qui reste de la Prusse est placé sous contrôle français. Le vaincu doit de plus payer cent soixante millions de francs de contributions, satisfaire aux réquisitions destinées à entretenir l'armée française sur son sol, et se soumettre à la confiscation de toutes les marchandises provenant d'Angleterre *via* les villes hanséatiques. C'est d'ailleurs de Berlin même que, le 21 novembre 1806, Napoléon déclare « les îles Britanniques en état de blocus ». Il interdit donc tout commerce avec elles et prévoit ainsi d'associer l'Europe continentale à la lutte économique visant à contraindre l'Angleterre à la paix.

En plaçant la Prusse sous une pesante domination française, l'issue de la campagne de 1806 ouvre la voie au développement d'un nationalisme du ressentiment. Dès août 1806, d'ailleurs, l'exécution par les Français du libraire Palm, qui, à Nuremberg, avait contribué à la diffusion d'un pamphlet hostile à la France, avait suscité bien des mécontentements. Après Iéna, le nationalisme s'exprime notamment dans les discours du philosophe Johann Gottlieb Fichte, prononcés à l'Académie de Berlin durant l'hiver 1807-1808 et adressés à la Nation allemande. Il y invite ses compatriotes à résister à l'influence française et à affirmer les valeurs d'une culture allemande identifiée par sa langue et ses traditions populaires.

Natalie Petiteau

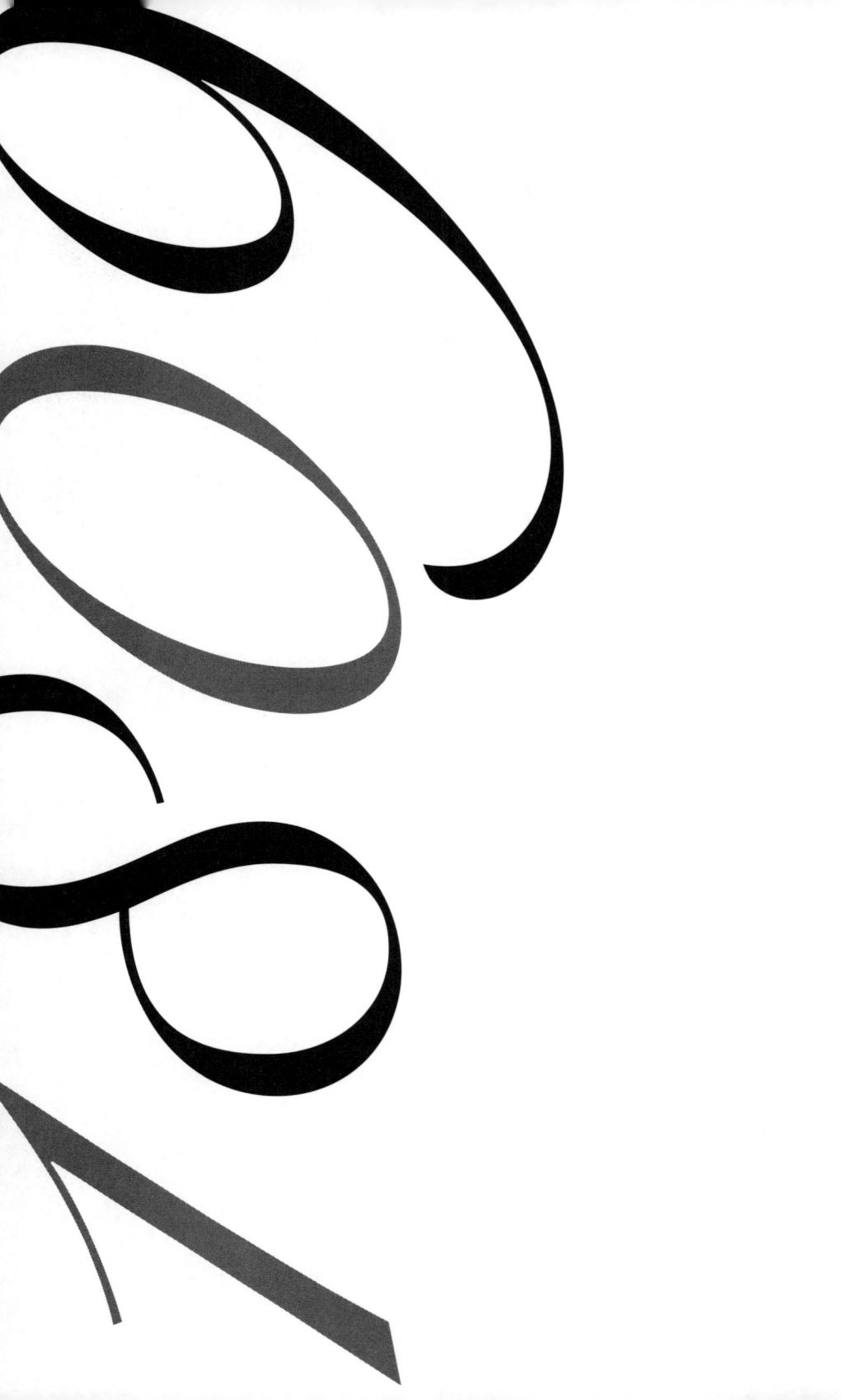

Napoléon franchit le Danube et vainquit les Autrichiens à Wagram, en 1809.

1809
NAPOLÉON, VAINQUEUR DES AUTRICHIENS À WAGRAM, ENTRE À VIENNE

Wagram (1809)
« La lutte décisive entre Français et Autrichiens s'engagea sur le plateau de Wagram. L'Empereur réunit sous la direction de Drouot une batterie de cent pièces de canon et il ébranla le centre de l'armée ennemie. Les Autrichiens, décimés par ce feu terrible, furent mis en déroute. »

Une fois de plus, les élèves des années 1930 ont à mémoriser, à propos de l'Empire, une date de bataille. La guerre a longtemps envahi, presque seule s'agissant de cette période, les pages des manuels scolaires. C'est le reflet d'une historiographie: l'histoire des années napoléoniennes a longtemps été quasi exclusivement une « histoire-bataille », et aujourd'hui encore les minutieuses reconstitutions de la stratégie des combats, suivis heure par heure, occupent nombre de pages des livres et des magazines destinés au grand public. Tout se passe comme si l'histoire de ces années-là tenait tout entière dans ce pointillisme événementiel de Marengo, d'Austerlitz, d'Iéna, de Wagram, de la Moskowa, de Leipzig ou de Waterloo. Tout se passe comme si les faits et gestes des combattants de ces journées importaient seuls dans cette tranche d'histoire qui a bouleversé l'Europe. Ainsi, les élèves de l'entre-deux-guerres n'avaient rien à savoir de la portée économique, sociale, politique ou administrative du régime impérial. La genèse des guerres, elle-même, n'est évoquée que de façon allusive; il en est ainsi à propos de Wagram, résultat de la « lutte entre les Français et les Autrichiens »...

Depuis la campagne d'Austerlitz et le traité de Presbourg du 26 décembre 1805, l'Autriche s'était vu imposer des conditions de paix très rigoureuses, en dépit des tentatives de Talleyrand pour plaider en faveur d'une paix modérée qui ferait place à une entente. Mais l'Autriche est perçue par Napoléon et par une partie de son entourage comme l'ennemi continental le plus farouche, et toujours fidèle allié de l'Angleterre. Tandis que la puissance prussienne est réduite à presque rien, tandis que l'alliance russe — renforcée à Tilsitt, le 7 juillet 1807, puis à Erfurt, à l'automne de 1808 — donne à la France une formidable position sur la scène européenne, la lutte entre la France et l'Autriche demeure symbolique de l'affrontement entre une nation incarnant toujours aux yeux du reste de l'Europe la Révolution et une puissance symbolisant la persistance de l'absolutisme d'Ancien Régime.

Mais, en réaction à sa défaite de 1805, l'Autriche s'engage dans la voie de la modernisation, tandis que Vienne devient le lieu de rassemblement des opposants germaniques à la domination napoléonienne en Europe : de la capitale autrichienne sont lancés, par l'archiduc Charles notamment, des appels à la mobilisation du sentiment national allemand. L'Autriche forge ainsi avec l'Angleterre, au printemps de 1809, une cinquième coalition, encouragée en cela par l'enlisement de la France en Espagne.

Napoléon rassemble alors une nouvelle armée qui compte non seulement nombre de jeunes conscrits peu expérimentés, mais également des Allemands de la Confédération du Rhin, des Italiens et même des Portugais : au total cent soixante-cinq mille hommes, dont vingt-cinq mille étrangers, sont sous la bannière française. Si l'Autriche, forte de plus de deux cent mille hommes, n'est soutenue que de loin par l'Angleterre et la Prusse, elle parvient néanmoins à ouvrir plusieurs fronts et à bénéficier du soulèvement du Tyrol, orchestré par l'aubergiste Andreas Hofer. De plus, l'armée autrichienne est modernisée grâce à l'action de l'archiduc Charles d'Autriche, frère de l'empereur, qui a pris modèle sur ce que la Révolution puis l'Empire ont apporté de renouvellements dans l'art de l'organisation militaire.

Pourtant Napoléon parvient à s'emparer de Vienne. L'archiduc Charles cantonne alors son armée sur la rive gauche du Danube, à quelques lieues au nord-est de Vienne, dans la plaine de Marchfeld. Le but de Napoléon est d'empêcher que les troupes de l'archiduc Jean viennent renforcer celles de son frère, le généralissime. Il concentre donc ses forces à proximité des armées autrichiennes, dans l'île Lobau, au milieu du Danube. Après l'échec d'Essling, les 21 et 22 mai, où l'armée française perd près de seize mille hommes, le dispositif des ponts entre l'île Lobau et la rive nord du Danube est renforcé, notamment grâce au corps du Génie du général Bertrand. Le 5 juillet, l'offensive française permet au IIe corps, dirigé par Oudinot, de s'établir sur la rive nord du Danube, en une position que l'archiduc Charles croyait intenable.

Le 6 juillet, l'affrontement pour la conquête du plateau de Wagram met en présence un nombre très important de soldats et devient une bataille sanglante au cours de laquelle une batterie de plus de cent pièces de canon, sous le commandement de Drouot, se voit donner pour mission d'anéantir l'infanterie autrichienne. Après quoi une colonne menée par trois divisions disposées de front, sous le commandement de MacDonald, part à l'assaut des lignes autrichiennes, mais au prix de très lourdes pertes. Si la victoire est finalement acquise à la France, il ne s'agit que d'un succès mitigé qui peut *a posteriori* être lu comme un prélude aux échecs futurs. L'archiduc Charles demande l'armistice à Znaïm le 12 juillet. La paix est signée à Vienne le 14 octobre, l'Autriche perd de nouveaux territoires, parmi lesquels les provinces illyriennes, et doit payer quatre-vingt-cinq millions de francs d'indemnités de guerre à la France. Ce traité ouvre la voie à une alliance concrétisée, en 1810, par le mariage de Napoléon et de Marie-Louise, fille de François II d'Autriche. Au-delà se dessine une occasion à saisir pour stabiliser enfin la situation diplomatique en Europe.

Natalie Petiteau

Le maréchal Ney fut le héros de la retraite de Russie.

1812
NAPOLÉON, VAINQUEUR DES RUSSES À LA MOSKOWA, ENTRE À MOSCOU

Campagne de Russie (1812)
« La campagne de Russie commença la période des revers. La grande armée, victorieuse à la Moskowa, entra à Moscou ; mais la retraite fut désastreuse. »

Ney à la retraite de Russie
« Ney fut le héros de la lugubre retraite de Russie. Protégeant notre arrière-garde contre les escadrons de Cosaques, il fit souvent le coup de feu comme un simple soldat. »

En entrant dans Moscou, le 14 septembre 1812, Napoléon atteint le zénith de sa puissance politique et militaire. L'annonce qui en est faite en France, notamment par *Le Moniteur universel*, suscite la fascination des Français pour lesquels cette porte ouverte sur l'Orient invitait au rêve. Napoléon lui-même manifeste son admiration devant la ville qu'il découvre, en écrivant à Marie-Louise le 16 septembre : « La ville est aussi grande que Paris. Il y a 1 600 clochers et plus de mille beaux palais. » Mais ce n'est pas uniquement pour admirer les beautés moscovites que Napoléon a mobilisé et fait marcher vers la Russie la plus grande armée jamais réunie. Ce sont en effet plus de cinq cent mille hommes que l'Empereur a fait converger vers l'Allemagne et la Pologne depuis le début de 1812. Un peu plus de quatre cent mille franchissent le Niémen au début du mois de juin, les autres assurant la couverture des arrières. Cette armée est cosmopolite. « Armée des vingt nations », elle amalgame aux soldats français des recrues venues de la plupart des États vassaux, d'Allemagne, d'Italie, d'Espagne, mais aussi des États alliés comme la Prusse et l'Autriche. On y parle toutes les langues, ce qui complique le commandement, des régiments entiers étant composés de soldats non francophones. Bien qu'expérimentée, la Grande Armée voit aussi se poser avec plus d'acuité que par le passé les problèmes de ravitaillement, d'approvisionnement en vivres, fourrage, armes, vêtements et chaussures. Elle se met en marche en juin et doit affronter tour à tour un été étouffant puis un hiver glacial. Malgré les progrès de l'intendance et du service de la médecine aux armées, elle n'était pas prête cependant à vivre aussi longtemps loin de ses bases.

Et pourtant, en entrant dans Moscou, Napoléon pensait avoir accompli l'essentiel de sa tâche. Comme en 1805 lorsqu'il avait conquis Vienne, en 1806 lorsqu'il était entré à Berlin, en 1808 après la reconquête de Madrid ou en 1809 de nouveau à Vienne, il pensait que la possession de la capitale ennemie, précédée d'une importante victoire militaire, suffirait à pousser l'adversaire à négocier. En 1812, Napoléon ne vise pas en effet la conquête de la Russie, mais sa vassalisation. Il est entré en guerre pour accroître sa domination sur l'ancienne Pologne et pour contrôler les côtes, c'est-à-dire entraver le commerce anglais dans cette partie de l'Europe où le blocus n'était plus appliqué. Mais Alexandre, tsar francophile, que Napoléon connaît bien pour s'être allié à lui, après la campagne de 1807, au lendemain d'une entrevue célèbre au milieu du Niémen, a adopté une stratégie de repli consistant à laisser pénétrer très en avant dans le territoire l'armée française afin de la laisser s'épuiser pour mieux l'étouffer ensuite.

Cette stratégie a déjà été mise en œuvre depuis le mois de juin, le commandant en chef de l'armée russe, Barclay de Tolly, prenant bien soin d'éviter tout engagement frontal avec la Grande Armée. Seuls des combats périphériques se produisent donc au cours de l'été. Ils n'entravent guère l'avance des Français, jusqu'à ce jour du 7 septembre qui voit se dérouler la bataille de la Moskowa. Le nouveau commandant en chef de l'armée russe, le maréchal Koutouzov, déjà vaincu par Napoléon à Austerlitz, a essayé de sauver Moscou, en vain. Il a choisi pour champ de bataille un terrain vallonné, à une centaine de kilomètres de Moscou, près d'un village du nom de Borodino. Les Russes retiendront ce nom pour désigner la bataille. Napoléon préfère pour sa part la baptiser du nom d'une petite rivière qui coule à proximité et qui évoque déjà la ville sainte de la Russie. Dans les bulletins destinés à être lus en France, la proximité de Moscou n'en apparaîtra que mieux.

La bataille est incertaine, les combats font rage de part et d'autre, opposant deux armées de force équivalente, cent trente mille soldats côté français, cent trente-cinq mille côté russe, dont vingt-cinq mille cavaliers. Jamais les combats n'avaient atteint une telle violence. Il faut dire que l'artillerie est particulièrement mise à contribution. Les pertes sont considérables; elles s'élèvent à trente mille hommes dont dix mille tués côté français, et à cinquante mille dont quinze mille tués côté russe. La victoire de Napoléon n'est cependant pas décisive, car l'armée russe n'est pas détruite; elle ouvre les portes de Moscou à une armée française réduite à cent mille hommes, sur les quatre cent mille soldats entrés en Russie. Beaucoup sont morts ou ont déserté, mais la plupart sont stationnés dans les territoires occupés.

La campagne de Russie présente deux faces : la face glorieuse marquée par la victoire de la Moskowa puis l'entrée dans Moscou, et la face noire qui commence avec l'incendie de Moscou et s'achève par la terrible retraite. Le 15 septembre, la ville est en flammes. L'incendie, allumé par les Russes, détruit une partie de la capitale, mais il a surtout un effet psychologique certain sur les soldats français et surtout sur Napoléon lui-même, désormais gagné par le sentiment d'insécurité. Ces flammes sont comme une prison qui enserre l'armée française, même si le feu a été maîtrisé et si les réserves en vivres eussent été suffisantes pour que l'armée passât l'hiver dans la capitale russe. Napoléon prend pourtant la décision de la retraite, sans avoir obtenu d'avantages tangibles. Il abandonne littéralement le gage pris sur les Russes. Mais il n'en a pas fini avec ces derniers. Repoussés vers le nord, c'est-à-dire vers la route empruntée à l'aller, déjà passablement pillée par eux, les soldats français sont harcelés par les troupes du maréchal Koutouzov et subissent, à partir de la mi-novembre, les effets d'un hiver précoce. Le froid, l'absence de nourriture, la menace que font peser les cosaques sur l'armée française déciment les rangs. Les survivants ont décrit les scènes d'horreur dont ils furent les témoins, parfois aussi les acteurs, même s'ils eurent tendance à le taire. Elles illustrent un climat de violence et de peur, mais aussi un courage et une résistance inouïs chez ceux qui parvinrent à traverser la Russie dans ces conditions. Les actes de bravoure, ceux qu'a retenus la légende, telle la charge des cavaliers du maréchal Ney à la Bérézina, côtoient les actes de barbarie. L'armée est décimée. Quelques dizaines de milliers d'hommes seulement repassent le Niémen. Les pertes sont considérables, difficiles à chiffrer, mais les recherches les plus récentes, par exemple celles opérées dans un « charnier » découvert en Lituanie, attestent de l'ampleur du désastre. Avec la retraite de Russie commence le déclin de la puissance napoléonienne, même s'il faut se garder de toute vision téléologique.

Jacques-Olivier Boudon

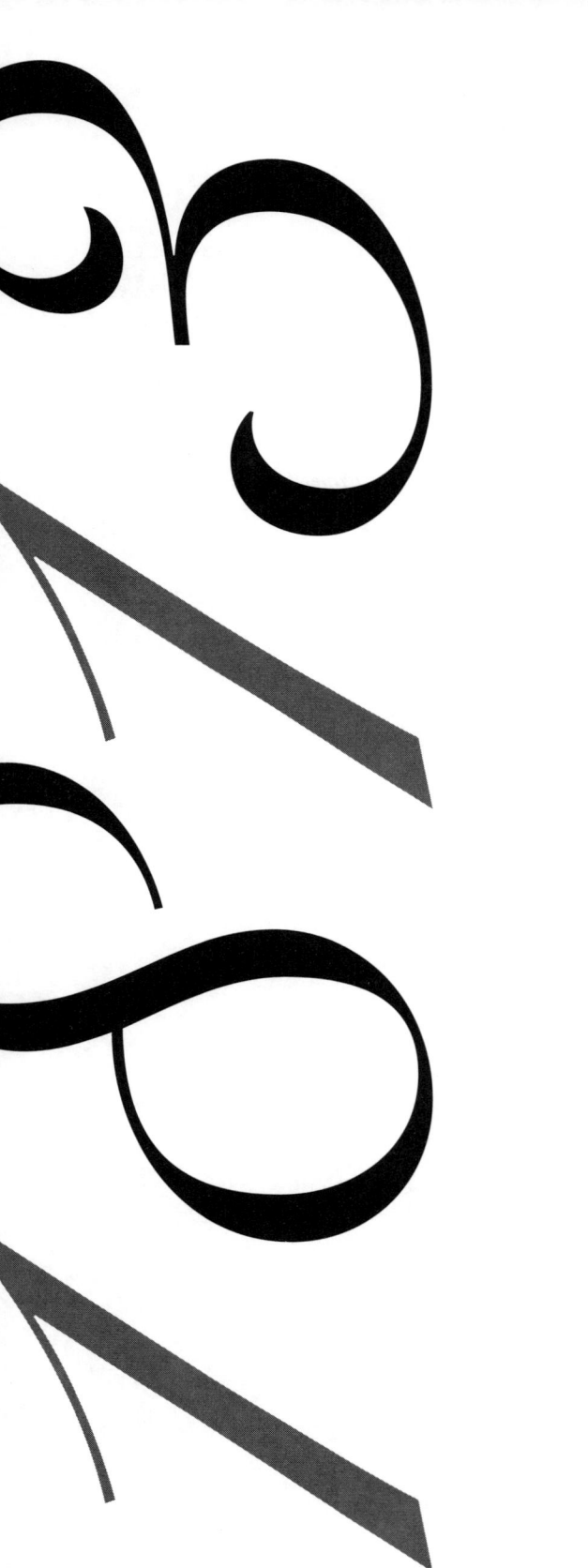

1813
NAPOLÉON EST VAINCU
À LEIPZIG

Leipzig (1813)
*« Napoléon, refoulé en Allemagne, y fut vaincu
à la bataille de Leipzig. »*

Un an après le désastre de Russie, Napoléon est à nouveau vaincu, au cours d'une bataille de trois jours, livrée aux portes de Leipzig, que l'armée française doit finalement abandonner. Cependant, la bataille de Leipzig prend un sens particulier. Davantage qu'une défaite de Napoléon dont l'armée n'est du reste pas anéantie, elle marque les débuts du sursaut allemand et devient le symbole de l'émergence de l'unité nationale en Allemagne.

Dans le déroulement du récit habituel des événements marquant la fin de l'Empire, la défaite de Leipzig pourrait apparaître inéluctable. Après le désastre de la campagne de Russie, avant les défaites des dernières semaines de la campagne de France, elle manifesterait avec force le déclin de l'Empire français. Certes, cette vision traditionnelle n'est pas dénuée de fondement. Encore faut-il comprendre l'enchaînement des faits et surtout mesurer le changement dans le rapport des forces en présence. L'historiographie traditionnelle tend en effet à chercher les responsabilités de l'échec de l'Empire dans la lassitude de Napoléon et de son entourage militaire, dans la désaffection des élites, voire dans le retournement d'une opinion exaspérée par l'insupportable pression que fait peser la conscription sur la population. En fait, en 1813, Napoléon a reconstitué une armée puissante, grâce précisément aux levées d'hommes. Les cadres d'administration sont extrêmement solides et, de ce point de vue, les institutions du pays tiennent, malgré un contexte économique de crise. Les résistances internes sont très rares et les mouvements d'opposition vite muselés. L'échec de l'Empire ne provient donc pas de facteurs internes, mais bien de la mobilisation des adversaires de la France, de ces forces que l'on désigne par le terme d'« alliés », ce qui en histoire a toujours une connotation positive. Et dans cette simple dénomination paraît contenu un renversement d'image. Le droit que revendiquaient les armées révolutionnaires pour aller porter le fer à travers l'Europe passe entre les mains de ceux qui souhaitent mettre Napoléon hors d'état de nuire.

Dans cette optique, la défaite de Leipzig est d'abord le résultat d'une coalition solide, associant la Russie, la Prusse, l'Angleterre, la Suède et l'Autriche, qui a rejoint les rangs des alliés au cours de l'été, permettant de faire basculer le rapport des forces en leur faveur. Napoléon avait réussi en effet à reprendre, au cours du printemps, les positions perdues en Allemagne, mais il ne dispose plus de la supériorité numérique. La trêve de l'été lui est fatale. Non seulement les Autrichiens rejoignent les rangs des alliés, en dépit du lien matrimonial unissant les Habsbourg à Napoléon, mais les petits États d'Allemagne, naguère alliés solides de l'Empire, choisissent de changer de camp. La défection des Saxons au cours de la bataille de Leipzig scellera ce retournement. Il est d'autant plus symbolique que le roi de Saxe avait toujours été l'un des plus fidèles soutiens de Napoléon en Allemagne. La Bavière a également changé de camp, à la veille de la bataille.

Le 15 septembre, l'armée française, victorieuse à Dresde à la fin du mois d'août, se masse autour de Leipzig. Le combat change de nature par rapport aux précédents affrontements. Napoléon est sur la défensive ; il lui faut tenir cette ville carrefour qui protège la route de l'ouest. Sur la défensive, Napoléon l'est encore lorsqu'il décide de maintenir des forces armées d'occupation pour tenir les principales places fortes d'Allemagne, se privant ainsi d'un soutien de poids. De leur côté, les alliés convergent vers la ville, depuis le sud avec l'armée de Bohême de

Schwarzenberg, par le nord avec l'armée de Silésie commandée par Blücher et celle de Bernadotte. Avec cent quatre-vingt-quatre mille hommes au début des combats, les alliés sont déjà en nombre supérieur aux Français qui n'alignent que cent soixante-quatre mille soldats. Les combats font rage, manifestant une fois encore l'intensification des engagements. Les pertes sont considérables. Or, du côté français, aucun renfort ne parvient, tandis que les alliés peuvent disposer de trois cent mille hommes le 17 septembre, au deuxième jour de la bataille. Leur supériorité est écrasante. Elle est la clé de la victoire et quelques actes d'héroïsme, habilement mis en scène par la légende, comme la mort du maréchal Poniatowski se noyant dans l'Elster après avoir été mortellement blessé, ne peuvent masquer la réalité d'un combat perdu parce que disproportionné. La valeur militaire des soldats engagés n'est pas en cause. Leipzig marque l'échec d'une organisation militaire fondée sur l'amalgame des conscrits venus de France et des troupes fournies par les États vassaux. Dès lors que ces contingents font défaut, voire rejoignent le camp ennemi, la victoire change de camp.

Dès le 18 au soir, Napoléon en a pris conscience. Il ordonne la retraite. Elle s'opère en bon ordre, tandis que l'arrière-garde poursuit le combat le 19 septembre, pour assurer le départ de l'armée. Les pertes sont importantes : cinquante mille côté français dont vingt mille morts, soixante mille du côté des alliés. Mais l'armée n'est pas défaite. Elle bouscule même les troupes bavaroises à Hanau, le 30 octobre. Pourtant, malgré cet ultime sursaut, la bataille de Leipzig scelle bien la fin de la présence française en Allemagne. Elle provoque en effet une onde de choc considérable, qui se propage aux territoires sous domination française, comme la Westphalie, rapidement perdue. L'écho se ressent jusqu'en Hollande où la population s'insurge à l'annonce de la défaite de Leipzig. Après s'être repliés sur les départements français, les soldats de Napoléon sont obligés en décembre de repasser le Rhin. L'essentiel des conquêtes de l'époque révolutionnaire et napoléonienne est perdu. Seuls résistent alors la Belgique et le nord de l'Italie, mais pour peu de temps encore. À ce titre, la défaite de Leipzig est bien fondamentale dans le processus d'éclatement de l'Empire.

Jacques-Olivier Boudon

Napoléon fit ses adieux à la vieille garde au château de Fontainebleau, en 1814.

1814
NAPOLÉON SIGNE SON ABDICATION À FONTAINEBLEAU ET SE RETIRE À L'ÎLE D'ELBE

Les adieux de Fontainebleau.
« *Le 20 avril 1814, l'empereur réunit dans la cour du Cheval Blanc les régiments de sa garde. Il embrassa le général Petit et le drapeau. Les vieux soldats, compagnons de vingt batailles, pleuraient. Un dernier salut du drapeau et un dernier cri de "Vive l'Empereur !" et tout parut fini.* »

De la fin du règne de Napoléon, une image s'impose, celle de l'Empereur faisant ses adieux à la garde dans la cour du château de Fontainebleau. La force du tableau d'Horace Vernet n'explique pas seule cette association qui doit beaucoup aussi aux mémoires des témoins de la scène, parmi lesquels les *Cahiers du capitaine Coignet*, sans doute l'un des témoignages sur la période napoléonienne les plus lus, depuis sa parution dans les années 1850. Après les désastres de Russie et d'Allemagne, après les défaites de l'armée au cours de la campagne de France, après les défections surtout des maréchaux et des élites politiques du pays, ce contact direct entre l'Empereur et sa garde tend à redonner un caractère humain au personnage. Pourtant l'échec militaire et politique de Napoléon est patent.

Une nouvelle fois, au début de 1814, Napoléon a tenté de reformer une armée, en puisant dans le réservoir des jeunes conscrits. En quelques jours, il a repris en main le pays, ajournant *sine die* le Corps législatif qui avait émis des critiques à son encontre. Puis, après avoir laissé le pouvoir à un conseil de régence présidé par l'impératrice Marie-Louise et désigné son frère Joseph comme lieutenant général de l'Empire, il repart en campagne. Avec une armée d'à peine cinquante mille hommes, il doit faire face à trois armées coalisées. Son objectif est de parvenir à les battre l'une après l'autre. Mais cette stratégie échoue. Certes, il remporte quelques victoires (Brienne, Montmirail, Montereau), mais sans parvenir à desserrer véritablement l'étau qui se referme progressivement sur Paris. Surtout, ces victoires lui donnent l'illusion d'un possible sursaut. Napoléon ne manifeste plus la clairvoyance qui l'avait caractérisé. Il raisonne comme il le faisait dix ans plus tôt, alors que ses adversaires ont appris à connaître sa stratégie et sa pensée politique. Non seulement les alliés ne cèdent pas à la panique, mais ils resserrent leurs liens diplomatiques par le pacte de Chaumont du 1er mars 1814, alors que Napoléon a repoussé toutes les offres de paix de ses adversaires. Il refuse les conditions qu'on lui proposait visant à ramener la France à ses frontières de 1792. Napoléon ne peut concevoir de gouverner un pays plus petit qu'au moment où il l'a pris en main. Mais, au cours du mois de mars, sa petite armée s'épuise dans des marches incessantes et ne parvient pas, malgré quelques succès militaires, à arrêter l'avance des alliés vers Paris. La lassitude s'empare des Français. Le sursaut national que souhaitait Napoléon ne se produit pas. À l'inverse, les prises de position en faveur d'une restauration de la monarchie sont rares, le ralliement de Bordeaux à la cause des Bourbons faisant exception.

Pourtant la lassitude de l'opinion face à la guerre est exploitée par Talleyrand, l'ancien ministre des Relations extérieures resté très actif au sommet de l'État – en sa qualité de vice-grand électeur, il est membre du conseil de régence. Resté dans la capitale alors que le gouvernement accompagnait l'impératrice à Blois, Talleyrand manœuvre en deux temps pour mettre un terme à la guerre. Tout d'abord, il négocie la reddition de Paris et accueille les souverains alliés dans la capitale le 31 mars. Puis il convainc le Sénat, seule assemblée à pouvoir modifier la Constitution, de prononcer la déchéance de l'Empereur (2 avril). Les autorités constituées suivent les unes après les autres. Napoléon perd en outre le soutien des cadres de son armée lorsque les maréchaux réunis à Fontainebleau lui demandent d'abdiquer. Napoléon s'y résout en signant une abdication en faveur de son fils le 4 avril, puis une seconde abdication, cette fois sans condition, le 6 avril. C'est qu'entre-temps Talleyrand avait réussi à convaincre les alliés de rappeler la branche aînée des Bourbons sur le trône de France, au nom du principe de légitimité. Mais pour que ne soient pas perdus les acquis de la Révolution dont il avait été un acteur majeur, il faisait aussi adopter par le Sénat une Constitution libérale que Louis XVIII allait repousser.

À Fontainebleau, Napoléon apparaît désormais seul. Il n'est plus maître de son destin. Quel contraste! Lui qui dominait le monde deux ans plus tôt se retrouve contraint d'attendre que les alliés décident de son sort. Dans la construction de la légende, ce moment est fondamental, car il voit émerger un Napoléon à figure humaine, qui retrouve des accents de tendresse dans ses lettres à Marie-Louise mais aussi à Joséphine avec laquelle il est resté en contact. Il tente de se suicider, dans la nuit du 12 au 13 avril, avec du poison, mais sans effet. Finalement, il accepte les conditions imposées par les alliés au terme du traité de Fontainebleau. Il reçoit l'île d'Elbe, alors possession française, en toute souveraineté, conserve son titre d'Empereur et obtiendra une rente de deux millions de francs de la part du gouvernement français. On croirait lire le règlement d'un divorce : c'est bien la fin d'une union entre Napoléon et la France qui se noue à Fontainebleau.

Après avoir fait ses adieux à la garde, Napoléon quitte Fontainebleau le 20 avril en direction de la Méditerranée. À partir d'Avignon, les esprits s'enflamment, l'empereur déchu est conspué ; ces insultes et ces menaces matérialisant le désamour qui s'est introduit entre le peuple et Napoléon. Puis c'est l'embarquement sur un navire anglais et l'arrivée à l'île d'Elbe où Napoléon se coule dans les habits d'un roitelet. Il se fait aménager un petit palais sur les hauteurs de Porto-Ferrajo, réorganise les finances de l'île, lance un programme de grands travaux, reconstitue une petite armée, sans toutefois cesser d'être surveillé par les puissances alliées. L'impression d'enfermement ajoutée aux nouvelles venues de France concernant les difficultés de la Restauration le pousse à tenter à nouveau l'aventure. Il quitte l'île d'Elbe le 26 février 1815, débarque au golfe Juan le 1er mars et se lance à l'assaut de Paris.

En un an, la France connaît ainsi une situation exceptionnelle. Son souverain, vaincu, déchu, humilié, revient sur le trône et recouvre son pouvoir, presque sans coup férir. Ce retour presque miraculeux explique que, dans la construction de la légende, l'échec de 1814 soit attribué aux éléments extérieurs : la trahison des maréchaux, le coup de Jarnac de Talleyrand, mais pas à l'affaiblissement de Napoléon qui, au contraire, semble y puiser une nouvelle énergie.

Jacques-Olivier Boudon

À Waterloo, le général Cambronne dit : « La garde meurt et ne se rend pas. »

1815
NAPOLÉON, VAINCU À WATERLOO, EST INTERNÉ À L'ÎLE SAINTE-HÉLÈNE

La garde à Waterloo

« Quand Napoléon, le soir de la journée héroïque, vit arriver
les Prussiens de Blücher, il dit : "Maintenant tout est perdu."
Vainement, il tira l'épée et voulut s'élancer dans la mêlée ;
on l'entraîna hors du champ de bataille.
Quatre bataillons de la vieille garde, commandés par Cambronne,
refusèrent de se rendre. "La garde meurt, dit-il, et ne se rend pas !" »

Napoléon à Sainte-Hélène

« Napoléon subit à Sainte-Hélène, sur cet îlot rocheux, brûlé de soleil, un martyre de six longues années. Toujours surveillé par son impitoyable gardien, Hudson Lowe, il ne pouvait s'écarter de la triste demeure qui lui était assignée. Quelques amis fidèles avaient voulu partager sa captivité. Il mourut le 21 mai 1821. Son cercueil fut ramené en France en 1840 et déposé aux Invalides. »

« Soldats, nous n'avons pas été vaincus... » Le vibrant appel de l'Empereur à ses compagnons d'armes, lorsqu'il débarque au golfe Juan le 15 mars 1815, en provenance de l'île d'Elbe, traduit bien le refus d'admettre une défaite que n'avait pas marquée un désastre final, estompée qu'elle était par les succès d'estime de la campagne de France et par d'ultimes espoirs déçus, par le refus des maréchaux. Grisé par l'incroyable « Vol de l'Aigle », jusqu'aux tours de Notre-Dame, Napoléon a-t-il vraiment cru de nouveau à son étoile ? Lucide, Fouché déclarait : « L'Empereur gagnera une ou deux batailles, il perdra la troisième. » C'est à peu près ce qui arrive, après un demi-succès contre les Prussiens à Ligny, le 18 juin 1815 à Waterloo.

L'École des *Annales* a proscrit chez nous une « histoire-batailles » dont longtemps les Français avaient fait leur régal. Les Anglais, eux, ont su en maintenir l'étude et en renouveler l'approche, tel John Keegan dont la célèbre *Anatomie de la bataille* retient précisément l'exemple de Waterloo, analysé non plus du point de vue des états-majors ni à travers la rhétorique propre au récit guerrier, mais bien sur le terrain, dans le vécu des combattants. Qu'ont en effet perçu ces derniers, plongés dans le feu de l'action ? Leurs témoignages suggèrent que Stendhal était dans le vrai, campant – dans *La Chartreuse de Parme* – son Fabrice dans un tohu-bohu auquel il ne comprend rien : va-et-vient de troupes dont le but échappe, âcre fumée de la poudre noire noyant le champ de bataille, vacarme des canons, des salves et des cris, où parfois perce un « Vive l'Empereur »! ou un son aigrelet de *bag-pipe*... Napoléon et Wellington eux-mêmes, de leur poste d'observation, ont-ils bien eu conscience de ces « cinq phases » du combat que les historiens militaires devaient distinguer par la suite? Ce que recherchera plutôt une « nouvelle histoire » de la bataille, c'est le comportement de ces deux armées formées à la hâte qui, après avoir combattu l'avant-veille, marché toute une journée et dormi sous la pluie, s'affrontent avec fureur dans des corps-à-corps acharnés, des charges de cavalerie et surtout des tirs meurtriers, avant que d'un côté l'espoir, soudain, se brise et qu'à la volonté de vaincre succède la panique. C'est la réalité, aussi, de la « morne plaine » où gisent, au soir, avec dix mille chevaux, quelque quarante mille hommes, morts ou blessés graves dont bon nombre, Français notamment, agoniseront sur place...

Waterloo – nom retenu par Wellington car plus *british* que « Mont-Saint-Jean » ou « La Haie-Sainte » – restera comme l'exemple même de la « bataille décisive ». Mesure-t-on la portée d'un désastre, cette fois, sans appel? Songeons au second traité de Paris, à ses amputations territoriales et à sa lourde indemnité de guerre ; songeons, garantie de son paiement, à la pesante occupation soumettant les populations civiles aux violences de la soldatesque. Et ne parlons pas de l'image dévalorisée d'un Louis XVIII rentré seulement au prix de ces humiliations... La France aura payé cher la transfiguration, grâce à cet épisode de trop que furent à la vérité les Cent-Jours, de l'ex-« Ogre de Corse » en un personnage de légende dont les anciens grognards, comme dans *Le Médecin de campagne* balzacien – « Racontez-nous l'Empereur, monsieur Goguelat! » –, narreront l'épopée à longueur de veillées, nourrissant peu à peu ce mythe dont Jean Tulard a souligné l'écho bien au-delà de nos frontières. Car, face aux frustrations nées de la Restauration et de la terne politique européenne d'une France désormais rentrée dans le rang, c'est toute une fuite dans le rêve qui va caractériser, sous la monarchie constitutionnelle, une partie grandissante de l'opinion, toute une gauche libérale s'imaginant pouvoir reprendre la rive gauche du Rhin, libérer la Pologne, aider les patriotes italiens... Derrière ce rêve de croisade révolutionnaire et d'hégémonie retrouvée, la figure glorieuse d'un Napoléon-Prométhée que son malheur final assimile à quelque héros romantique; un Napoléon élevé au rang de martyr par son internement mesquin dans une île lointaine d'où, après sa mort en 1821, son compagnon Las Cases ramène, comme ses dernières pensées, le fameux *Mémorial* appelé à enthousiasmer tant de Julien Sorel... Dix-neuf ans plus tard, ce sera le triomphal Retour des Cendres, suivi avec passion de Sainte-Hélène aux Invalides par tout un peuple recueilli.

Dans cette apothéose subsistait cependant une ombre, celle du désastre national sur lequel s'achève une litanie de victoires. D'où les efforts pour en exorciser le cuisant souvenir. Cambronne vient ici à point, avec sa populaire et brève réponse à l'ennemi anglais, qu'un académisme ennemi des « gros mots » incitera à transcrire en « La garde meurt et ne se rend pas! », exaltation d'un héroïsme magnifiant jusqu'aux pires revers. Victor Hugo s'en souviendra, lui qui, par le lyrisme de ses *Châtiments*, réussit à faire de Waterloo la plus glorieuse défaite de toute notre histoire. En attendant qu'à l'occasion d'un aussi grand désastre, un autre magicien du verbe ne s'approprie cette date même du 18 juin pour n'en faire plus qu'un symbole d'espoir...

Jean-Pierre Chaline

1815

Napoléon, vaincu à Waterloo, fut interné à Sainte-Hélène. Il y mourut en 1821.

Louis XVIII et Charles X furent les rois de la Restauration.

1815
LOUIS XVIII RESTAURE LA MONARCHIE DES BOURBONS

Louis XVIII et Charles X

« Louis XVIII était un esprit modéré, conciliant, assez libéral. Il pensait qu'il fallait s'accommoder des principes de la Révolution. Charles X était d'un tempérament hautain et autoritaire. Imbu des principes de l'Ancien Régime, il aurait voulu rayer la Révolution de l'histoire. Chef des ultraroyalistes, il était l'ennemi des idées libérales. »

L'année 1815, pour les professeurs d'histoire auteurs de cette chronologie, est le moment de tous les dangers. Comment résumer en une ligne la multiplicité des faits qui disparaissent dans la phrase apparemment limpide qu'ils nous proposent ? « Louis XVIII restaure la monarchie des Bourbons » ; en six mots, au moins trois contre-vérités sont instillées dans l'esprit des élèves de l'entre-deux-guerres qui peut-être les apprendront par cœur.

Première simplification : la monarchie avait déjà été restaurée l'année précédente, puisque Louis XVIII avait octroyé la Charte le 4 juin 1814 où étaient énoncés les principes du nouveau régime. 1815 n'est donc que la confirmation d'une restauration provisoirement mise entre parenthèses par l'épisode du retour de Napoléon pendant les Cent-Jours, dont l'ouvrage ne souffle mot, sauf par prétérition. Les jeunes lecteurs pourraient à bon droit s'étonner de cet empereur retiré sur l'île d'Elbe deux lignes plus haut et que l'on retrouve de nouveau à la tête d'une armée vaincue à la ligne suivante. Pédagogie bien mystérieuse que ce tri d'événements séparés les uns des autres sans lien logique.

Deuxième interprétation douteuse : ce roi exilé qui redevient sujet d'une proposition parce que (c'est l'implicite des deux lignes consacrées à 1815) son prédécesseur est vaincu. La question classique « Qui t'a fait roi ? » pourrait traverser l'esprit de l'élève le plus distrait. L'oubli n'est pas innocent. Nos auteurs masquent volontairement que ce roi ne s'est pas « restauré » lui-même, comme ils le laissent croire, mais l'a été par les armées ennemies victorieuses de « l'usurpateur ». Mais l'avouer serait détruire toute la philosophie historique de cette chronologie où chaque souverain ou régime succède au précédent pour des raisons historiques intérieures.

1815

Enfin le mensonge le plus gros de cette ligne, et le moins avouable, c'est l'image pacifique de cette passation de pouvoirs : les élèves ne sauront rien des épurations successives des administrations et de l'armée, de la course aux places des nobles émigrés de retour, des ralliements successifs des girouettes aux divers régimes, des règlements de comptes violents dont cette folle année sera marquée. Pas un mot non plus sur l'occupation du territoire par les armées alliées, de la honte des Parisiens de voir des « Cosaques » bivouaquant sur les Champs-Élysées, des pillages et indemnités prélevées sur un pays exsangue et au bord de la disette, des restitutions d'objets d'art accumulés au Louvre et qui avaient survécu à la première Restauration. Rien non plus du Congrès de Vienne où la France, relativement épargnée l'année précédente, puisqu'elle retrouvait ses frontières de 1792, perd, cette fois, des territoires comme la Savoie.

Ces tris et simplifications ne s'expliquent pas seulement par une conception, bien datée, de l'Histoire, où les grands hommes et les rois occupent le devant de la scène et où les peuples subissent, souffrent ou profitent des caprices des grands et du temps. Il convient de lire ces énoncés, au second degré, en fonction du contexte des années 1920 et des programmes de 1923 édictés par une majorité conservatrice et d'union nationale, celle de la Chambre « Bleu horizon ».

Vu des années 1920, 1815 c'était hier. Les chronologues aiment les anniversaires. Nos deux auteurs, à peine sortis du grand drame national de 1914, ne pouvaient pas éviter de faire le rapprochement entre les deux catastrophes qui, à cent ans de distance, frappèrent le territoire et conduisirent, l'une à la Restauration, l'autre à l'affaiblissement durable du pays, dont la reculade de Munich en 1938, année de réédition du manuel, fut l'aveu. Leurs futurs lecteurs, les maîtres anciens combattants ou les élèves, fils et filles des combattants, y penseraient, eux, immanquablement. Cet aveu des auteurs se lit entre les choix des dates. Dans leur chronologie, 1815 partage un privilège avec trois autres dates de la série : l'année est dédoublée, comme le sont – les millésimes sont parlants – 1789, 1792 et 1848, les trois coups de la révolution libérale et démocratique. Ces diptyques reposent sur la même dialectique : la menace, le désordre, la défaite d'un côté, l'avènement, la réparation, la promesse de l'autre. Le premier 1815 enregistre le malheur et la fin d'un monde, le second le retour à l'ordre et le début d'un autre, tout comme les trois autres dates allient ces deux faces d'ombre et de lumière. Un siècle plus tard, le binôme se reconstitue: 1914, suivi de 1918, s'ordonne autour du même contraste. D'un blanc sont effacées les quatre années de sang et de fureur grosses de multiples événements tout aussi dramatiques, dont les jeunes lecteurs ne sauront rien: *exit* la Marne, la Somme, le Chemin des Dames, les mutineries de 1917, les révolutions de février et octobre 1917 en Russie, la défaite russe, l'arrivée de l'allié américain. Seule est mise en valeur l'antithèse hugolienne qui encadre le XIXe siècle: la défaite et la fin de l'Empire, le retour à l'ordre monarchique (1815) répondent, terme à terme, à 1914, le crime («L'Allemagne déchaîne une guerre terrible»), suivi de 1918, le châtiment («La France et ses alliés triomphent de l'Allemagne»).

À l'aide de ce paradigme sous-jacent, un autre message caché se lit derrière le premier apparent: 1815, l'Empire (français) (et non plus allemand) avec l'aventure des Cent-Jours a déchaîné sur la France une «guerre terrible», mais (2e ligne) la France (restaurée) et ses alliés triomphent de l'aventurier «interné à l'île de Sainte-Hélène». Application d'instruction civique: la guerre est toujours un crime et la source du malheur des peuples. Comment les orphelins et les orphelines des années 1920 et 1930 n'y souscriraient-ils pas?

Une énigme demeure: comment un manuel républicain peut-il présenter positivement le retour de la monarchie? La fin de l'Ogre de Corse n'est pas une explication suffisante. Napoléon en effet a droit malgré tout à l'éloge quand il réussit: de 1800 à 1812, nos deux compères martèlent cinq fois le mot «vainqueur» à la suite de son patronyme. L'explication se trouve dans le récit et la figure qui accompagnent notre chronologie. 1815 est lu au travers du portrait bienveillant donné du premier souverain restauré, «esprit modéré, conciliant, assez libéral», trois adjectifs affectionnés par les républicains de gouvernement et les universitaires centre gauche qui ont les faveurs de nos deux auteurs. Le lecteur informé pourra à bon droit s'inquiéter de cette récupération peu orthodoxe de celui qui consentit certes à la Charte, mais, en l'«octroyant», couvrit la Terreur blanche qui se déchaîna cette même année 1815, s'entoura d'une cour et de favoris issus de l'émigration et oublia vite son libéralisme pour accepter des lois d'exception. Fidèles aux antithèses de leur chronologie, nos pédagogues y recourent à nouveau sans nuances dans leur parallèle des deux rois restaurés. Louis XVIII est la figure positive parce qu'il est mis en contraste avec l'âme noire de Charles X, accablé de toutes les insultes antimonarchiques et antiaristocratiques du registre républicain classique qu'on épargne à son frère aîné : « tempérament hautain », « autoritaire », « ultraroyaliste », « ennemi des idées libérales ».

Le message politique est clair, le même que celui de la chronologie. Il fonde la ligne de conduite de la majorité parlementaire du début des années 1920 : réconciliation nationale, modération, libéralisme, préservation de 1789 sont les principes du succès et de la prospérité de la France, toujours menacée par les exagérés, tels le dernier Napoléon, le second monarque de la Restauration, ou le Kaiser Guillaume qui refusent d'accepter l'irréversibilité du temps. Au lieu de se soucier de l'intérêt supérieur du pays, ils poursuivent des chimères : la domination universelle, le retour de l'Ancien Régime.

Les trois paradoxes du chronologue sont tout entiers illustrés par cette analyse : définir des étapes, c'est mieux effacer les ruptures (ce 1815 ne connaît ni l'invasion, ni l'occupation, ni la disette, ni la guerre civile, pourtant réalités massives et traumatiques pour l'ensemble des Français).

Scander le temps, c'est donner un sens de longue durée à l'événement fugitif (ce 1815 annonce 1914-1918). Afficher le factuel, c'est mieux susciter le symbole et le sens caché : la France éternelle est ballottée entre le Charybde de l'Ancien Régime et le Scylla de l'impérialisme, mais elle sera sauvée par les Ulysse libéraux et modérés qui rusent avec la tempête.

Christophe Charle

Le roi Louis-Philippe, entouré de ses fils, était fier de sa nombreuse famille.

1830
CHARLES X EST RENVERSÉ PAR LA RÉVOLUTION, ET LE DUC D'ORLÉANS EST ROI SOUS LE NOM DE LOUIS-PHILIPPE

La Révolution de 1830

« *La Révolution fut victorieuse dans les trois journées des 27, 28 et 29 juillet, qu'on a appelées les Trois Glorieuses. Charles X s'enfuit en exil et le duc d'Orléans fut reconnu roi sous le nom de Louis-Philippe.* »

Le roi Louis-Philippe

« *Louis-Philippe avait été élevé dans les idées de la Révolution. Son père, surnommé* Philippe-Égalité, *avait siégé à la Convention et voté la mort de Louis XVI. Lui-même avait combattu, à la tête des volontaires, à Valmy et à Jemmapes.*

Louis-Philippe et la reine Marie-Amélie avaient des manières simples et affables. Leurs enfants recevaient l'éducation des fils de la bourgeoisie et fréquentaient les lycées. En tout, ce roi citoyen représenta les goûts, les idées, les préjugés de la classe moyenne. Il fut le roi des bourgeois. »

Est-ce être prisonnier d'une spécialisation académique, ou bien d'une préférence civique, que de risquer cette proposition : « les trois glorieuses » de Juillet 1830 sont bien les dates les plus importantes du XIXe siècle ? On ne conteste guère – qu'on s'en réjouisse ou qu'on le déplore – que la Révolution de 1789 ait donné à la France son orientation politique, sociale et idéologique la plus durable. Or, en 1830, cet élan révolutionnaire paraissait enlisé. Symboles éclatants de Contre-Révolution : le drapeau tricolore créé en 1789 avait été en 1814 aboli et remplacé par un drapeau blanc. En même temps, en 1814, le roi Louis XVIII s'était fait appeler roi de *France* comme aux temps anciens, alors que le Louis XVI révolutionnaire de 1789-1792 était intitulé roi *des Français*, et de même Napoléon empereur *des Français*. En juillet-août 1830, Louis-Philippe (d'Orléans) pour se ranger dans le camp du Progrès, rétablit donc le titre de roi *des Français* et reprend le drapeau tricolore. Celui-ci ne quittera plus notre symbolique, on oserait presque dire notre image nationale.

1830 a donc bien en quelque sorte remis l'histoire de France dans l'esprit inauguré, ou dans la voie ouverte, par 1789. La France politique désormais ne s'éloignera plus de cette filiation officielle à la Révolution – sauf en brefs et éphémères moments (quelques années sous l'« Empire autoritaire » de Napoléon III, quelques années plus brèves encore sous l'« Ordre moral », et enfin sous Vichy).

À partir de 1830, la symbolique nouvelle commence à marquer le paysage de la capitale : *Marseillaise* de Rude au premier plan de l'Arc de triomphe, génie de la Liberté sur la place de la Bastille, nouvelle consécration du Panthéon relaïcisé au culte des « grands hommes » (de la philosophie des Lumières).

C'est que l'attention aux symboles était alors aussi intense qu'elle était logique. Exemple, cette anecdote, trop peu connue : le « roi des Français » avait, comme un bon bourgeois (nous y reviendrons), mis au lycée deux de ses fils encore adolescents (les futurs Joinville et Aumale). À la rentrée d'octobre 1830 au lycée Henri-IV, la première rentrée depuis les Trois Glorieuses, surprise… : pour appeler les élèves à entrer en classe, c'est une clochette qui sonne, comme sous Charles X, avant les vacances ! Indignés, les lycéens libéraux, les fils du roi en tête, manifestent pour exiger le son du tambour, comme au temps du grand Empereur. Le proviseur a très vite réparé son étourderie, bien sûr. Au moins celle-ci nous a-t-elle appris que les batailles symboliques d'alors affectaient même le bruit public. La cloche, venue du fond des âges, paraissait être de la famille du drapeau blanc, et le tambour de la famille tricolore, donc moderne et laïque. C'est du tambour, et non d'une clochette, que presque jusqu'à notre temps les gardes-champêtres de village, appariteurs municipaux, se serviront pour rassembler leurs auditeurs avant de lire leurs « Avis à la population… ».

En politique pure (en droit public), la mutation avait des effets plus graves. La Charte de Louis XVIII, en 1814, comportait en préambule un article hautement contre-révolutionnaire, quoique de peu d'effet politique, qui déclarait le catholicisme « religion d'État ». En 1830, la Charte « révisée » abolit cet article pour le remplacer par la formule, pluraliste, donc libérale, « religion de la majorité des Français ». La soumission de l'État monarchique à l'Église romaine avait été rappelée en 1825 par le sacre de Charles X dans la cathédrale de Reims. Louis-Philippe, en 1830, opposera au sacre la cérémonie toute profane d'un serment prononcé devant les députés, représentants élus de la Nation. Autre conséquence, dans le domaine religieux : dès 1831, les règles prévues par le Concordat pour le rapport de l'État aux clergés, règles que Bonaparte avait déjà eu l'audace, malgré Rome, d'appliquer aux Églises protestantes, vont être appliquées aussi au culte israélite. Étape d'égalité et d'intégration, trop rarement rappelée de nos jours.

Dans l'ordre des institutions politiques et du droit, la révision de la Charte est loin d'être négligeable. Suppression de l'article qui permettait au roi de gouverner par «ordonnances», élargissement, modéré, du corps électoral par abaissement du cens... On cite trop peu l'application du vote des citoyens à l'élection des conseils municipaux, ce qui était bel et bien une étape vers la démocratie électorale, enfin, dans un tout autre ordre d'idées, l'introduction dans le Code pénal de la notion de «circonstances atténuantes», ce qui constituait une avance d'humanité.

Ce refus des principes de l'ancienne France (traditionnelle, aristocratique et catholique) était si fort dans l'esprit des révolutionnaires de 1830 et du nouveau monarque qui s'était hardiment imposé à leur tête qu'on l'accompagnait, de façon ostensible et significative, du refus des anciennes coutumes. Plus de perruque, des cheveux courts (mais cette réforme-là, Charles X l'avait déjà faite). Plus de culotte prolongée par des bas, mais le pantalon, même en tenue de soirée. Avec le pantalon, la redingote et le chapeau, le roi s'habillait donc comme un bourgeois ordinaire. Les garçons – on l'a dit – étaient mis au lycée (et non pas confiés à des précepteurs). Mieux encore: sans dédaigner la voiture ni le cheval, il arrivait à Louis-Philippe d'aller à pied dans les rues de Paris, ce qui impliquait souvent d'être muni d'un parapluie. Que ne l'a-t-on moqué! Mais, «roi citoyen» inaugurant un régime de libéralisme laïque et «roi bourgeois» adoptant la simplicité des mœurs modernes, c'était alors deux caractères jugés complémentaires, et consciemment associés dans ce qu'on appellerait aujourd'hui la politique de communication du monarque. Bourgeois, citadin, moderne, anglomane, signes solidaires d'époque.

En même temps, en effet, s'accomplissait la «révolution industrielle», et avec elle la «lutte des classes» et ses crises, périodiques, brutales. Bientôt viendrait le marxisme avec sa durable hégémonie intellectuelle. Dès lors, et très vite, le mot de «bourgeois» changerait de camp. Ce mot qui, pour les royalistes libéraux de ce temps, voulait dire «classe moyenne» au singulier – donc vertu d'un «juste milieu» aussi éloigné des autoritarismes et des égoïsmes d'antan que des naïvetés, des conformismes et des dangereux soulèvements des humbles –, ce mot, donc, deviendra surtout évocateur de capitalisme, de patronat, d'affairisme constant et de répressions impitoyables. La sensibilité romantique aidant, « bourgeois », mot marqué à la fois de ridicule et de méchanceté, passera du côté du mal, où il se trouve encore.

Bien que son régime n'ait pas tué plus de prolétaires que les monarchies d'avant et les républiques d'après, l'image du plus progressiste de nos souverains reste donc affectée par le thème, un peu abusivement mythifié, d'avènement de la bourgeoisie.

C'est sur ce point qu'il nous semble que l'historiographie d'aujourd'hui pourrait être plus équitable. Oui, la lutte des classes existe. Mais non, l'ancienne lutte entre le libéralisme moderne et les vieux passéismes ne disparaît pas pour autant. Ce qui commence, en réalité, c'est toute notre histoire contemporaine, dans laquelle se croisent de si complexe façon les luttes sociales brutes et la confrontation des philosophies politiques. Le destin chaotique de nos républiques, avec les combats alternatifs des républicains contre « les droites » et des républicains contre les révolutions nouvelles, prolonge à sa façon l'expérience du juste milieu, « lutte sur deux fronts » avant la lettre.

Ainsi Louis-Philippe anticipait-il, presque consciemment, le destin de nos républiques centre gauche.

Ces complexités cependant n'étaient pas exclusives de violence, peut-être même – qui sait ? – y contribuaient-elles. On ne saurait évoquer en effet les Trois Glorieuses sans rappeler qu'elles ont suscité le plus célèbre, sans doute, des tableaux de l'art français, *La Liberté guidant le peuple aux barricades*, d'Eugène Delacroix. Le fond, le ciel, en est tout occupé par un immense drapeau tricolore, et c'est cela l'innovation orléaniste (libérale), et l'objet essentiel du tableau. Mais, en avant, le peuple en armes, la Liberté allégorique de 1789-1792, la barricade transformant la rue de Paris en forteresse évoquent la méthode de guérilla urbaine qu'il a bien fallu employer. Et c'est cet élan chaleureux du tableau qui a très vite effrayé Louis-Philippe (et Delacroix lui-même), et qui fait qu'aujourd'hui encore *La Liberté guidant le peuple* est davantage requise pour célébrer 1848, ou 1871, ou 1944. À la fois composante durable de la culture politique « républicaine » française, et signe bien daté de son ardent point de départ.

Maurice Agulhon

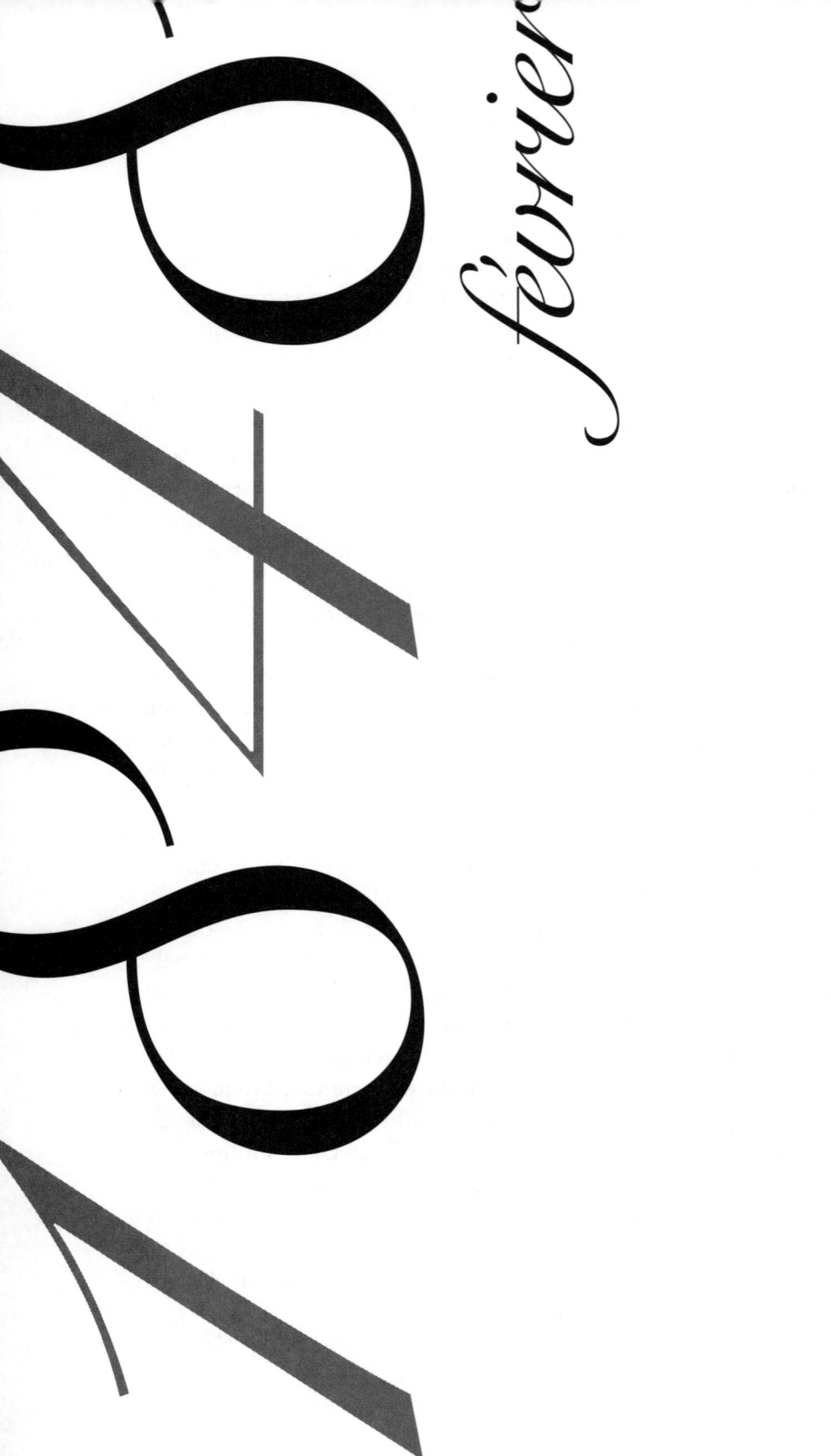

1848 (FÉVRIER)
LOUIS-PHILIPPE EST RENVERSÉ PAR LA RÉVOLUTION

La Révolution du 24 février
« Le ministre Guizot n'ayant pas voulu faire la réforme électorale que réclamait l'opinion publique, une révolution éclata à Paris, le 24 février 1848. Louis-Philippe dut prendre la route de l'exil. »

Deux journées d'émeutes à Paris (22-24 février 1848) ont suffi pour mettre fin à un règne de dix-huit ans, commencé dans une autre révolution, celle de juillet 1830. Louis-Philippe d'Orléans, représenté comme un bourgeois débonnaire, à tête de poire couronnée d'un toupet, et portant parapluie, résiste peu. Il abdique en faveur de son petit-fils, le comte de Paris, qui n'a que neuf ans, et part avec les siens pour l'Angleterre, où il mourra. Ainsi s'achève en France ce dernier avatar de la royauté : elle ne reviendra jamais plus.

Elle était en fait minée depuis longtemps. Par les souvenirs, plus glorieux, de la Révolution et de l'Empire qui font rêver la jeunesse des écoles. Par un mécontentement nourri de déceptions multiples.

Soi-disant libéral, le régime ne reconnaissait aucune des libertés fondamentales. La presse était contrôlée; associations et grèves, interdites. Beaucoup de journalistes et d'ouvriers coalisés firent de la prison. Appuyé sur une Constitution et un Parlement, le régime n'était pas vraiment représentatif. Dit « censitaire », le droit de vote était réservé aux propriétaires fortunés, inscrits sur la liste du cens (ou impôt). En dépit des réformes, abaissant le seuil du cens, et admettant les « capacités » (des diplômés, par exemple), le suffrage était limité à quelques centaines de milliers de personnes. La masse du peuple, voire des couches moyennes, en était exclue. Des femmes, il n'était pas question. Leurs maris étaient censés les représenter.

Socialement, c'était un système reposant sur le « laissez-faire, laissez-passer », favorable à la croissance économique : « Enrichissez-vous par le travail », avait dit François Guizot, protestant, admirateur de l'Angleterre, et principal ministre de 1840 à 1848. Les ouvriers, dont l'industrialisation (textile surtout) accroissait le nombre, n'avaient aucun droit. Les enquêtes montraient la médiocrité de la nourriture et du logement, les ravages du travail des enfants, l'ampleur de la « question sociale ». Des socialistes très divers – Saint-Simon, Fourier, Cabet, Pierre Leroux... – dénoncent la condition de « la classe la plus nombreuse et la plus pauvre », ébauchent des solutions, plus ou moins utopiques, et projettent un autre monde. D'où une intense fermentation qui alimente sociétés secrètes (Charbonnerie, compagnonnage), conspirations et émeutes, sévèrement réprimées. Ainsi, en 1839, l'insurrection manquée de la Société des saisons aboutit à l'emprisonnement au terrible Mont-Saint-Michel des principaux responsables – Barbès, Blanqui, Martin-Bernard... – et décapite le « parti » républicain. Les journaux, tels *Le National*, *La Réforme*... deviennent de plus en plus offensifs et les procès se multiplient. Artistes et écrivains – Victor Hugo, Eugène Sue, George Sand... – prêtent leurs voix à ce romantisme social aux accents prophétiques où se forge l'idéal de la « République démocratique et sociale » : un grand rêve de justice, de paix et de bonheur.

1848 (FÉVRIER)

Une grave crise économique achève, en 1846-1848, de déstabiliser le régime. La hausse du prix du pain et des pommes de terre provoque une chute des consommations manufacturées et une crise industrielle qui ferme les usines et entraîne un chômage sans précédent. En l'absence de toute protection sociale, la misère s'aggrave, à la ville comme au village. La propagande républicaine, qui s'exprime dans une campagne de banquets avec des orateurs enflammés – Garnier-Pagès, Ledru-Rollin, Louis Blanc, François Arago... – reçoit une audience amplifiée.

Guizot se cabre, récuse toute réforme électorale et interdit un banquet prévu à Paris fin janvier 1848. Cette interdiction provoque émotion et manifestations. Le 22 février, la foule des étudiants et des ouvriers, venus de l'Est parisien, afflue sur la place de la Concorde. Le soir, premières échauffourées. Le 23 février, le pouvoir mobilise la garde nationale, sa créature, qui avait été tant de fois son alliée contre les émeutes ouvrières; mais voici qu'elle pactise avec la foule aux cris de « Vive la réforme ! » et « Guizot démission ! ». Se croyant menacée, la troupe tire, faisant plusieurs morts. Le soir, leurs dépouilles sont portées en charrettes dans les rues de la capitale, en une macabre « promenade des cadavres », qui enflamme l'opinion. Dans la nuit du 23 au 24 février, Paris se hérisse de barricades, renouant avec de vieilles traditions. Le roi fait appel au maréchal Bugeaud, un officier de l'armée d'Afrique, dont le nom signifie « répression ». Va-t-on se battre ? À l'aube du 24, on peut le redouter. Mais les insurgés attaquent les Tuileries, résidence du roi. Louis-Philippe se sent piégé, comme naguère Charles X. Ses appuis se dérobent. Il refuse le bain de sang, fait cesser la résistance et, donc, abdique pour un enfant de neuf ans, auquel le peuple va préférer la République retrouvée, et qu'il s'agit de refonder, de renouveler et d'enraciner. Un immense pari.

Michelle Perrot

Le 24 février 1848, la République fut proclamée à l'Hôtel de Ville de Paris.

1848 (MARS)
LA RÉPUBLIQUE ÉTABLIT LE SUFFRAGE UNIVERSEL

La proclamation de la République
« Après la chute de Louis-Philippe, les députés, sur la proposition de Ledru-Rollin et de Lamartine, nommèrent un gouvernement provisoire. Son premier acte fut de proclamer la République. »

La République de 1848
« Après la Révolution de février 1848, le gouvernement provisoire décréta l'établissement du suffrage universel. »

Dans la soirée du 24 février, la République est proclamée par Lamartine, Ledru-Rollin et leurs collègues, venus du Palais-Bourbon, siège de la Chambre des députés, à l'Hôtel de Ville, cœur révolutionnaire de la capitale. Ceints de leurs écharpes d'élus, ils apportent leur légitimité au Paris insurgé, figuré, sur l'image symbolique de cette scène fondatrice, par une foule masculine, moitié civile, moitié militaire, aux couvre-chefs variés. Elle brandit des armes et des drapeaux, barrés de l'inscription : « Vive la République ! ». Des drapeaux tricolores : Lamartine, député de la Côte-d'Or, poète fameux et engagé, a convaincu le peuple de préférer le drapeau tricolore, celui de la France, au drapeau rouge, et sanglant, de la Révolution. Sur la place de l'Hôtel de Ville, la foule est immense – peut-être cent mille personnes ? –, fervente, pacifique. Elle acclame l'avènement de la seconde République, plus d'un demi-siècle après la première, celle de 1792. Une république qu'elle veut « démocratique et sociale », généreuse et efficace, modèle européen pour le « printemps des peuples ».

Un « gouvernement provisoire » de onze membres est constitué. Il comporte des républicains libéraux, venus du journal *Le National*, et des républicains socialistes, appuyés sur *La Réforme*. La plupart sont des politiques, qui ont mené l'opposition à Louis-Philippe. Le célèbre astronome François Arago et l'ouvrier Albert représentent la société civile. Ce gouvernement s'articule en plusieurs ministères et faute d'un véritable « ministère du Travail », souhaité par les ouvriers, il s'adjoint une Commission dite « du Luxembourg », qui en fait office. Louis Blanc la préside. Sa tâche est immense. Comment lutter contre le chômage ? Jusqu'où aller dans la proclamation du « droit au travail » ?

1848 (MARS)

Le gouvernement provisoire siège à l'Hôtel de Ville, dans une extraordinaire effervescence, entretenue par les clubs, les délégations, les manifestations de toutes sortes, par lesquelles le peuple tente de se faire entendre, rappelant sans cesse que le pouvoir est dans la rue. La province, plus lointaine, malgré les progrès du télégraphe optique dans la transmission des nouvelles, est calme, attentive, réservée.

Le gouvernement provisoire prend rapidement plusieurs mesures significatives de sa philosophie politique. D'abord, il proclame le suffrage « universel », du moins pour les hommes. Plus aucune condition de fortune : les prolétaires votent. Mais pas les femmes, toujours censées être représentées par leur mari. C'est la rupture entre les femmes et le mouvement ouvrier, qui avait pourtant célébré leur alliance. D'où la protestation énergique d'une minorité – Eugénie Niboyet, Pauline Roland, Jeanne Deroin... Dans les journaux – *L'Opinion des femmes*, *La Voix des femmes*... –, leurs clubs, leurs manifestations, elles défendent leurs droits et l'idée que les femmes apporteraient à « ce grand ménage qu'est l'État » un complément indispensable à une réelle universalité. En dépit du refus de George Sand d'être leur candidate, celle-ci, pourtant très engagée dans le combat républicain, estimant prioritaire l'obtention des droits civils, elles mènent durant les élections une campagne symbolique active. Les femmes n'obtiendront le droit de vote qu'en 1944, indice d'une forte résistance de la démocratie française à l'égalité politique des sexes.

Autres fronts de la liberté : les colonies, les prisons. Le gouvernement provisoire, grâce à Victor Schoelcher qui renouait avec l'abbé Grégoire en 1789, abolit enfin l'esclavage dans les colonies où l'usage du fouet était interdit, comme la peine du rotin dans la marine et les châtiments corporels dans les prisons. Surtout, il supprima la peine de mort en matière politique, ce que certains considéraient comme le premier pas vers l'abolition totale, accomplie seulement en 1981. Il y avait une volonté de renouer avec la « douceur des peines » et le respect des corps, fondement de la reconnaissance de l'individu démocratique.

La « question sociale », brûlante et amplifiée par la crise, était la plus urgente. La Commission du Luxembourg, où siégeaient des délégués ouvriers, s'efforçait de réfléchir et d'agir. Elle prit un décret limitant la durée du travail à dix heures à Paris et à douze heures en province, supprima le travail concurrentiel dans les prisons, proposa d'augmenter l'impôt de 45 % pour financer les réformes et, notamment, les ateliers nationaux ouverts, faute de mieux, pour fournir du travail aux chômeurs.

Cependant, Paris bruissait de fêtes, de manifestations, de délégations, de réunions publiques, de clubs de toutes sortes où l'on refaisait le monde. Les discussions, nourries par des années de réflexion plus ou moins souterraine, étaient intenses. Les murs se couvraient d'affiches, de dessins, de proclamations. Délivrés de toute censure, journaux, brochures, libelles voyaient le jour, dans une extraordinaire atmosphère de liberté, qui gagnait les provinces. Un peu partout, jusque dans des villages, on plantait des « arbres de la liberté » que bénissaient les prêtres au nom de Jésus, le premier des républicains. On rêvait de réconciliation et d'égalité dans la liberté, appuyée sur une solidarité consentie et consensuelle. La seconde République, en ses débuts, a quelque chose d'idyllique, comme un répit dans l'histoire des peuples, une respiration dans celle de la démocratie en marche. Du moins est-ce l'image et la mémoire que nous ont transmises la plupart des écrivains, Flaubert, Hugo ou Sand.

Paisibles, les élections du 23 avril pour la Constituante dégagèrent une majorité républicaine libérale et réformiste. Elles mettaient fin au gouvernement provisoire auquel succéda une « commission exécutive ». La République paraissait assise.

Illusion lyrique ? Devant la montée des difficultés de toutes sortes – financières, économiques, sociales –, les tensions s'accusent, attisées par l'extrême gauche dont Auguste Blanqui, libéré de douze années de prison, est un des leaders les plus critiques. À Rouen, la répression d'une manifestation fait des dizaines de morts ouvriers fin avril. À Paris, les heurts quotidiens se multiplient. Débordés par les chômeurs venus de la campagne, les ateliers nationaux sont désorganisés, incapables de payer les salaires. Leur dissolution, le

21 juin, provoque une flambée de barricades, aux cris de « la liberté ou la mort ». Émeute spontanée de la misère et de la faim. Contre elle, le gouvernement, qu'approuve la province, inquiète et lasse, lance, aux côtés de la garde nationale bourgeoise, une milice formée de jeunes chômeurs, une garde mobile « adolescente », sans racines ouvrières. Et surtout l'armée de Cavaignac. Après trois jours de durs combats, la répression est sanglante. Elle fait peut-être trente mille morts. « Je ne crois pas à l'existence d'une république qui commence par tuer ses prolétaires », écrit George Sand. Eux non plus, et ils le montreront ultérieurement par leur démobilisation républicaine.

La seconde République va, certes, poursuivre sa marche institutionnelle. Elle se dote d'une Constitution, d'un président de la République élu au suffrage « universel » – Louis-Napoléon Bonaparte (décembre 1848) – et d'une Assemblée législative (mai 1849). Mais la République « démocratique et sociale » est bien morte. Et bientôt la République tout court. Le coup d'État du 2 décembre 1851, prélude à l'établissement du second Empire, lui portera le coup de grâce dans l'indifférence ouvrière.

Moment unique d'éducation sentimentale, adieu au romantisme, expérience politique sans précédent, la révolution de 1848 n'en demeure pas moins un temps fort de l'histoire de la République et de la démocratie en France et en Europe.

Michelle Perrot

Le prince Louis-Napoléon, après le 2 Décembre, fut proclamé empereur sous le nom de Napoléon III.

1852
NAPOLÉON III FONDE LE SECOND EMPIRE

Napoléon III

« Le prince Louis-Napoléon, neveu de Napoléon Ier, avait été élu président de la République en 1848. Il avait prêté serment à la Constitution républicaine. Dans la nuit du 2 décembre 1851, il fit arrêter les députés de la Nation ; il rétablit l'Empire et prit le nom de Napoléon III. »

Napoléon III, empereur (1852)

« L'année suivante, il se fit nommer empereur, sous le nom de Napoléon III. »

Le rétablissement de l'Empire en 1852 a été précédé, une année plus tôt, par le 2 Décembre, resté une date clé dans la culture républicaine. Pour la seconde fois, en un peu plus d'un demi-siècle, un Bonaparte avait mis fin à la République par un coup d'État. Marx en tira un de ses pamphlets historiques les plus réussis, *Le 18 Brumaire de Louis Bonaparte*, où il oppose « le 18 Brumaire de l'idiot » au « 18 Brumaire du génie » : « Hegel note quelque part que tous les grands événements et personnages historiques surviennent pour ainsi dire deux fois. Il a oublié d'ajouter : une fois comme tragédie et la fois d'après comme farce. » Le génie était révolutionnaire, en consommant la « révolution bourgeoise », l'idiot était réactionnaire, en instaurant le pouvoir de l'État sur la base des paysans parcellaires. Formule bien contestable quand on sait la suite de l'histoire, mais formule qui fait mouche et qu'on répète comme une loi indiscutable.

Quelle fut donc cette fameuse « farce » ? L'analogie entre le 2 Décembre et le 18 Brumaire est double : un paysage politique et social chaotique et une manière violente d'y mettre fin par la force. La première cause, d'ordre constitutionnel, tenait à la non-rééligibilité du président de la République, élu au suffrage universel. Tocqueville avait discerné le danger, lors même qu'il élaborait avec ses collègues les articles de la Constitution de 1848, faisant remarquer, non sans prescience, que « si le président n'est pas rééligible, on peut jeter un énorme mécontentement dans l'esprit d'un homme éminent qui ne peut prolonger son pouvoir et accomplir les grands desseins qu'il médite, on ne lui laisse que l'ambition du désespoir et on lui inspire l'idée de briser la Constitution ». À cet argument, il fallait ajouter l'ambition propre du président en place,

1852

Louis-Napoléon Bonaparte, de rétablir l'Empire. Ses vues ont été favorisées par la mésentente des droites, légitimiste et orléaniste, incapables de s'accorder sur la restauration monarchique, mais aussi d'assurer au prince-président cette majorité des trois quarts des députés nécessaires à la révision constitutionnelle, repoussée le 21 juillet 1851.

Le coup d'État répondait aussi à une demande d'ordre social de la part d'une France propriétaire inquiète des progrès électoraux accomplis par les « rouges ». L'Église, de son côté, bénira l'opération (Pie IX dira à l'ambassadeur de France : « Ce n'est pas au pape à se plaindre que l'esprit d'examen, en matière politique comme en toute autre, soit restreint dans les plus étroites limites ») : avant la fin de décembre 1851, le nouveau Bonaparte témoignait de sa reconnaissance envers elle en rendant le Panthéon au culte religieux.

Morny fut le maître d'œuvre de l'opération, tandis que le général de Saint-Arnaud, ministre de la Guerre, et Maupas, préfet de police, assurèrent la force armée. L'exécution du coup d'État fut habile : d'un même élan, le président en place assure son maintien au pouvoir, tout en proclamant par voie d'affiches le rétablissement de la plénitude du suffrage universel, mutilé d'un tiers des électeurs depuis la loi conservatrice du 31 mai 1850. Les déceptions causées par la République rendent la résistance très inégale. En province, des manifestations et des soulèvements se produisent en plusieurs villes et départements, particulièrement dans le sud-est du pays (surtout Var et Basses-Alpes), à partir du 5 décembre. Au bout de plusieurs jours, l'insurrection sporadique est réduite, mais elle a attesté les progrès de la République dans les couches paysannes. À Paris, une minorité de députés s'emploie à défendre la légalité, à soulever le peuple parisien. C'est au cours de cette tentative que le député Baudin est tué, le 3, sur une barricade. La journée du lendemain, décisive, achève d'attribuer au 2 Décembre son caractère de violence sanglante par « la fusillade des Boulevards » à laquelle se livre la troupe contre les insurgés, et souvent contre des badauds désarmés. Les arrestations, les condamnations, les proscriptions (près de dix mille accusés déportés en Algérie) qui suivent complètent cette violence qui qualifie à jamais, dans la mémoire républicaine, le coup d'État de Louis Bonaparte d'acte scélérat. Le plébiscite qui l'« absout », le 21 décembre, par près de 7 500 000 voix contre 640 000 (36 000 bulletins nuls et 1,7 million d'abstentions) témoigne d'une vaste approbation, même si le scrutin n'a pas toujours été régulier : les uns se réjouissaient de l'ordre rétabli contre la menace des « rouges » ; les autres, contre le danger d'un coup de force monarchiste. « Le pays, écrit Guizot, il serait puéril de se le dissimuler, le gros du pays s'est félicité du coup d'État du 2 décembre. »

Le « gros du pays » se laissa de même imposer le rétablissement de l'Empire, conclusion logique du coup d'État. Soigneusement préparé au long des douze mois de République consulaire que présida Louis-Napoléon Bonaparte, soutenu à fond par le clergé, le plébiscite ratifiant le sénatus-consulte qui rétablissait la dignité impériale, est approuvé par plus de 7 800 000 voix, contre 250 000 non (on comptait un peu plus de 2 millions d'abstentions). Le 2 décembre 1852, jour solennel de la proclamation de la restauration impériale, achevait de dater le bonapartisme, après le sacre de Napoléon Ier (2 décembre 1804), la victoire d'Austerlitz (2 décembre 1805), et le coup d'État (2 décembre 1851).

La République gardait ses défenseurs. Victor Hugo, député, exilé à Bruxelles, à Jersey, enfin à Guernesey, incarna et exprima le refus républicain de tout ralliement au bonapartisme. Coup sur coup, il publie *Napoléon le Petit*, en prose, et *Les Châtiments*, en vers, qui, clandestins, circulent et circuleront, donnant aux nouvelles générations républicaines les formules de leur intransigeance. Plus tard, sous la IIIe République, au moment même de la crise du 16 mai 1877, Hugo fait paraître son *Histoire d'un crime*, troisième volet de l'imprécation : « À pire que Brumaire, il fallait pire que Waterloo. »

Le coup d'État du 2 décembre (plus encore que la proclamation de l'Empire une année plus tard) devient la référence négative de l'idéologie républicaine. Ceux qui s'y étaient opposés furent traités en héros après la victoire. Une loi de 1881 leur réserva indemnités et pensions. La mémoire d'Alphonse Baudin fut entretenue dans la pierre, à Nantua, sa ville natale, et dans le faubourg Saint-Antoine, à Paris, où il avait été tué. La dépouille du martyr fut transférée au Panthéon en 1889.

L'horreur de tout pouvoir personnel forgera une défiance en granit, non seulement contre Mac-Mahon, Boulanger ou les chefs des ligues nationalistes, mais aussi contre les présidents de la République s'ils montrent des velléités de gouverner (Casimir-Perier en 1894, Alexandre Millerand en 1924). Les fondateurs de la IIIe République donnèrent la prépondérance au Parlement, tandis que les personnalités trop fortes, à l'instar d'un Jules Ferry en 1887 ou d'un Clemenceau en 1920, seront écartées de l'Élysée, au profit d'hommes politiques inoffensifs. On retrouvera jusqu'en 1962 un écho du coup d'État du 2 décembre, lorsque la majorité des députés refusèrent la réforme du général de Gaulle visant à instaurer l'élection du président de la République au suffrage universel, avant que, peu après, François Mitterrand ne donne à sa critique des institutions et de la pratique politique gaulliennes le titre de *Coup d'État permanent.*

Cependant, la ferveur de l'électorat pour l'élection du président au suffrage universel, la pérennité de la Ve République, voire la réhabilitation historiographique du second Empire, ont peu à peu effacé dans la mémoire collective le sinistre 2 Décembre.

Michel Winock

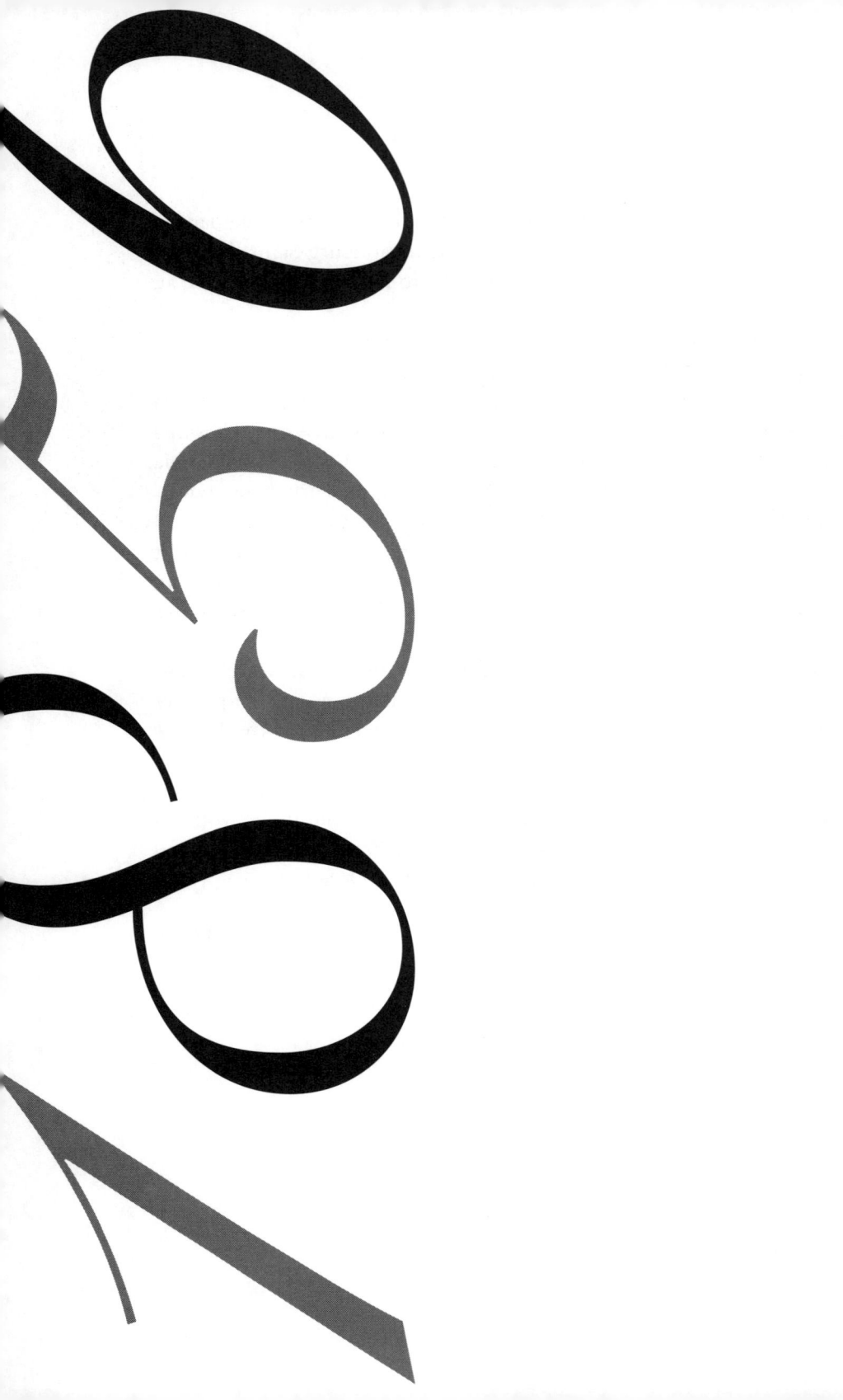

Le général Mac-Mahon enleva d'assaut la tour Malakoff, et prit Sébastopol.

1856
LA PAIX SIGNÉE À PARIS MET FIN À LA GUERRE DE CRIMÉE

La guerre de Crimée
« La guerre de Crimée contre les Russes fut marquée par la victoire de l'Alma et la prise de Sébastopol. La paix fut signée à Paris en 1856. »

Le siège de Sébastopol
« Sébastopol était le principal arsenal des Russes dans la mer Noire. Après plus d'un an de siège, le général Mac-Mahon enleva la tour Malakoff. Il se maintint sur sa position conquise, malgré tous les efforts des Russes. "J'y suis, j'y reste", dit-il fièrement. Sébastopol capitula. »

Il est vrai qu'à Paris, le 30 mars 1856, dans la ville déjà livrée à Haussmann et encore tout enivrée du succès de l'Exposition universelle de 1855 où l'on couronna d'abord l'art et l'industrie, qu'à Paris donc, en belle revanche sur le désastreux traité de Paris de novembre 1815 qui avait mis la France sous tutelle de la « Sainte Alliance » des vainqueurs de Napoléon, a été signée cette paix mettant fin à la guerre de Crimée. Napoléon III exulte et, pense-t-il, tout le pays avec lui. Lavée la honte de Waterloo! Alliée cette fois aux Anglais, la France a stoppé l'Ours russe prêt à dépecer le vieil Empire ottoman désormais « homme malade » de l'Europe et en proie à trop de convoitises. Elle l'a cantonné en mer Noire. Elle a sauvé la mise à ses protégés, les chrétiens latins d'Orient, contre les orthodoxes à la botte du tsar. Elle retrouve puissance et avenir en Méditerranée, d'Alger jusqu'à cet isthme de Suez que Lesseps finira par percer. Elle dira son mot contre l'Autriche et la Prusse dans les Balkans, avec la Serbie et la Roumanie affermies et amies, tandis que le cours du Danube est libéré. Mieux: le Russe devra affronter ses problèmes intérieurs, l'Anglais rentrer en splendide isolement, Bismarck affronter l'Autriche et, ainsi rendue plus libre de ses mouvements, la France pourra bientôt contribuer de belle façon à faire l'unité italienne et, en Algérie, qui sait, à façonner un « royaume arabe ». La France du neveu est redevenue aussi impériale et émancipatrice que l'avait été celle de l'oncle.

Ce n'est pas cet entregent impérial, on l'imagine d'autant mieux que celui-ci a connu le fiasco que l'on sait en 1870, que la Troisième République tint à saluer en imposant si longtemps que les enfants des écoles connussent ce 1856-là. Non, c'est la Madone des fresques batailleuses, la Nation en armes avide de revanches qu'elle a fait honorer, après la victoire de l'Alma, en singularisant à l'extrême l'épisode de Malakoff, à l'instar de Bouvines, Marignan ou Valmy, dans la partie de billard diplomatique autant que militaire si heureusement gagnée à Paris. Oui, la prise d'assaut de l'imprenable fort de Malakoff, clé de la défense russe de la ville de Sébastopol assiégée vainement depuis un an et après un terrible hiver dans la boue des tranchées (déjà) et les ravages du choléra, est de pure eau lustrale de cette France éternelle. La gravure jointe en vignette à la leçon, les exercices suggérés aux maîtres et aux élèves, tout doit conduire à cet héroïsme instinctif qui, depuis Mérovée, Bayard et les soldats de l'an II, a signé la grandeur et les traités. Que nos zouaves, nouveaux venus dans cette épopée armée, aient été de la fête ne devait qu'accroître l'émotion et approfondir la reconnaissance nationale. Que tous, vivants ou morts (il y en eut quand même près de huit mille), l'aient emporté a prouvé que n'avait pas été vain le sacrifice des pontonniers d'Éblé sur la Bérézina en 1812 et des grognards de Cambronne en 1815.

À cette exaltation nationale, il fallut un chef et un symbole. L'épée de commandement et le visage déterminé à vaincre d'Edme Patrice Maurice de Mac-Mahon ont donc orchestré l'imagerie de ce glorieux 8 septembre 1855. Et la belle toile d'Horace Vernet conservée aujourd'hui au musée Rolin d'Autun (qu'il faut aimer aussi pour ses Maurice Denis) a accentué l'effet des nombreuses gravures en *ex-voto* et des rares chansons populaires dédiées à cette *furia francese*: le général grimpé en haut de la tour, auréolé du drapeau tricolore en lambeaux planté par un zouave, salué par les agonisants et les blessés, lance son « J'y suis, j'y reste ! » à l'estafette britannique venue lui apprendre que la redoute minée par la Russes risquait d'exploser à tout moment. Il refusera cinq fois, a-t-on dit, de plier bagage. Le mot, il va de soi, n'a pas été prononcé, au moins sous cette forme lapidaire, de l'aveu même de son auteur, mais il a été pieusement enseigné et les écoliers l'ont transmis aux générations suivantes qui en ont fait usage à tout propos, mais sur l'air lancinant de « La garde meurt, et ne se rend pas ! » ou de « Messieurs les Anglais, tirez les premiers ! ».

Nul doute qu'à ce moment de la leçon, les (rares) maîtres-hussards noirs qui avaient gardé le sens de l'humour en rajoutaient sur Mac-Mahon à l'aide de deux autres de ses mots, postérieurs mais restés aussi célèbres quoiqu'en plus dérisoire: le « Que d'eau, que d'eau! » de 1875, d'un président laconique lors de sa visite à Toulouse au moment de catastrophiques inondations ; le « C'est vous, le nègre ? Eh bien, continuez ! », banal salut du grand ancien au jeune major de Saint-Cyr (le « nègre » en jargon de l'école) qui se trouvait malencontreusement être mulâtre, ce qui plia de rire la presse d'opposition. Surtout, il faut comprendre que l'école républicaine n'avait aucunement vocation à célébrer l'officier légitimiste nettoyeur de barricades en juin 1848, le sénateur impérial de 1856, le duc de Magenta et maréchal de 1859, le commandant en chef vaincu en 1870 et le chef des versaillais massacreur des communards de 1871. Non, c'est à la loyauté du président d'une République encore si indécise en 1873-1877 qu'elle rendait hommage *via* Malakoff, quand le héros apaisé, sommé par la victoire électorale des républicains en 1876 de « se soumettre ou se démettre », ne lança pas derechef depuis l'Élysée son « J'y suis, j'y reste ! » et laissa s'installer la République parlementaire.

Le 2 août 1856, on inaugura à Paris un pont de l'Alma que Diébold orna en 1858 d'un zouave retour de Crimée qui, depuis, se contente de signaler, et toujours sans broncher, les crues de la Seine. Haussmann perça dès 1855 le « Sébasto » et fit donner en 1864 le nom de Malakoff à la vieille route de la Révolte qui passait si opportunément aux abords de l'Arc de triomphe. Et c'est au droit de l'Arc rassembleur lui-même qu'en 1875 la République reconnaissante orna du nom de Mac-Mahon l'avenue du Prince-Jérôme ouverte en 1854. On ne s'étonne pas, en outre, que la platement géographique rue de Crimée ait été tracée comme à tout hasard au vif des révoltes de Belleville et de La Villette, ni que les pauvres morts de cet Orient lointain n'aient pas eu droit à un monument particulier.

Tout cela pour dire que, si le fil rouge Crimée-Malakoff-Mac-Mahon a été gommé de notre mémoire collective et n'a plus vocation qu'à l'embouteillage automobile à Paris, l'école n'y est pour rien. Et les historiens pas davantage, qui n'ont guère fait il est vrai pour sauver une gloire si transitoire. Mais, plus malicieux, des maîtres d'histoire aujourd'hui disent autre chose, et d'autrement plus goûtu, de cette année 1856 : qu'elle vit éclore aussi *Madame Bovary*, *Les Contemplations* et le *Dictionnaire* de Larousse, qu'elle entendit Auguste Comte, Claude Bernard et Alexis de Tocqueville, tandis que Courbet-le-refusé décrochait d'une baraque de l'avenue Montaigne *L'Atelier du peintre* et *Un enterrement à Ornans*. Qui s'en plaindrait? Et qui voudrait reprendre Malakoff? Décidément, *sic transit*.

Jean-Pierre Rioux

La charge des cuirassiers de Reichshoffen, pendant la guerre de 1870, fut admirable.

1870
NAPOLÉON III CAPITULE À SEDAN. LE GOUVERNEMENT DE LA DÉFENSE NATIONALE EST PROCLAMÉ

La guerre allemande
« Mais la guerre contre l'Allemagne, en 1870, fut plus déplorable encore. Nos armées trop peu nombreuses furent écrasées, malgré leur courage, à Wissembourg, à Reichshoffen et à Forbach. Le maréchal Bazaine avec la garde impériale fut bloqué dans Metz. »

Les cuirassiers de Reichshoffen
« L'armée de Mac-Mahon était débordée par les forces allemandes. La retraite était menacée. Alors le général de Lartigue appelle la brigade des cuirassiers Michel. Au premier commandement, de toutes ces vaillantes poitrines s'échappe un seul cri, celui de "Vive la France !"

et aussitôt cette belle brigade s'avance avec ses cuirasses luisantes au soleil, se précipite avec la plus impétueuse énergie, balaye les premières pentes, descend comme un torrent sur Morsbronn, où elle succombe sous les balles prussiennes. »

La capitulation de Sedan

« Notre armée entassée dans la petite ville de Sedan, enveloppée de tous côtés par les forces ennemies, ne pouvait se défendre. Napoléon III ordonna la capitulation. Le général de Wimpffen, la rage au cœur, les larmes aux yeux, signa devant Bismarck et le général de Moltke une honteuse capitulation. Napoléon III fut fait prisonnier de guerre; quelques jours après, sa déchéance était proclamée à Paris. »

Le gouvernement de la Défense nationale

« Après la déchéance de l'Empire, la République fut proclamée. Gambetta fut le chef du gouvernement de la Défense nationale. »

Pour comprendre l'enchaînement fatal qui conduit à Sedan, il faut remonter aux premières opérations de la guerre franco-allemande : l'armée d'Alsace commandée par le maréchal de Mac-Mahon est battue à Woerth-Froeschwiller (6 août 1870) et reçoit l'ordre d'opérer sa retraite sur le camp de Châlons. Le même jour à Forbach-Spicheren, une petite fraction de l'armée du Rhin – la principale armée française – est sévèrement accrochée par des unités prussiennes; à la suite de cette opération dont la portée a été surestimée, la totalité de l'armée du Rhin se replie sur la forteresse de Metz. Malade et affaibli, le 12 août, Napoléon III en abandonne le commandement au maréchal Bazaine. Au terme des trois batailles sous Metz, celui-ci, qui a conservé l'essentiel de son potentiel (environ cent soixante-dix mille hommes), se laisse enfermer dans la place dont le siège commence le 19 août 1870.

À Paris, où l'on est sans nouvelle de Bazaine, on donne l'ordre à Mac-Mahon, qui n'a guère eu le temps de reconstituer ses forces, de se porter à sa rencontre. Le 23 août, Mac-Mahon, accompagné de Napoléon III, quitte Châlons et marche vers le nord. Pour sa part Moltke, le commandant en chef des armées allemandes confédérées, après avoir confié au prince Frédéric-Charles le blocus de Metz, se met en route vers Paris avec la troisième armée, celle qui avait déjà gagné à Froeschwiller. Il est accompagné du roi Guillaume et de Bismarck. À Vitry-le-François, il apprend par un numéro du *Temps* que Mac-Mahon remontait vers le nord à la recherche de Bazaine et, le 25 août, il décide d'engager la poursuite. L'arrière de l'armée française est sévèrement accroché à Beaumont le 30 août ; le lendemain l'essentiel de ses unités bivouaque à l'est de Sedan ; Mac-Mahon pourrait encore éviter l'encerclement qui le menace en s'échappant par l'ouest ; il écarte cette solution. Au matin du 1er septembre, l'armée allemande engage une manœuvre en tenaille pour acculer les Français à la frontière belge ; au fil de la matinée, l'étau se resserre ; vers midi, les Français sont encerclés et ne peuvent plus se dégager. Napoléon III, qui avait en vain cherché la mort sur le champ de bataille, fait hisser dans l'après-midi le drapeau blanc et oblige le général Wimpffen, qui avait remplacé à la tête de l'armée Mac-Mahon, blessé au début de l'action, à engager des pourparlers. Après une dramatique rencontre nocturne au château de Bellevue, la capitulation inévitable est signée le lendemain matin, le 2 septembre 1870 : toute l'armée est prisonnière ; Napoléon III, qui a refusé toute négociation politique, part en captivité en Allemagne.

À l'annonce de la capitulation, le peuple de Paris descend dans la rue. Le 4 septembre 1870, le régime impérial se désagrège et, à l'Hôtel de Ville, la République est proclamée à titre provisoire. Les députés républicains de Paris forment un gouvernement de Défense nationale dans lequel le jeune Léon Gambetta s'impose comme ministre de l'Intérieur. Pendant quelques jours, Moltke a l'illusion de croire que la guerre est finie. C'est sans compter sur le sursaut patriotique des Français et du nouveau gouvernement : la patrie est en danger et il faut poursuivre la lutte pour conserver intact le territoire national. L'armée allemande victorieuse reprend la route de Paris dont le siège est engagé le 20 septembre 1870. Moltke est surpris par les rebondissements de la guerre, par l'énergie déployée par Gambetta à Tours puis à Bordeaux, par la durée du siège de Paris. Au terme de cent trente-deux jours, Paris capitule le 27 janvier 1871. La guerre s'achève par la victoire allemande.

Du côté français, la catastrophe de Sedan a au moins une conséquence positive pour les républicains ; c'est la fin du second Empire : le coup d'État du 2 décembre 1851 avait fondé le régime ; la honteuse défaite de Sedan en marque le terme. Napoléon III est devenu l'homme de Sedan, étiquette infamante qui lui a longtemps collé à la peau.

La défaite de Sedan est rapidement transfigurée ; on rappelle sans cesse que les soldats français, dont le courage avait égalé celui des Allemands, ont succombé seulement à la pression du nombre. L'imagerie met en scène les faits d'armes héroïques : la charge des chasseurs d'Afrique du général Marguerite, blessé mortellement à la tête de ses cavaliers, rappelle celle des cuirassiers de Reichshoffen immortalisés par l'image et la chanson ; la défense du village de Bazeilles (près de Sedan) par les marsouins de l'infanterie de marine qui se battent courageusement contre les Bavarois est illustrée par le tableau d'Alphonse de Neuville (salon de 1873) *La Maison des dernières cartouches*. Avec *Le Cimetière de Saint-Privat* (salon de 1881), cette image a été l'une des plus reproduites. Une vingtaine d'années après les événements (1892), Émile Zola publie le roman *La Débâcle* où il met l'accent sur le processus de décomposition politique, militaire et psychologique qui avait conduit au désastre. Cette interprétation, qui prend le contre-pied de la vulgate héroïque et ne se contente pas d'accabler l'Empire, a été violemment critiquée par les militaires. Elle explique en partie leur déchaînement contre lui après la publication de « J'accuse ». Au début du XXe siècle, la crainte d'un nouveau Sedan hante les esprits. Le mot même déborde le militaire : dans la compétition avec l'Allemagne, on craint un Sedan économique, un Sedan commercial.

Du côté allemand, Sedan est présenté comme un tournant décisif dans l'histoire du monde et un jugement de Dieu. Napoléon Bonaparte, le fauteur de guerre maintenant déchu, a été puni de ses prétentions. Dans les villes allemandes on illumine ; au nouveau théâtre de Leipzig est célébrée dès le 3 septembre une fête de la victoire où l'on déclame ces vers de circonstance : « Dieu a jugé ! C'est notre victoire ! Une multitude de lauriers fleurissent les tombes de nos morts. » Les aumôniers militaires voient dans la victoire de Sedan la main de Dieu dans l'histoire. Les peintres militaires officiels représentent des scènes fameuses : le conseil de guerre où sont assis, autour du roi Guillaume Ier et du Kronprinz, Moltke, Bismarck et plusieurs généraux, la signature de la capitulation, le départ vers Donchery d'un Napoléon III misérablement tassé dans une méchante voiture et accompagné par un gigantesque et fier cavalier qui n'est autre que Bismarck. Ces images entrent dans les livres d'histoire et sont largement répandues dans le public. À partir de 1880, les Berlinois peuvent regarder *Alexanderplatz* le panorama de Sedan (aujourd'hui disparu) mis en scène par Anton Werner. Dès le 2 septembre 1871 est fêté le jour de Sedan (*Sedantag*) ; il devient une fête officielle célébrée chaque année dans les églises et les temples, les casernes, les écoles et les lieux publics. Le 2 septembre 1873, Guillaume Ier inaugure à Berlin la colonne de la victoire (*Siegesaüle*) fondue avec le bronze des canons pris aux Français. Le monument a survécu aux destructions de 1945 et se visite. Le désastre français de Sedan est un jour du destin allemand (*ein deutsche Schicksalstag*). Il fonde l'unité retrouvée de la patrie allemande.

La fin de la Grande Guerre marque le début de l'effacement de la référence à Sedan. Du côté allemand, le *Sedantag* est fêté pour la dernière fois en septembre 1918. À la suite de la défaite et de la disparition de l'Empire, le régime civil de Weimar abandonne cette célébration militaro-monarchique. Du côté français, la référence s'estompe aussi ; la victoire de novembre 1918, qui permet le retour des provinces perdues, n'est pas présentée comme une revanche sur Sedan, mais comme la réparation d'une injustice. Le récit de Sedan, qui était entré avec Lavisse dans les livres d'histoire, s'y maintient avec une tonalité républicaine jusque dans les années 1960. Pendant trois ou quatre générations, il appartient à la culture des Français. Brusquement, en mai 1940, le nom maudit de Sedan fait de nouveau irruption dans l'actualité car les blindés de Guderian y percent le front français et se dirigent vers la mer du Nord pour couper de ses bases l'armée française engagée en Belgique. En dépit de ses conséquences désastreuses, ce nouveau Sedan est noyé dans le cours de la guerre ; il ne s'est pas imposé comme un fait singulier dans la conscience collective ; c'est un événement malheureux parmi d'autres. Peu à peu le mot de Sedan s'est banalisé ; il est resté dans les esprits comme synonyme de désastre. Aujourd'hui, dans la culture des nouvelles générations d'Allemands et de Français, le nom de Sedan n'éveille plus guère de souvenirs et de résonances ; au fil des années ses fortes significations initiales se sont estompées alors que la bataille et le site de Verdun n'ont rien perdu de leur pouvoir d'évocation et demeurent encore un lieu de mémoire franco-allemand.

François Roth

1870

Le général de Wimpffen signa la capitulation de Sedan au nom de Napoléon III.

1871
LE TRAITÉ DE FRANCFORT NOUS ENLÈVE L'ALSACE-LORRAINE

LA PAIX (1871)
« Le traité de Francfort nous enleva l'Alsace, une partie de la Lorraine et nous imposa une indemnité de cinq milliards. »

La date flotte ici comme un drapeau en berne. Et sa formulation est un véritable faire-part de désastre national : c'est bien une partie de « nous »-mêmes qui a été ainsi arrachée par l'ennemi d'outre-Rhin. Cela étant, l'écho d'une date varie avec les périodes avec lesquelles elle entre ensuite en résonance, et 1871 n'échappe pas à la règle.

Les programmes officiels qui façonnent la chronologie dans laquelle elle s'insère ici ont été promulgués en 1923. La guerre « déchaînée » par l'Allemagne s'est terminée cinq ans auparavant et « le traité de Versailles nous a rendu l'Alsace-Lorraine ». Certes, les comptes sont ainsi apurés, mais le maintien de 1871 au sein des dates décisives est clair : les jeunes Français, qui n'ont pas connu le désastre de 1870-1871, seront tout de même élevés dans le souvenir des provinces perdues. Non, comme pour leurs parents, parce que celles-ci étaient avant 1914 une entaille sur les cartes de géographie et une cicatrice au flanc de la conscience nationale, mais bien plutôt en souvenir du sacrifice consenti entre 1914 et 1918 pour les recouvrer. Une date, dans une liste, peut donc en annoncer une autre. D'autant qu'une chronologie n'est pas seulement un relais de mémoire mais aussi un rejeu d'émotion : elle diffuse une sorte de grammaire du sentiment national, dont l'apprentissage, presque affectif, enracine dans le temps et ancre dans l'espace. Dans les années 1920, les écoliers auxquels est rappelée la perte, un demi-siècle plus tôt, de l'Alsace-Lorraine sont élevés dans le souvenir du sacrifice des héros ordinaires, qui sont morts pour sa reconquête, avec un sens donné à ce sacrifice : la plaie ouverte en 1871 est refermée, l'honneur national est réarmé.

Mais les dates sont tributaires des dates. 1923 n'est pas 1938, moment de la parution de la vingt-sixième édition ici analysée, et si la même chronologie indique toujours alors les succès de la Grande Guerre, elle enregistre aussi indirectement un décalage. C'est l'année, en effet, du recul français à la conférence de Munich. Une date peut, en fait, aussi en cacher une autre : dans les esprits, cette Grande Guerre renvoie sans doute moins, désormais, pour ce qui concerne la perception par les contemporains, au « triomphe » de 1918 et à la restitution de 1919 qu'à la « guerre terrible » qui s'engagea en 1914. Ainsi s'entrecroisent des dates – 1871, 1914, 1918, 1919 – qui, toujours, reflètent la guerre, mais sous des facettes différentes : la gloire et la victoire, mais aussi les souffrances endurées et les malheurs entraînés. L'Alsace-Lorraine, donc, mais aussi le sang, la boue et les larmes. Et, en 1938, c'est la seconde facette qui l'emporte dans les esprits : pour beaucoup de Français, le prix du sang consenti pour l'Alsace-Lorraine n'a pas lieu d'être payé pour les Sudètes. Si 1871 s'intègre dans la grille d'une culture de vainqueurs, celle-ci est réversible : chaque date, en effet, est ointe du sang d'une génération et, en 1938, le pays se refuse à envisager d'immoler une nouvelle classe d'âge sur l'autel de la patrie.

Une chronologie n'est donc pas seulement une trame de quelques dates jugées essentielles, et dont la restitution par l'élève constituerait une sorte de dictée pour vérifier l'acquisition de cette grammaire censée conférer des repères dans l'espace et dans le temps. Elle est, plus largement, une partie constitutive de la culture inséminée par l'école primaire et ainsi partagée par le plus grand nombre. Mais cette culture partagée est, en même temps, une culture caméléon, qui prend les teintes des moments successifs qui la portent. D'autant que, en son sein, ce sont précisément ses particules historiques – en d'autres termes, les dates égrenées – qui sont les plus sensibles à ces changements de coloration, car elles sont, par essence, davantage tributaires des modifications de la *psyché* nationale que d'autres constituants, beaucoup plus stables, de cette culture.

Jean-François Sirinelli

Léon Gambetta

Thiers fut le libérateur du territoire et Mac-Mahon le premier président de la République.

1875
LA CONSTITUTION RÉPUBLICAINE EST VOTÉE

La Constitution de 1875
« L'Assemblée nationale vota alors une Constitution républicaine. Le gouvernement de la République fut confié à un président et à deux Chambres, la Chambre des députés et le Sénat. »

1875: l'Assemblée nationale, élue en février 1871 pour faire la paix avec la Prusse, se résout après quatre années d'attente et de tergiversations à mettre fin au provisoire dans lequel vit la France depuis la déchéance du régime impérial proclamée le 4 septembre 1870 et à lui donner enfin des institutions durables. À la différence des textes fondateurs de la plupart des régimes précédents, la IIIe République ne tient pas son origine d'une Constitution se présentant comme un document unique mais de trois lois distinctes dont l'adoption s'est échelonnée sur quelques mois, qui instituent les différents pouvoirs et définissent leurs compétences respectives. Cette procédure est le reflet des hésitations d'une Assemblée partagée entre fidèles des anciens régimes, monarchie ou empire, et républicains. Faute d'une majorité, les constituants ont dû s'engager à la recherche d'un compromis. Les lois constitutionnelles de 1875 sont l'aboutissement de ces négociations : elles instaurent une formule transactionnelle dont la suite montrera qu'elle pouvait installer un régime durable.

L'Assemblée a fait le choix de la République comme forme de gouvernement et comme appellation du régime. Cette décision a été acquise par la convergence des convictions des uns et du ralliement des autres par raison. La République a bénéficié de la situation. En l'absence d'une majorité favorable à la restauration de la monarchie et du fait de la division des droites déchirées entre légitimistes restés fidèles au mirage d'un retour à la société traditionnelle, orléanistes acquis à un régime libéral et parlementaire et bonapartistes attachés aux souvenirs glorieux de l'Empire, la République était le régime de fait qui avait permis le relèvement du pays après les désastres de la guerre et le drame de la Commune. L'expérience vérifiait la justesse du mot d'Adolphe Thiers, chef de l'exécutif, selon qui la République était le régime qui divisait le moins. De fait, chacune des familles de droite préférait encore la République à la restauration d'une autre dynastie : elle avait l'avantage de réserver l'avenir. Quant aux républicains, suivant le conseil avisé de Gambetta, ils ont eu la sagesse de faire aux monarchistes les concessions qui leur rendaient acceptable le ralliement à la forme républicaine des institutions.

Le régime dont les trois lois dessinent les grandes lignes est en effet loin de combler l'attente des républicains les plus avancés. S'il garantit les libertés publiques, il n'instaure pas la démocratie intégrale dont rêvaient les républicains radicaux. C'est qu'il convient de rassurer les électeurs des campagnes sans l'adhésion desquels la

1875

République n'aurait pas d'avenir. Ce régime est le fruit d'un compromis. Il intègre l'acquis essentiel de l'évolution récente : le suffrage universel proclamé par la seconde République et conservé par le second Empire. La Chambre des députés – appellation reprise de la monarchie constitutionnelle – est élue par l'ensemble des citoyens majeurs de sexe masculin et le gouvernement est responsable devant elle. En contrepartie, les républicains ont accordé aux conservateurs une présidence de la République pour sept ans qui pourrait être, en l'attente d'une restauration monarchique, l'équivalent d'un souverain constitutionnel. Ils ont accepté aussi qu'il y ait une seconde Chambre élue au suffrage indirect par des collèges où la France des villages et des bourgs dispose d'une écrasante majorité. De cette Haute Assemblée, dont un quart est désigné à vie et recruté par cooptation, on pouvait escompter qu'elle ferait obstacle aux initiatives jugées démagogiques de la Chambre des députés et qu'elle amortirait les embardées du suffrage universel. Les droites se flattent de l'espoir que l'entente du président et du Sénat garantira le caractère conservateur du futur régime et prémunit la société contre une dérive vers une démocratie radicale.

Les circonstances et les volontés politiques en décideront autrement. Il ne faudra que peu d'années pour que prévale une interprétation des textes qui, en réduisant le rôle du chef de l'État, rompra l'équilibre des pouvoirs et fera de la Chambre issue du suffrage universel le pouvoir principal, identifiant durablement la notion de République à la prépondérance parlementaire avec pour conséquence une instabilité ministérielle qui sera la maladie chronique de la IIIe République.

En revanche, le choix de la République en 1875 a mis fin à l'instabilité institutionnelle qui caractérisait l'histoire politique de la France depuis la Révolution. En presque quatre-vingt-dix ans, elle avait fait l'expérience d'une bonne demi-douzaine de régimes dont aucun ne s'était enraciné et qui avaient tous péri de mort violente, emportés par la guerre, la défaite ou la Révolution. La IIIe République durerait à elle seule presque aussi longtemps que tous ceux-là, avant d'être à son tour victime d'une guerre malheureuse. Peut-être a-t-elle dû sa longévité au caractère transactionnel des dispositions arrêtées. Avec la République s'achève en 1875 la quête fiévreuse de la meilleure des Constitutions. Les constituants ont modéré leur ambition : il n'est plus question d'élaborer la Constitution idéale ; mieux vaut un règlement qui permette un bon fonctionnement des institutions. Ce cadre flexible se prêtera à une évolution qui entraînera la pratique loin des intentions initiales. Avec la République, c'est aussi 1789 qui est consacré : selon la belle et forte image de François Furet, avec les lois constitutionnelles de 1875 la Révolution rentre au port. La démocratie est fondée sans retour. Le choix de la majorité de l'Assemblée nationale de 1875 a bien été une décision de portée historique.

René Rémond

1914
L'ALLEMAGNE DÉCHAÎNE UNE GUERRE TERRIBLE

« En 1914, l'Allemagne a déchaîné une guerre terrible surtout contre la France, la Russie et l'Angleterre. Mais vaincue sur la Marne en 1914, repoussée à Verdun en 1916, elle a dû capituler en 1918. »

En 1914, les Français ont été convaincus que l'Allemagne avait déclenché une guerre terrible, une guerre d'une taille inconnue jusque-là, puisque très vite on l'appela du nom de Grande Guerre, qu'elle a conservé. Était-ce vrai, partiellement vrai ou faux ?

Après une longue période de paix, l'Europe était entrée dans une phase plus tendue des relations entre les pays. Une première explication en était la poussée nationale des peuples des Balkans, les Bulgares, les Grecs, les Roumains et surtout les Serbes qui, une fois indépendants, souhaitaient en chasser l'Autriche-Hongrie au nord, l'Empire ottoman au sud. Deux grands pays européens y jouaient un rôle particulier, l'Autriche-Hongrie qui venait d'annexer en 1908 le territoire alors de majorité serbe de la Bosnie-Herzégovine et la Russie qui soutenait les revendications des peuples de la région, en particulier des Serbes. Lors des guerres balkaniques de 1912-1913, les Turcs furent à peu près chassés d'Europe, mais cette guerre commune avait créé une forte animosité entre les Serbes et les Bulgares qui estimaient avoir été lésés dans la répartition des territoires conquis en Macédoine, ainsi qu'entre la Serbie et l'Autriche-Hongrie qui avait empêché la première d'obtenir un débouché sur la mer Adriatique. Au surplus, les revendications des nationalistes serbes sur les territoires austro-hongrois peuplés de Serbes ou d'autres Slaves du sud, Croates et Slovènes, indisposaient fortement et inquiétaient l'Empire austro-hongrois. La tension des relations européennes était également la conséquence de la rivalité entre la France et l'Allemagne à propos du Maroc. Elle avait provoqué deux crises en 1905 et en 1911. Bien que celles-ci aient été réglées par la voie diplomatique, la seconde surtout avait laissé des traces importantes.

Français et Allemands se soupçonnaient mutuellement de vouloir s'agresser. En France, l'esprit de revanche après la défaite de 1871 et la volonté de reconquérir l'Alsace-Lorraine perdue ne se manifestaient plus guère, mais les derniers événements avaient accru la crainte de l'Allemagne. De son côté, l'opinion allemande avait peur de la Russie ; et l'alliance de la France avec cette dernière, renforcée en 1904 par l'Entente cordiale avec l'Angleterre, puis en 1907 par le rapprochement entre le Royaume-Uni et la Russie, lui donnait le sentiment que l'Allemagne était victime d'un encerclement. La situation de l'Europe était paradoxale : on parlait quelquefois de guerre, mais l'ensemble des peuples et de leurs gouvernants étaient pacifiques. Néanmoins, il existait dans tous les pays une grande méfiance envers les intentions supposées des voisins, d'autant que des commentaires de presse imprudents n'étaient pas sans effets. De par la vigueur et quelquefois la violence des sentiments nationaux, l'Europe ressemblait à un tonneau de poudre, mais cela était sans grand risque si personne n'y mettait le feu, en d'autres termes si les gouvernements faisaient preuve de prudence.

Un événement inattendu allait précipiter les peuples les uns contre les autres. Le 28 juin 1914, l'archiduc héritier d'Autriche-

Hongrie, François-Ferdinand, était tué ainsi que sa femme à Sarajevo, en Bosnie-Herzégovine, par de jeunes nationalistes serbes ; et un peu plus d'un mois plus tard presque toute l'Europe était en guerre.

Que s'était-il passé ? L'Autriche-Hongrie avait rendu responsable la Serbie indépendante de l'attentat – ce qui était faux – et avait voulu en tirer réparation. C'était surtout pour elle une bonne occasion de mater la Serbie. L'Allemagne, contrairement à une attitude antérieure, avait donné son accord parce qu'elle ne voulait pas laisser affaiblir son alliée. Ni l'Autriche-Hongrie ni l'Allemagne ne pensait que cela pouvait déboucher sur une guerre européenne, encore qu'ils y aient songé. Or, après avoir hésité, la Russie décidait de défendre la Serbie qui, comme elle, était un pays slave et orthodoxe. Elle décréta sa mobilisation générale le 29 juillet et cette décision agit comme un chiffon rouge devant les Allemands, d'autant qu'ils ne pouvaient, après l'avoir imprudemment encouragée, abandonner l'Autriche-Hongrie, même si celle-ci avait outrepassé les intentions de ses alliés en montrant une volonté belliqueuse abusive envers la Serbie. En cas de guerre contre la Russie, le plan de guerre allemand – le plan Schlieffen – prévoyait, afin de ne pas courir le risque d'une guerre sur deux fronts, de combattre d'abord la France, pour se retourner ensuite contre la Russie, plus lente à mobiliser. Pour vaincre plus rapidement la France, l'armée allemande devait opérer un vaste mouvement tournant à travers la Belgique, pays neutre. Les Français, de façon à peu près unanime, même ceux qui comme les socialistes et les syndicalistes avaient manifesté en faveur de la paix, considérèrent que leur pays était agressé sans raison dans un conflit qui ne les concernait pas et qu'ils se devaient de défendre la patrie menacée. Profondément imprégnés du sentiment national, les mobilisés – il n'y eut pratiquement pas de défaillants – partirent avec résolution. De son côté, le Royaume-Uni, profondément pacifique et qui n'avait aucune intention de participer à une guerre sur le Continent, fut retourné par l'invasion de la Belgique qui lui apparaissait comme une grave menace ; il entra à son tour dans la guerre.

Mis à part la Suisse, la péninsule Ibérique, les pays scandinaves et l'Italie, laquelle bien qu'alliée de l'Allemagne et de l'Autriche-Hongrie dans la Triple Alliance, préféra rester neutre (pour le moment), toute l'Europe en quelques jours était dans la guerre, une guerre qui avait éclaté un peu par hasard, sans raison véritable, sinon la force des sentiments nationaux des pays concernés qui tous eurent l'impression d'être agressés directement ou indirectement. La conviction allemande fut de ce point de vue aussi forte que la conviction française. La volonté aveugle de l'Autriche-Hongrie, les imprudences allemande et russe ont joué un grand rôle dans l'éclatement de la guerre, mais presque tous les pays encourent des responsabilités pour ne pas avoir su ou voulu empêcher l'irréparable.

Jean-Jacques Becker

1916
LA BATAILLE DE VERDUN

*« En 1914, l'Allemagne a déchaîné une guerre terrible surtout
contre la France, la Russie et l'Angleterre. Mais vaincue
sur la Marne en 1914, repoussée à Verdun en 1916,
elle a dû capituler en 1918. »*

En 1914, tous les belligérants étaient convaincus que la guerre serait très brève, quelques mois, quelques semaines peut-être, parce que la mobilisation générale qui était la règle partout (sauf en Angleterre) arrêterait la vie des pays et que rapidement ce ne serait plus supportable. Entre la France et l'Allemagne tout au moins, on pensait qu'une seule grande bataille déciderait de l'issue de la guerre. Cela aurait pu effectivement se produire, mais tant le plan allemand que le plan français échouèrent. Du côté français, ce fut le cas de l'offensive en Lorraine. Du côté allemand, grâce à son mouvement tournant à travers la Belgique, l'armée allemande avait presque atteint Paris, mais du 6 au 9 septembre, malgré une longue retraite, l'armée française aidée par un petit corps expéditionnaire britannique tint tête, lors de la bataille de la Marne, à l'armée allemande obligée de se replier sur des positions d'où les Franco-Britanniques furent incapables de la chasser. De part et d'autre, les pertes avaient été énormes – des centaines de milliers d'hommes tués, blessés, prisonniers. Progressivement, un front continu s'établissait depuis la mer du Nord jusqu'à la Suisse. La guerre qui se déroulait sur le front occidental était tout à fait différente de celle qui avait été prévue: alors que les armées s'étaient préparées à une guerre de mouvement, la guerre était devenue «immobile»: les armées, allemande d'un côté, française et britannique de l'autre, s'étaient installées dans plusieurs lignes de tranchées parallèles, réunies par des boyaux sinueux. Les soldats, hiver comme été, sous la pluie ou par des froids glacials, ne recevant leur ravitaillement que de façon aléatoire, effectuant en pleine nuit la montée vers le front ou la descente vers l'arrière, chargés d'un incroyable «barda», connaissaient des conditions de vie extrêmement pénibles. Pourtant, forcer le front adverse garni de mitrailleuses – une des armes les plus redoutables – était à peu près impossible et la guerre était devenue principalement une guerre d'artillerie. Les belligérants s'étaient mis à fabriquer des milliers de canons – en France, une artillerie lourde qui existait à peine avant la guerre avait été créée – et à produire des millions d'obus, pour des pièces de petit calibre, comme les mortiers de tranchée, ou pour d'énormes canons. La poursuite de la guerre dépendait donc aussi de la puissance industrielle de chaque pays et du travail des populations civiles. De nombreux ouvriers mobilisés avaient dû être rappelés dans les usines de guerre, et il était fait appel au travail des femmes, des étrangers, de travailleurs venus des colonies ou de Chine... La guerre n'était plus seulement un affrontement de soldats; l'ensemble des peuples y participaient, par leur travail, par leur soutien aux combattants, par leur rôle dans la propagande, par leur haine de l'ennemi. La guerre était aussi une guerre économique. La flotte britannique avait entrepris le blocus de l'Allemagne. Si les Allemands parvenaient à fournir à leur industrie de guerre ce dont elle avait besoin, le ravitaillement des civils (et des soldats) devint progressivement catastrophique.

En 1915, le commandement allemand inversait son plan dans l'espoir de battre la Russie avant de se retourner à nouveau contre la France, pendant que le commandement français essayait de rompre le front. En Russie, les troupes allemandes remportaient de grands succès, mais elles ne parvenaient pas à obtenir une victoire décisive; à l'ouest, les offensives françaises en Artois et en Champagne échouaient. En 1916, le commandement allemand, modifiant une nouvelle fois son plan, concentrait une énorme masse de canons dans la région de Verdun. On a dit par la suite que son but était seulement de « saigner » l'armée française. Il n'en était rien. Il s'agissait bien de prendre Verdun pour enfoncer le front français et finir la guerre.

Commencée par surprise le 22 février, la bataille permit à l'armée allemande de gagner un peu de terrain, mais finalement l'idée d'écraser l'adversaire sous un déluge de feu pour qu'ensuite l'infanterie avançât sans difficultés échoua. Dans une seconde phase, les Allemands reperdirent le terrain gagné et quand la bataille se termina, en décembre, les deux armées étaient revenues sur leurs positions de départ, mais, entre-temps, environ cinq cent mille hommes avaient été tués de part et d'autre (sans compter d'innombrables blessés). La bataille de Verdun est restée pour la France le symbole de la guerre par son acharnement, par son horreur, par les conditions de vie inhumaines subies par les soldats, par le courage et l'esprit de sacrifice des combattants. Complètement isolés, de petits groupes de soldats continuaient de combattre quand, après de terribles bombardements, l'infanterie adverse essayait de progresser. En brisant l'assaut allemand sur Verdun, l'armée française montrait une nouvelle fois son degré d'esprit national. Mais cela ne permettait toujours pas de gagner la guerre.

À peu près au même moment, Français et principalement Britanniques essayaient de rompre le front allemand en Picardie. Ce fut la bataille de la Somme qui dura du 1er juillet au 18 novembre, équivalente à celle de Verdun par l'exceptionnelle violence et l'exceptionnel esprit de sacrifice des combattants des deux camps. Pour le soldat allemand, la bataille de la Somme est de même nature que celle de Verdun pour le soldat français. Mais, dans les deux cas, les assaillants furent incapables de rompre le front adverse.

À la fin de l'année 1916, aucun belligérant n'avait pu remporter de succès décisif. Les pertes avaient été inouïes depuis le début de la guerre. Du seul côté français, on comptait alors un million trois cent mille morts et prisonniers. Après quelque trente mois de guerre, il était impossible de prévoir quand celle-ci se finirait et qui l'emporterait.

Jean-Jacques Becker

1918
LA FRANCE ET SES ALLIÉS
TRIOMPHENT DE L'ALLEMAGNE

« En 1914, l'Allemagne a déchaîné une guerre terrible surtout contre la France, la Russie et l'Angleterre. Mais vaincue sur la Marne en 1914, repoussée à Verdun en 1916, elle a dû capituler en 1918. »

Bloquée en 1916, la configuration du conflit était transformée, en 1917, par l'entrée en guerre des États-Unis, puis par l'abandon de la Russie, sans compter la lassitude des peuples qui s'était traduite par des mouvements sociaux de plus en plus importants, voire par des mutineries, comme celles qui éclatèrent dans l'armée française au printemps. Sur le plan militaire, les Français sur le Chemin des Dames et les Anglais dans les Flandres échouaient à nouveau à percer le front allemand, malgré des pertes terribles. Au mois de mars 1917, une première révolution se produisait en Russie et le tsar Nicolas II était obligé d'abdiquer ; après de nombreux troubles, une seconde révolution, sorte de coup d'État, avait lieu au mois de novembre. Les Bolcheviks dirigés par Lénine s'emparaient du pouvoir. Ils avaient promis de partager les terres et d'arrêter la guerre. Depuis l'été, l'armée russe ne pouvait plus être considérée comme une force combattante et au mois de décembre un armistice était conclu avec l'Allemagne et l'Autriche-Hongrie : après de difficiles négociations, la Russie soviétique signait le traité de Brest-Litovsk (3 mars 1918). Elle abandonnait d'immenses territoires, mais quittait la guerre.

La révolution en Russie avait été une très grande surprise, qui permettait à l'Allemagne de ne plus combattre que sur un front. Dès le début de 1917, ne prévoyant pas encore ces événements, elle avait cherché par quel moyen elle pourrait vaincre à l'ouest. Le commandement allemand estima qu'une guerre sous-marine à outrance obligerait l'Angleterre à capituler. Annoncée le 31 janvier, elle infligeait des pertes énormes à la flotte de commerce britannique au cours des mois suivants. Mais des méthodes efficaces de lutte contre les sous-marins furent employées qui limitèrent les effets de ce type de guerre, lequel, en revanche, provoqua l'entrée des États-Unis dans le conflit. Le président américain, Woodrow Wilson, avait tout fait pour tenir son pays en dehors des hostilités, mais il ne pouvait admettre que les sous-marins allemands s'attaquent aux navires américains. En outre, la défaite des Alliés aurait été pour les États-Unis un désastre en raison des énormes livraisons d'équipements et de produits divers qu'ils leur avaient consenties à crédit.

Comme, faute d'armée, il était impossible aux États-Unis d'intervenir militairement dans l'immédiat, l'Allemagne pouvait tenter de forcer la victoire avant l'arrivée des soldats américains. En ramenant à l'ouest une partie des troupes qui se trouvaient libérées par la paix sur le front oriental, elle se croyait capable de lancer une série d'offensives au printemps 1918. Grâce à l'utilisation d'une nouvelle tactique d'infiltration, elle remportait de grands succès en mars, en Picardie, contre l'armée britannique et, en mai, sur le Chemin des Dames, contre l'armée française. Les Allemands étaient à deux doigts de vaincre. Leurs soldats approchaient à nouveau de

Paris qui était bombardée par avion et par un gros canon (il y en avait en fait plusieurs), surnommé la Grosse Bertha, tirant à plus de cent kilomètres. Pour essayer de rétablir une situation très compromise, les Alliés réalisèrent le commandement unique (jusque-là Français et Britanniques avaient combattu à côté les uns des autres mais de façon mal coordonnée) en faveur du général Foch. Le 15 juillet, l'offensive « décisive » que les Allemands lançaient en Champagne échouait ; et le 18 juillet, une contre-offensive franco-américaine les rejetait au-delà de la Marne (seconde victoire de la Marne). Les Allemands n'avaient plus les moyens d'attaquer à nouveau et l'initiative passait aux Alliés. Renforcés par des troupes américaines de plus en plus nombreuses qui leur assuraient la supériorité numérique, disposant également de la supériorité dans le domaine de l'aviation et surtout des chars d'assaut, dont les Allemands étaient à peu près dépourvus parce que leur commandement n'y avait pas cru, ils allaient pouvoir débuter à partir du mois de septembre une offensive générale qui obligea les Allemands à reculer sur toute la longueur du front.

Alors que son armée était dans une situation de plus en plus difficile, l'Allemagne ne pouvait plus compter sur ses alliés qui abandonnaient la lutte les uns après les autres. Le 29 septembre, la Bulgarie signait l'armistice, le 31 octobre, c'était le tour de la Turquie, le 3 novembre, de l'Autriche-Hongrie face à l'Italie. Dès la fin du mois de septembre, craignant un écroulement de l'armée, le commandement allemand exigeait que fût demandé l'armistice ; le 4 octobre un nouveau gouvernement s'adressait au président des États-Unis, dont il espérait de meilleures conditions. En réalité, après des discussions qui durèrent tout le mois d'octobre, les États-Unis acculèrent l'Allemagne à une véritable capitulation. Le 11 novembre, une délégation allemande signait précipitamment l'armistice : la révolution avait éclaté en Allemagne, l'empereur Guillaume II avait dû abdiquer et s'enfuir aux Pays-Bas. Bien qu'une partie de l'opinion française, en particulier le président de la République Poincaré à l'inverse du président du Conseil Clemenceau, eût voulu que la guerre fût portée sur le sol allemand, c'est une immense joie, presque folle qui submergea les capitales alliées, et surtout Paris et Londres, malgré l'épidémie de « grippe espagnole » qui faisait alors de terribles ravages. Les soldats du front étaient également heureux d'en avoir fini ; mais ils se manifestèrent moins, les derniers mois de la guerre avaient été très durs et, de part et d'autre, le nombre de morts demeurait considérable.

La Grande Guerre était terminée, mais elle laissait un océan de ruines, en particulier en France, et un nombre de morts jusqu'alors inconnu : un million quatre cent mille soldats français, deux millions d'Allemands, huit cent cinquante mille Britanniques, des veuves, des orphelins, des mutilés, des gazés par centaines et centaines de milliers...

Jean-Jacques Becker

1919
LE TRAITÉ DE VERSAILLES NOUS A RENDU L'ALSACE-LORRAINE

« Le traité de Versailles (1919) a rendu à la France l'Alsace-Lorraine. »

Le traité de Versailles fut signé dans la galerie des Glaces du château de Versailles, le 28 juin 1919, entre les puissances alliées et associées et l'Allemagne vaincue ; il fut complété ensuite par quatre accords concernant d'autres pays défaits, l'Autriche à Saint-Germain-en-Laye, la Bulgarie à Neuilly-sur-Seine, la Hongrie au Trianon, la Turquie à Sèvres.

Il fallut, ensuite, vingt ans seulement pour que, après l'épouvantable massacre de 1914-1918, la Seconde Guerre mondiale vînt ravager à nouveau l'Europe et la planète entière. On ne s'étonne donc pas que le traité ait souffert d'une mauvaise réputation. Le président des États-Unis, Wilson, le président du Conseil français, Clemenceau, le Premier ministre britannique, Lloyd George, ses principaux maîtres d'œuvre (l'Italien Orlando restant en retrait) ont été taxés respectivement d'idéalisme naïf, de cynisme maladroit et d'égoïsme ondoyant.

Quatre-vingt-cinq ans plus tard, il faut réviser le jugement, en appréciant mieux ce que furent la latitude d'action des négociateurs et la responsabilité de leurs successeurs.

Le reproche, formulé surtout contre Clemenceau, d'avoir démantelé l'Empire austro-hongrois, en se privant ainsi d'un facteur de stabilité dans le concert des nations, fait bon marché d'une évidence : il était impossible que, vaincue, cette fédération à deux têtes pût résister à la pression des nationalités qui avaient été frustrées de si longue date. Le principe du droit des peuples à disposer d'eux-mêmes dut, certes, s'accommoder d'un lot de punitions et de récompenses réparties selon le camp qu'avaient choisi les petits pays, mais il fut, dans l'ensemble, assez bien respecté (même si l'Europe centrale étant une « peau de léopard », il était impossible d'y assurer le sort de toutes les minorités, si bien que celles qui demeuraient dominées étaient destinées à créer des risques pour l'avenir de la paix).

C'est au nom de ce principe, promu par les Lumières et violé par les monarchies au XIXe siècle, que Clemenceau résista fermement à tous ceux qui, tel le maréchal Foch, auraient voulu voir la France annexer la rive gauche du Rhin. Aussi bien savait-il que ses alliés n'y auraient pas consenti : Wilson par doctrine et Lloyd George au nom de la politique constante des Anglais, attentifs à ne laisser ni les Gaulois ni les Germains dominer sur le continent et en même temps soucieux que l'Allemagne restât assez forte pour contenir la menace du bolchevisme à l'est. Une telle décision aurait conduit d'ailleurs, une fois l'Alsace-Lorraine recouvrée par la France, à susciter un facteur d'instabilité symétrique.

Le « *diktat* » fut imposé aux puissances centrales. Sachons voir, pour comprendre qu'il ne pouvait guère en être autrement, l'état des opinions publiques dans les pays victorieux. L'idée que l'Allemagne, dont le territoire sortait indemne de la guerre, aurait pu ne pas se soumettre et échapper à l'obligation de payer des indemnités de réparations (Bismarck en avait bien exigé de M. Thiers après 1871) était inimaginable pour la majorité des Français, qui continuaient d'attribuer à l'ennemi d'outre-Rhin la responsabilité des hostilités.

Au demeurant, la volonté qu'eut Wilson de mettre sur pied, en préambule au traité, une Société des Nations, premier effort pour porter à la hauteur d'une organisation internationale les progrès accomplis par le droit à l'intérieur des pays, témoigna que, dans l'esprit des vainqueurs, il fallait, quelque dur que pût être le châtiment (pour l'Autriche-Hongrie bien plus, à vrai dire, que pour l'Allemagne), dépasser les brutalités de la *real-politik*.

L'histoire d'un traité est faite de son application autant que de sa genèse. On ne pouvait prédire que les quatre hommes d'État de Versailles seraient contraints, comme ils le furent, chacun chez soi, de quitter si vite le pouvoir, empêchés ainsi d'assurer la continuité d'un dessein qui fut dévoyé.

Le coup le plus grave fut porté à Washington, quand Wilson se montra incapable d'arracher au Congrès la majorité indispensable à la ratification. Les États-Unis ne donnaient plus, dès lors, leur caution au système de Versailles et ils allaient être absents de cette SDN que leur président avait tant rêvé de voir naître : d'où, pour elle, une faiblesse primordiale.

Quant aux relations entre la France et l'Allemagne, elles furent décisives dans la postérité du traité. Il existait, pour Paris, deux politiques possibles. Celle de la rigueur qui maintiendrait Berlin, pendant une génération, dans un état de subordination ; ce choix était aléatoire, compte tenu des réticences britanniques et américaines, mais il avait sa logique, à la condition d'une inflexible continuité. L'autre voie était celle de la réconciliation, renforçant les forces démocratiques outre-Rhin grâce à la générosité d'un rapprochement, dans le cadre d'une Europe pacifique à bâtir.

Hélas ! la France ne sut pas arbitrer : elle fut tantôt brutale, avec notamment l'occupation de la Ruhr par Poincaré en janvier 1923, tantôt pusillanime, comme lors de la remilitarisation de la rive gauche du Rhin par Hitler en mars 1936. Ainsi perdit-elle sur les deux tableaux et, tout en provoquant chez l'adversaire de durables ressentiments, elle ne se donna pas les moyens d'en maîtriser les effets. Elle ne renonça pas à « faire payer » l'Allemagne mais elle ne perçut, du fait de la Grande Crise de 1929, qu'un pourcentage dérisoire des sommes prévues. Elle suivit trop passivement l'Angleterre, à partir de 1924, et elle subit la contagion de la mollesse britannique en face du péril nazi, jusqu'à ce qu'il ne fût plus temps de gagner.

Le traité de Versailles était nourri de nombreuses arrière-pensées ? Bien sûr ! Il était fondé sur des compromis entre les vainqueurs ? Naturellement ! Il recelait des potentialités diverses ? Oui, comme tous les autres ! Mais il serait injuste de lui attribuer l'essentiel des dérives ultérieures, celles dont se rendit coupable, en France et ailleurs, le personnel politique que le corps social, affaibli lui-même par la saignée du grand drame, désigna pour le diriger.

Jean-Noël Jeanneney

REGARDS CROISÉS SUR LA CHRONOLOGIE ET SON APPRENTISSAGE

TOUTAIN ET BLANCHET*
AUTEURS DU MANUEL CHOISI S'ADRESSENT AUX ENFANTS

AVERTISSEMENT

Pour répondre à un vœu, que les maîtres de nos écoles ont exprimé, nous leur offrons aujourd'hui, avec une illustration complète du texte par l'image, ce **cours élémentaire et moyen**, rédigé conformément aux programmes du 23 février 1923.

Les leçons que les élèves doivent apprendre et réciter sont courtes. Elles présentent *la suite* des événements.
Les récits portent sur des **faits détachés,** toujours choisis parmi les plus importants, ou sur **les biographies** des personnages les plus célèbres. Chaque récit est illustré par une **gravure** qui en est la **reproduction figurée**, et il donne lieu à un **exercice écrit** ou **oral** qui force les enfants à réfléchir, à écrire et à parler.

Désiré Blanchet et Jules Toutain

---

* *Désiré Blanchet (professeur agrégé d'histoire et de géographie, proviseur honoraire des lycées Louis-le-Grand et Condorcet) et Jules Toutain (docteur ès lettres, professeur à l'École normale primaire supérieure de Fontenay-aux-Roses).*

PETITES
NOTIONS PRÉLIMINAIRES

L'HISTOIRE. À votre âge, mes petits amis, vous aimez qu'on vous raconte des histoires. En voici une qui est très belle et qu'un Français ne doit pas ignorer, c'est l'histoire de notre pays, l'histoire de la France.

QU'EST-CE QUE L'HISTOIRE DE LA FRANCE ? L'histoire de la France est le récit de la vie de nos ancêtres, des grandes choses qu'ils ont faites, des luttes qu'ils ont soutenues, des progrès que peu à peu ils ont accomplis.

LE PASSÉ. Le pays que nous habitons n'a pas toujours eu l'aspect que nous lui voyons aujourd'hui. Il fut un temps où les champs n'étaient pas cultivés ; où les hommes n'avaient pas de maisons, si ce n'est des huttes en bois ; pas de vêtements, si ce n'est la peau des bêtes sauvages ; pas d'outils, si ce n'est une pierre dure emmanchée à un bâton. Alors nos ancêtres vivaient comme des sauvages.

LES PREMIERS PROGRÈS. Peu à peu, et après beaucoup d'efforts et de patience, ils apprirent à travailler le fer et le bois, ils bâtirent des maisons, ils fabriquèrent des étoffes de laine. Les champs cultivés fournirent les céréales et les fruits. En même temps, les hommes se rapprochèrent ; ils apprirent à se gouverner et à se prêter aide mutuelle.

LA CIVILISATION. Ainsi nos ancêtres devinrent des hommes civilisés. Alors de merveilleux progrès s'accomplirent. Notre pays se transforma. Nos campagnes, cultivées avec soin, donnèrent en abondance le blé, les légumes, les fruits ; des villages, puis des villes s'élevèrent en grand nombre ; des monuments magnifiques les ornèrent ; de belles routes les relièrent entre elles. Des industries de toutes sortes fournirent tous les produits utiles ou agréables à la vie.

LE PRÉSENT. Ainsi c'est aux efforts de nos ancêtres que nous devons de vivre plus heureux. Mais combien de progrès restent à faire ! Que de misères encore à soulager ! Combien d'hommes sont mal logés, mal vêtus, mal nourris ! C'est par le travail de chacun et par l'association de toutes les bonnes volontés que peu à peu la vie sera moins dure pour ceux qui souffrent.

L'AVENIR. Il faut avoir confiance dans l'avenir. Nos enfants vivront dans une société meilleure encore, plus humaine et plus juste. Le développement de l'instruction, les institutions d'assistance mutuelle, les lois qui réglementent le travail et qui assurent une retraite aux travailleurs améliorent peu à peu l'état social.

LES DATES. Pour avoir une notion précise de l'histoire, il faut pouvoir fixer l'époque où les événements se sont produits : c'est ce que l'on appelle établir la *date* de ces événements.

Quand nous disons : il y a dix ans, il y a cent ans (un siècle), il y a dix siècles (dix fois cent ans) qu'un fait s'est passé, nous indiquons la date de ce fait.

COMMENT ON COMPTE LES ANNÉES. L'époque à partir de laquelle on compte les années, s'appelle une *ère*. Pour les peuples de l'Europe chrétienne cette époque est la naissance du Christ. Quand on dit : cent ans après Jésus-Christ, cela signifie que le fait s'est passé cent ans après la naissance du Christ. Si, au contraire, nous disons cent ans, deux cents ans avant Jésus-Christ, cela signifie que le fait s'est passé un siècle, deux siècles avant la naissance de Jésus-Christ. Actuellement nous vivons dans le vingtième siècle de l'ère chrétienne.

POURQUOI FAUT-IL APPRENDRE L'HISTOIRE ? Il faut apprendre l'histoire puisque c'est elle qui nous raconte tous les merveilleux progrès de l'humanité. Elle vous dira tous les changements qui se sont produits dans la manière de vivre, de se nourrir, de se vêtir, de se loger, de cultiver la terre ou d'exercer un métier, de faire le commerce, de voyager, de se gouverner.

LA PATRIE. Il faut surtout apprendre l'histoire pour mieux aimer la France, notre patrie.

La patrie est la terre où ont vécu nos pères, où nous vivons, où vivront nos enfants.

La patrie représente nos souvenirs communs dans le passé et nos espérances communes dans l'avenir.

RELECTURE
DU GRAND RÉCIT NATIONAL
ET ACTUEL DÉSARROI

Au dire de leurs professeurs, les étudiants qui commencent de fréquenter l'Université ne possèdent plus les éléments de chronologie qui leur permettraient de bénéficier de l'enseignement qui leur est destiné. Les éditeurs sont désormais obligés de tenir compte de ce dépérissement du sens de la profondeur historique. La perte de repères suscite l'inappétence, tarit la curiosité, installe la confusion dans les représentations du passé.

L'intensité récente de l'alerte nous a conduit à reconsidérer la chronologie qui étayait et scandait le grand récit de l'histoire de France naguère inculqué aux élèves de l'école primaire. La décision de revisiter cette longue chaîne d'événements dérivait, en outre, de la conviction que celle-ci résultait d'une série de tris. Les auteurs du manuel que nous avons choisi se devaient d'adapter le passé, avec plus ou moins de force, aux processus de construction de la nation et d'élaboration de l'identité, voire de la singularité françaises qu'ils entendaient mettre en évidence ; projet sous-tendu par la conviction de la richesse de l'avenir de cette représentation.

Ce dessein apparaissait déjà clairement dans la mise en exergue de quelques dates symboliques du sens profond de ce récit national élaboré, pour l'essentiel, au cours du XIXe siècle et à l'aube du XXe siècle. Les batailles de Bouvines, de Marignan, de Fontenoy, de Valmy prenaient sens l'une par rapport aux autres, dans une longue suite d'épisodes qui témoignait de la cohérence de la construction.

Les spécialistes appelés à revisiter la chronologie inculquée aux élèves du premier XXe siècle ont révélé avec précision le travail opéré sur le passé afin d'élaborer ce grand récit dont il importait de poser le déroulement comme une évidence. Le territoire de « nos ancêtres les Gaulois » était, en fait, habité par des peuples divers. Mérovée ne fut pas le seul, ni même le principal vainqueur d'Attila et le titre de roi de France n'était guère en usage avant le règne de Saint Louis. La « guerre de Cent Ans », formule par laquelle on désigne les conflits de la fin du Moyen Âge, ne date que du XXe siècle. Le roi Jean le Bon, le vaincu de Poitiers, était avant tout animé d'un idéal chevaleresque. La mise au pinacle de Du Guesclin, dans notre manuel, relève d'une entreprise globale d'héroïsation nationale. La politique étrangère menée par Richelieu et Mazarin est, ici, lue selon la doctrine des frontières naturelles et les guerres de Louis XIV sont interprétées dans la perspective d'une défense de la patrie. Quant au premier Empire, il est donné à voir comme une succession de batailles qui permettent d'héroïser le soldat français… et ce ne sont que des exemples.

Certaines trahisons et certaines inflexions de la vérité historique ont pour fonction, dans ce manuel, de promouvoir les valeurs inspiratrices du projet pédagogique de la IIIe République. La présentation de l'édit de Nantes et de sa révocation vise à magnifier la tolérance et à montrer que l'histoire religieuse de la France conduit au triomphe final de la laïcité. L'insistance sur la fête de la Fédération de 1790 plutôt que sur la prise de la Bastille souligne les bienfaits de la concorde, de la fraternité et du rassemblement des énergies nationales. La longue galerie des batailles, déjà inscrite dans la politique mémorielle de la monarchie de Juillet, permet d'illustrer l'ardeur des soldats français, attestée par la farouche résistance de Vercingétorix comme par la victoire de 1918. L'accent mis sur les malheurs participe de cette stratégie, puisqu'ils sont toujours suivis de triomphes.

À l'évidence, la conjoncture internationale récente a pesé, elle aussi, sur ce grand récit. La longue lutte menée contre la Maison d'Autriche, la mise en scène de l'entrée des troupes françaises à Berlin en 1806, l'attribution de la responsabilité du déclenchement de la guerre de 1914 à la seule Allemagne s'inscrivent dans cette perspective.

Il est des erreurs qui ne doivent rien à de telles visées. Le progrès de la recherche, notamment une analyse plus serrée des archives médiévales, ont permis d'en débusquer. L'angoisse millénariste que l'on supposait avoir tenaillé les populations de la fin du Xe siècle s'est, ainsi, révélée imaginaire.

La relecture effectuée dans ce livre a été enrichie par les débats historiographiques qui se sont succédé depuis l'aube du XXe siècle. L'accent mis sur l'histoire de la psychologie collective puis la dénonciation de l'histoire-bataille, la contestation du rôle de l'événement, la critique du biographique, la mise en évidence du jeu de temporalités multiples ont porté un premier coup de boutoir au grand récit national.

Par la suite, le prestige de l'anthropologie, l'attrait pour ce qui relève de l'imaginaire, l'attention portée à l'historiographie et bien d'autres données l'ont fait considérer comme une création dérisoire ; si ce n'est par les spécialistes qui, tel Pierre Nora, faisaient de cette construction l'objet même de leur recherche.

Évitons, toutefois, de trop vite déprécier ce tableau de dates, assorti de « leçons à réciter » et de « récits à raconter ». À bien y regarder, le grand récit national, dont cette chronologie constitue l'axe, se trouve sous-tendu par des temporalités multiples. Ce qui n'étonne pas, compte tenu du poids de la référence à Michelet.

Le travail de la longue durée est ici rendu manifeste par la lente construction de la nation et par l'intervention progressive du peuple dans cette histoire; processus qui, parfois, s'accélère et possède ses temps forts, tel celui marqué par la Révolution et l'Empire.

La moyenne durée est, elle aussi, repérable, non par le jeu de cycles économiques, c'est-à-dire par la succession de phases A de croissance et de phases B de récession. Ce sont, ici, des périodes d'affrontements violents, formant des cycles sanglants, qui rythment le processus de longue durée : la « guerre de Cent Ans », « les guerres d'Italie », « les guerres de Religion », « les guerres de la Révolution et de l'Empire »...

Bien entendu, puisqu'il s'agit d'un tableau chronologique constitué de soixante-quinze dates, le temps court de l'événement se trouve ici valorisé. À ce propos, bien des critiques assénées vers le milieu du XXe siècle se révèlent aujourd'hui obsolètes. Les nombreux auteurs de ce livre montrent bien que l'événement est lui-même le résultat d'une construction et que celle-ci exerce son influence sur les temps qui le suivent.

« Le pape Urbain II prêchant la première croisade à Clermont » est présenté comme un épisode unique, lequel, en fait, résume de multiples micro-événements. Ainsi construit, il pèse sur l'imaginaire jusqu'au cœur du XXe siècle. Et que dire des conséquences de la Saint-Barthélemy ! Les victoires nationales, de Bouvines à Verdun, forment, répétons-le, une série cohérente de scènes violentes perpétuellement travaillées par l'imaginaire. Est-il besoin d'insister ? Nous savons bien, aujourd'hui, l'importance de l'événement ; l'évocation de juin 40, de mai 68 et du 11 septembre 2001 suffit à la démonstration.

Cela dit, Jacques Le Goff désigne, à ce propos, quelque chose d'essentiel à notre réflexion : la pauvreté de la chronologie quand elle ne se double pas d'une attention à la synchronie et quand elle ne s'accompagne pas de tableau synoptique. Parce que, précisément, son élaboration reflète une lecture du passé qui se veut cohérente, la chronologie porte en elle le risque d'une vision rétrécie.

Par bonheur, le récit de la construction de la nation que nous avons revisité impliquait à tel point les voisins de la France qu'il s'étendait à l'ensemble de l'Europe occidentale. Ce qui rejoint une réflexion de Michelet, confiée à son journal le 23 octobre 1864, alors qu'il mettait le point final à son ouvrage :

« Achevons l'*Histoire de France*, grand travail qui embrasse l'Angleterre, les colonies, c'est-à-dire le monde. En profondeur, c'est une grande occasion de creuser les types européens. »

La mise en évidence, par les auteurs de ce livre, de la manière dont le tableau présenté aux élèves de l'entre-deux-guerres a été constitué et la démonstration des erreurs que sa cohérence même a déterminées ne règlent pas le problème posé initialement sur l'intérêt d'un tel apprentissage. Michelet a débuté sa carrière par la rédaction de tableaux chronologiques. Il a pu, de ce fait, construire son œuvre sur un socle solide. Mais, dans le même temps, cette forme de savoir ne cessait de susciter la dérision. Stendhal considérait la chronologie comme « le bête de l'histoire », ajoutant que c'est pour cette raison qu'on l'enseignait de préférence aux femmes. À plusieurs reprises, Daumier s'est employé à dénoncer la stupidité du tableau de dates infligé à la masse des élèves. Au siècle suivant, Marcel Aymé ironise sur l'importance accordée au traité de Westphalie que, par bonheur, l'un des enfants de sa *Jument verte* se révèle capable de situer dans le temps.

Reste le discrédit dont la chronologie a souffert, en France tout au moins, depuis les années 1960. Antoine Prost en mesure l'ampleur, d'une manière nuancée, en évitant toute affirmation péremptoire. Il en analyse les causes, liées, en partie, à la marche des sciences de l'éducation.

L'essentiel résulte, peut-être, de la perception, par les intellectuels, d'une évolution plus large, qui déborde de beaucoup la sphère des historiens universitaires. Au lendemain de la défaite de 1940 et de la pâle victoire de 1945, beaucoup ont eu le sentiment que la France était, en quelque sorte, rentrée dans le rang ; conviction, il est vrai, inégalement partagée si l'on songe à l'action politique d'un Charles de Gaulle ou d'un François Mitterrand. Quoi qu'il en soit, cette sourde impression, nonobstant les délices de la nostalgie, conduisait à refuser de privilégier un regard national, jugé inadéquat étant donné l'extension planétaire de la scène sur laquelle se déroulait l'histoire.

Dans le même temps s'affirmait le refus d'exiger de l'enfant un effort de mémoire. La chronologie n'était ici qu'une victime parmi d'autres outils pédagogiques, dont la bonne vieille « récitation ». La réorientation d'un enseignement misant davantage sur l'affectivité et refusant la coercition visait à l'épanouissement de l'enfant par le moyen de « disciplines d'éveil » ; ce qui conduisait à privilégier le présent et la proximité aux dépens de la profondeur temporelle ; ce qui créait, dans l'esprit des élèves, une modification du rapport au temps, un rétrécissement de l'imaginaire historique.

L'évolution récente n'a fait qu'accélérer le processus. L'accentuation du narcissisme, le désarroi suscité par la prise de conscience, plus ou moins nette, d'un nouveau « régime d'historicité », comme l'a suggéré l'historien François Hartog, conduisent à s'interroger : pourquoi s'encombrer la mémoire d'une chronologie fondée sur des valeurs désormais jugées obsolètes ?

Pourquoi se référer à une architecture temporelle précise alors que s'approfondit le sentiment d'une dispersion des valeurs, résultat de l'éparpillement des éléments constitutifs du corps social ? L'insistance avec laquelle les médias soulignent la multiplicité des communautés, la diversité des références selon les générations et selon les appartenances, le choc des mémoires revendiquées fait douter de la possible unicité d'un axe chronologique.

En cela, certes, tout n'est pas nouveau. Il y a longtemps que les sociologues ont mis en évidence la multiplicité des temps sociaux. Or, notons-le, celle-ci n'a pas empêché la réussite pédagogique de la IIIe République, dans le domaine qui nous concerne.

Faire l'effort d'apprendre une chronologie suppose le sentiment que le passé que l'on met ainsi en ordre, que le présent que l'on vit et que l'on ressent, que le futur attendu peuvent se lier d'une manière cohérente ; chacun de ces éléments étant solidaire des deux autres. Or, la perception des obscurités du passé proche, des incertitudes du présent, de l'affaissement de la croyance en un futur porteur de progrès gêne la constitution d'une représentation claire de la succession des temps.

À la réflexion, ces constats ne devraient toutefois pas suffire à remettre en cause la nécessité de la chronologie. Ne pas pouvoir distinguer ce qui s'est passé avant de ce qui s'est passé après, c'est-à-dire ne pas posséder la vision d'un ordre temporel empêche la saisie du jeu des références, des influences et des rejets. Cette carence rend dérisoires toute réflexion, toute conversation, tout échange concernant les traces du passé, de quelque nature qu'elles soient. L'absence de cadres temporels condamne à vivre dans un monde opaque.

Dans cette perspective, il importait, tout d'abord, de mettre à nu les logiques du récit dans lequel, malgré tout, la majorité des Français continuent de s'inscrire, plus ou moins vaguement. Tel était l'objet de ce livre.

Resterait à bien saisir les chronologies balbutiantes qui se dessinent en évitant les constats péremptoires, notamment ceux qui conduisent à décréter la perte de toute signification de l'histoire nationale. Les regards jetés sur le monde invitent, à ce propos, à une certaine prudence. En outre, l'affaiblissement du sentiment national semble, ici et là, compensé par la vigueur des références régionales ou locales; ce dont témoignent le succès populaire des grands spectacles historiques comme la prospérité de certaines maisons d'édition régionales.

Quel tableau chronologique peut aujourd'hui aider à la compréhension de ce qui se passe à une autre échelle et prendre en compte des sensibilités nouvelles marquées par le souci de l'environnement et l'anxiété écologique?

Tout cela suggère l'élaboration de chronologies emboîtées sans qu'en ce temps d'affaissement des idéologies aucune ne semble dotée d'un pouvoir fédérateur. Ainsi menace une juxtaposition de savoirs, les uns resserrés sur l'individu et le groupe, les autres élargis aux dimensions d'une histoire planétaire, stimulée par le sentiment d'une mondialisation obscure.

Ce jeu simultané du resserrement et de l'élargissement de la vision permet difficilement de choisir le cadre chronologique dans lequel il est désormais préférable de lire le passé et de penser l'avenir. Sur quels faits identitaires, sur quelles valeurs unanimement reconnues, sur quelles curiosités partagées, sur quelles expériences communes, selon quels jalons sûrs capables de surmonter les particularités est-il possible de fonder une chronologie?

François Hartog, déjà cité, incite à l'espoir puisqu'il nous montre qu'à plusieurs reprises les hommes se sont ainsi trouvés, plus ou moins brutalement, confrontés à de nouvelles manières de penser l'histoire.

Avant de soumettre ces interrogations aux regards croisés de trois spécialistes, il convient de remercier les quarante-sept historiens qui ont, tous ensemble, réussi à redessiner de manière saisissante le grand récit de l'Histoire de France raconté naguère aux enfants.

Alain Corbin

CE QUE CHRONOLOGIE VEUT DIRE

Une chronologie n'est pas une énumération indifférente. C'est le condensé elliptique d'une forme de savoir. Elle représente l'équivalent d'une grammaire temporelle ; il s'en dégage un sens. Elle suppose une articulation hiérarchique des connaissances. Elle sous-tend la construction d'un discours, elle sous-entend la possibilité d'un récit continu dont les dates sont les points de passage obligés. C'est, en définitive, l'axe d'une organisation mentale qui est loin de concerner seulement l'histoire, mais gouverne l'ensemble des activités de l'esprit.

Mettre d'autre part au centre de l'enseignement primaire l'histoire de France éclairée par une suite de phares et balises supposait un enchaînement considérable de postulats, emboîtés les uns dans les autres, et dont aucun ne paraîtrait aujourd'hui évident. Le choix des dates, pour commencer, fabriquait une histoire de France organique, unitaire, progressive, correspondant à un type de France et à un type d'histoire aujourd'hui devenus hautement problématiques. Cette France se trouve ensuite, à titre central, insérée dans une histoire générale de l'humanité, elle-même engagée dans un progrès global et continu. Chacune de ces dates, enfin, était l'indicatif d'une petite nouvelle, le fragment du roman familial que pouvait se raconter à lui-même l'enfant, et dans lequel il lui était possible de se projeter. En deux pages de dates : l'enfant, l'histoire, la France et l'humanité. Les « Petites notions préliminaires » de ce manuel (*cf.* p. 448-450) sont, à cet égard, un chef-d'œuvre de progression démonstrative. L'obligation de retenir se dégage toute seule du plaisir d'entendre raconter l'histoire, qui retombe en boucle sur la nécessité d'apprendre et d'aimer d'abord celle de la patrie.

Infliger donc aux enfants d'apprendre par cœur une longue série de dates de l'histoire de France considérées comme essentielles engageait, en fait, très au-delà d'une simple technique ou d'un exercice de mémoire, un système pédagogique d'une profonde cohérence idéologique, historique, scientifique, dont la chronologie peut apparaître comme la clé de voûte, la pointe avancée, le carrefour symbolique.

Le contraste est éclatant avec les principes de l'actuel enseignement. On peut les opposer terme à terme. Mémoire autoritairement imposée contre refus de toute forme d'imposition autoritaire ; homogénéité de l'histoire de France contre histoire éclatée, mondialisée, thématisée ; construction autour de l'enfant d'un édifice temporel habitable contre micro-chronologies segmentées, et priorité donnée à l'histoire du proche et du familier, la rue ou le quartier.

L'enseignement de l'histoire n'est pas seul en cause. Il subit au contraire, en première ligne, le contrecoup d'une évolution générale. C'est l'esprit du temps qui travaille à briser le moule, le sens et le sentiment de la continuité. Plusieurs facteurs y contribuent : l'accélération, pour commencer, du rythme de l'histoire qui met le passé proche à la même distance que le passé lointain et rangera bientôt de Gaulle, Napoléon et Charlemagne dans le même rayon d'une mythologie brumeuse ; le rôle d'autre part majeur de la télévision, devenu le principal instrument d'apprentissage de l'histoire et qui, par nature, forme un regard plus émotif que critique, plus subjectif qu'explicatif ; l'émergence enfin du présent comme catégorie d'intelligence du passé dont témoignerait, entre autres, l'actualité permanente de la commémoration.

À l'âge des médias, et devant ces formes nouvelles d'appréhension du passé, que peuvent faire, que doivent faire les professeurs d'histoire dont le travail consistait d'abord, et consiste encore, à inculquer le sens de la profondeur historique, le sentiment de la différence des temps et de leur rapport ? Quand tout tend à l'anachronie, comment rester fidèle à une tâche essentiellement chronologique ? On ne reviendra pas en arrière, alors comment s'adapter ? Le problème n'est pas simple, et la valse des programmes et des instructions, depuis qu'en 1969 l'histoire a cessé d'être une discipline autonome de l'enseignement primaire pour devenir une partie des « activités d'éveil », prouve assez la trappe qu'a ouverte sous les pieds des professeurs d'histoire la disparition apparemment innocente et libératrice d'une liste obligatoire de dates sèches, sans chair et sans vie.

Pierre Nora

LES DATES,
LES NOTES ET LE SENS

Les dates remplissent trois fonctions dans l'enseignement de l'histoire. D'abord elles servent à donner aux enfants le sens du temps, à construire en eux la temporalité. Ensuite, ce sont les points d'ancrage, et comme les clous auxquels on accroche les grands événements : 1789 résume la Révolution française, les cahiers de doléances, la réunion des états généraux, la prise de la Bastille et la déclaration des Droits de l'homme et du citoyen. Toute liste de dates est une table des matières. Enfin, elles permettent de noter facilement et objectivement les élèves : les bonnes dates valent de bonnes notes, tout le monde l'admet.

Comment le rôle des dates dans l'enseignement primaire a-t-il évolué depuis un siècle ? À cette question, on attend une réponse teintée de nostalgie envers l'École-de-la-République-que-nous-avons-perdue, ce mythe central du discours identitaire contemporain. L'histoire de l'éducation est convoquée pour expliquer un recul, une décadence et, comme souvent, elle risque de décevoir en déplaçant la question.

Elle commence par trois mises en garde. D'abord, ne pas surestimer l'efficacité de l'école d'antan. Dans les années 1920, parmi les candidats au certificat d'études – une moitié seulement de la classe d'âge –, un sur deux à peine était capable d'associer à 1789 les quelques faits énumérés plus haut. Ensuite, ne pas conclure des leçons du manuel à celles du maître : la correspondance des unes aux autres, qui paraît vraisemblable, varie du tout au rien. Tandis que des maîtres de classe unique occupaient les élèves du certificat à apprendre la leçon d'histoire dans leur livre pendant qu'ils montraient à lire aux petits, d'autres ne faisaient jamais ouvrir le manuel. Aucun document, aucun rapport d'inspection ne nous dit ce qu'on faisait du manuel en classe. Enfin, ne pas accorder aux instructions officielles plus de pouvoir qu'elles n'en ont. L'histoire a été transformée en « activité d'éveil » en 1969. Dix ans plus tard, une moitié seulement des maîtres s'efforçaient d'appliquer cette réforme, un quart n'avaient strictement rien changé à leur enseignement.

Il est probable – mais seulement probable – que les élèves savent moins de dates qu'autrefois. D'une part, l'exercice de mémoire a été critiqué : c'est un savoir creux. À quoi sert-il de savoir « Marignan-1515 » si l'on ignore que c'est une *victoire* qui ouvre à *François Ier* la porte de l'*Italie* et met la France en contact avec des arts, des idées, une culture renouvelés ? Ce qui compte est de comprendre l'importance de la *Renaissance*. L'objectif pédagogique se déplace de la mémoire à la compréhension, sans toujours les associer comme il le faudrait. D'autre part, l'école n'a plus la responsabilité, à elle seule, de donner à tous les petits Français le bagage historique minimal ; du coup, la pression qui s'exerçait sur elle se relâche ; elle a moins besoin de notes, et donc moins de dates. Enfin, on s'est aperçu que la datation n'entraîne pas automatiquement la construction de la temporalité : un enfant peut dire la date exacte de deux faits sans réaliser lequel des deux s'est passé avant l'autre.

Ce que l'on perçoit comme un recul est sans doute un ensemble de déplacements. Déplacement de l'école primaire à l'ensemble plus large d'une scolarité allongée. Déplacement de la datation précise d'événements à celle plus approximative de réalités complexes que l'on peut résumer par l'image. Il y a un siècle, le manuel représentait des événements datés, des faits marquants : Jeanne au sacre de Reims, Christophe Colomb débarquant en Amérique ; aujourd'hui, dans une civilisation de l'image, une histoire plus sociale et culturelle privilégie l'image actuelle des traces du passé. La photographie du château de Chambord, que l'on peut visiter, permet ainsi d'« accrocher » la *Renaissance* plus efficacement que Marignan, avec une datation plus large, qui d'ailleurs convient mieux.

Déplacement enfin dans la chronologie. Le plus frappant n'est pas, en effet, qu'il y ait moins de dates, mais que ce ne sont pas les mêmes. Le XXe siècle est entré en force dans les classes. Les deux guerres mondiales, la révolution soviétique, le nazisme, la décolonisation constituent des enjeux civiques majeurs. Mais c'est aussi que, pédagogiquement, l'école construit la temporalité chez les élèves à partir de leur présent immédiat. Les maîtres s'appuient sur la temporalité vécue, familiale – les anniversaires – ou collective – les commémorations – pour faire acquérir aux élèves le sens de la durée historique. La guerre de 1940 est datée par référence aux grands-parents qui étaient eux-mêmes alors écoliers et la Libération par les témoins rassemblés sur les plages du Débarquement. On déploie toujours des fresques chronologiques aux murs de la classe, pour donner un équivalent spatial à l'écoulement du temps, mais on ne se contente plus de le descendre ; on le remonte aussi à partir du présent des élèves.

On le voit, l'histoire enseignée semble avoir beaucoup changé, et la façon de l'enseigner tout autant, mais, sauf exception, sur ce qui se passe dans les classes, nos affirmations ne sont que des suppositions. Faute d'enquêtes rigoureuses, nous ne savons rien de sûr ni de précis sur la façon dont les maîtres enseignent l'histoire aujourd'hui. Ce qui n'empêche personne de dire ce qu'il faut faire... En France, discuter l'ordonnance sans souci du diagnostic, c'est tout le débat pédagogique !

Antoine Prost

L'HISTOIRE RACONTÉE AUX ENFANTS À TRAVERS LE MONDE

La chronologie que nous restitue le manuel choisi exprime, pour la France, une sorte de code implicite. Plus qu'européocentrique, plus que francocentrique, elle est placée sous le signe de l'État-nation. La France y apparaît constituée dès l'origine, comme si elle avait surgi de terre, intégrale et tout armée, une personne en quelque sorte. Il est tout juste précisé que, durant quelques décennies, elle a « perdu » l'Alsace-Lorraine ; et il est suggéré qu'elle a eu des problèmes avec la Bourgogne. Mais, dans le panorama, n'apparaissent ni le Languedoc ni la Bretagne, pas plus que les autres communautés et « provinces » soit rattachées, soit annexées par l'une ou l'autre des dynasties qui ont dominé une partie du pays... L'Allemand, le pape, l'Italien, le Russe, l'Anglais sont les seuls autres personnages qui figurent dans cette chronologie, le dernier « nous » ayant fait perdre « nos » colonies – dont on ne dit pas qu'elles ont été conquises. En effet, la France est un pays de liberté. N'a-t-elle pas fait reconnaître l'indépendance des États-Unis ? Certes, les révolutions figurent dans le tableau, à l'exception de la Commune, mais, hormis les querelles religieuses du XVIe siècle, cette chronologie fait davantage l'inventaire des dirigeants de ce pays, de leurs victoires, de leurs défaites qu'elle ne reflète la substance des conflits qui l'ont divisé.

Longtemps placée sous le signe du Christ-roi, la chronologie inculquée aux enfants espagnols devenus adultes aujourd'hui est à la fois similaire et inverse. Les personnages qu'elle cite sont chrétiens : saint Jacques, sainte Thérèse, etc., ou sont des héros : Cortès, et les conquérants catholiques qui ont permis d'enseigner la religion aux Indiens. Il n'est pas indiqué que l'Empire a été perdu. La chronologie ponctue une histoire qui n'est qu'un long combat pour la libération du pays ; c'est là que les Espagnols ont appris l'héroïsme : du siège de Sagonte par Hannibal, aux victoires sur les Arabes, puis sur Napoléon jusqu'à la dernière guerre de libération, *« la que inicio Franco »*. Ni l'expulsion des Maures et des Juifs, ni l'existence de la Catalogne, de la Navarre ou du pays Basque ne sont évoqués : l'histoire de la nation espagnole se confond avec celle de la Castille.

Le modèle européen, qui a dominé l'historiographie, se retrouve, paradoxalement, dans certaines possessions qui l'ont contesté. Il en est ainsi de la République indienne. Dans la chronologie mise en tête des manuels de New Delhi, treize ans après l'indépendance, l'Inde jaillit d'un trait, tout entière, dans son unité territoriale. Comme l'un des principes de cette histoire consiste à montrer qu'à l'image de la Grèce antique, l'Inde a conquis ses farouches vainqueurs, ne sont mentionnés ni l'Arabe, ni l'Afghan, ni le Turc ou le Persan, prédateurs constants de la terre indienne. En revanche, la chronologie indique l'arrivée de Vasco de Gama à Calicut, la guerre avec les Anglais, de 1757 à 1799. Il est dit également, que, introduit par les Aryens, le système des castes fut un obstacle à l'unité du peuple indien, qui « le déplore »... La chronologie fait silence sur le conflit entre islam et hindouisme, à l'exception d'une référence à Akbar, lequel en 1582 voulut fonder une religion nouvelle, *Din-I-Ilahi*. Il n'est fait aucune référence à la partition de 1947, mais la date de 1950 est retenue comme celle de l'instauration de la République.

Ainsi, l'histoire en Inde, à force de vouloir légitimer l'unité du pays, vide le passé d'une partie de sa substance. Une réaction hindouiste se manifeste, il est vrai, depuis une vingtaine d'années contre cette histoire « sans identité ».

On retrouve des conflits sur le sens de l'Histoire dans d'autres sociétés, en pays d'islam notamment où, schématiquement, s'opposent une chronologie qui institue la conversion à l'islam comme le début de l'Histoire, de même que d'aucuns, en France, font du baptême de Clovis le début de l'histoire de ce pays, et celles qui, en Égypte, en Irak, en Iran rappellent que l'existence de ces nations est antérieure à la conquête arabe.

Paradoxalement, on rencontre un antagonisme de même nature, démocratisé si l'on ose dire, de l'autre côté de l'Atlantique, au Mexique notamment. Jusqu'à ces dernières décennies, selon la majorité au pouvoir, le héros fondateur était Cortès ou Hurbide. La vision indianiste l'ayant emporté, Iturbide, Pancho Villa et Zapata ponctuent désormais la chronologie dominante.

Aux États-Unis, les Chicanos – Mexicains-Américains – s'opposent à la chronologie dominante WASP. Leur contre-histoire ne date plus la période « coloniale » de 1607 ou 1620 (arrivée des Pères pèlerins) à 1776 (Déclaration d'indépendance), elle l'étend de 1536 (arrivée des Espagnols au Nouveau-Mexique) à 1821 (date de l'indépendance à l'égard de la métropole). 1848 désigne la mainmise des États-Unis sur les territoires appelés à devenir les quatre États de l'extrême sud (Texas, Nouveau-Mexique, Arizona et Californie) et leur intégration à l'Union ; les immigrants mexicains deviennent des étrangers dans leur propre pays, et 1940 évoque la *Raza* qui réclame la révision de l'histoire de ces régions.

À ces cas s'en ajouteraient bien d'autres – en Russie, au Japon, etc. –, qui témoigneraient, s'il en était besoin, que ce type de chronologie emprunte à l'idéologie et à la mémoire sociale plus qu'à l'analyse.

La réaction a pris deux formes.

1) Une réaction de nature scientifique. L'École des *Annales* l'a incarnée, dès 1929, en substituant l'analyse des questions et des problèmes au récit chronologique et événementiel, désormais suspect. Notons que celui-ci porte en lui témoignage, et qu'il est histoire lui-aussi.

2) Une réaction pédagogique qui avait pour but de permettre à l'enfant de maîtriser son savoir et de ne pas surcharger sa mémoire. Les «experts» en «sciences de l'éducation» ont retenu cette perspective, substituant aux dates des problématiques abstraites afin de donner aux enfants le sens de l'espace, celui du temps, que sais-je? Une de leurs premières expérimentations a été d'introduire l'histoire thématique, dont d'ailleurs nul n'avait jamais nié l'intérêt. Ils ne l'ont pas seulement juxtaposée à l'histoire globale, ils l'ont volontiers substituée à elle puisque celle-ci était idéologiquement suspecte. En France, on a connu de ces dérives, mais ce sont des Belges qui, durant les années 1980, se sont montrés, à ce propos, les plus doctrinaires. Dans un manuel qui exprimait le triomphe de la pédagogie sur l'intelligibilité des problèmes globaux, une première section était consacrée aux progrès de l'agriculture, de l'ancienne Égypte aux tracteurs d'aujourd'hui; une deuxième conduisait de l'artisanat à l'industrie et au tertiaire; une troisième section politique, traitait des crises que les Pays-Bas et la Belgique ont connues; enfin, une quatrième section traçait le portrait de quelques grands hommes qui ont fait l'histoire. On étudiait ainsi le tracteur avant le rouet, et les centrales nucléaires avant Guillaume d'Orange...

Marc Ferro

CONTRIBUTEURS

ALAIN CORBIN (DIR.)
Professeur émérite d'histoire de la France du XIXe siècle à l'université Paris I - Panthéon - Sorbonne, membre de l'Institut universitaire de France

MAURICE AGULHON
Professeur honoraire d'histoire de la France contemporaine au Collège de France

FRANÇOISE AUTRAND
Professeur émérite d'histoire médiévale à l'École normale supérieure

PIERRE BAUDUIN
Maître de conférences d'histoire médiévale à l'université de Caen-Basse Normandie

JEAN-JACQUES BECKER
Professeur émérite d'histoire contemporaine à l'université Paris X-Nanterre

BARTOLOMÉ BENNASSAR
Professeur émérite d'histoire moderne à l'université Toulouse-Le Mirail

YVES-MARIE BERCÉ
Professeur émérite d'histoire moderne à l'université Paris IV-Sorbonne
JEAN-PAUL BERTAUD
Professeur émérite d'histoire moderne et contemporaine à l'université Paris I-Panthéon-Sorbonne
PATRICK BOUCHERON
Maître de conférences d'histoire médiévale à l'université Paris I-Panthéon-Sorbonne
JACQUES-OLIVIER BOUDON
Professeur d'histoire contemporaine à l'université Paris IV-Sorbonne
ALAIN BOUREAU
Directeur d'études à l'École des hautes études en sciences sociales
MONIQUE BOURIN
Professeur émérite d'histoire médiévale à l'université Paris I-Panthéon-Sorbonne
PIERRE CABANES
Professeur émérite d'histoire antique à l'université Paris X-Nanterre
ALAIN CABANTOUS
Professeur d'histoire moderne à l'université Paris I-Panthéon-Sorbonne
JEAN-PIERRE CHALINE
Professeur d'histoire contemporaine à l'université Paris IV-Sorbonne
CHRISTOPHE CHARLE
Professeur d'histoire contemporaine à l'université Paris I-Panthéon-Sorbonne, membre de l'Institut universitaire de France
BERNARD CHEVALIER
Professeur émérite d'histoire médiévale à l'université François-Rabelais de Tours
PHILIPPE CONTAMINE
Membre de l'Institut, professeur émérite d'histoire médiévale à l'université Paris IV-Sorbonne
JOËL CORNETTE
Professeur d'histoire moderne à l'université Paris VIII-Vincennes-Saint-Denis

DENIS CROUZET
Professeur d'histoire moderne à l'université Paris IV-Sorbonne
JEAN FAVIER
Membre de l'Institut, président de la commission française pour l'UNESCO
MARC FERRO
Directeur d'études à l'École des hautes études en sciences sociales et co-directeur des *Annales*
JANINE GARRISSON
Professeur émérite des universités
CLAUDE GAUVARD
Professeur d'histoire médiévale à l'université Paris I-Panthéon-Sorbonne, membre de l'Institut universitaire de France
JEAN-NOËL JEANNENEY
Professeur d'histoire contemporaine à l'Institut d'études politiques de Paris et Président de la Bibliothèque nationale de France
CHRISTIAN JOUHAUD
Directeur d'études à l'École des hautes études en sciences sociales, Directeur de recherche au CNRS
PHILIPPE JOUTARD
Professeur émérite d'histoire moderne à l'université de Provence
ANDRÉ KASPI
Professeur d'histoire nord-américaine à l'université Paris I-Panthéon-Sorbonne
FRANÇOIS LEBRUN
Professeur émérite d'histoire moderne à l'université de Haute-Bretagne, Rennes-II
JACQUES LE GOFF
Directeur d'études honoraire à l'École des hautes études en sciences sociales
RÉGINE LE JAN
Professeur d'histoire médiévale à l'université Paris I-Panthéon-Sorbonne

EMMANUEL LE ROY LADURIE
Professeur émérite d'histoire de la civilisation moderne au Collège de France
FRANÇOISE MICHEAU
Professeur d'histoire médiévale à l'université Paris I-Panthéon-Sorbonne
PIERRE NORA
Directeur d'études à l'École des hautes études en sciences sociales, membre de l'Académie française
MICHEL PARISSE
Professeur émérite d'histoire médiévale à l'université Paris I-Panthéon-Sorbonne
MICHELLE PERROT
Professeure émérite d'histoire contemporaine à l'université Paris VII-Denis-Diderot
NATALIE PETITEAU
Professeur d'histoire contemporaine à l'université de Poitiers
CLAUDE PETITFRÈRE
Professeur émérite d'histoire moderne à l'université François-Rabelais de Tours
ANTOINE PROST
Professeur émérite d'histoire contemporaine à l'université Paris I-Panthéon-Sorbonne
RENÉ RÉMOND
Président de la Fondation nationale des sciences politiques, membre de l'Académie française
JEAN-PIERRE RIOUX
Inspecteur général honoraire de l'Éducation nationale
FRANÇOIS ROTH
Professeur émérite d'histoire contemporaine à l'université Nancy-2
MAURICE SARTRE
Professeur d'histoire ancienne à l'université François-Rabelais de Tours, membre senior de l'Institut universitaire de France

CONTRIBUTEURS

ROBERT SAUZET
Professeur émérite d'histoire moderne à l'université François-Rabelais de Tours
JEAN-CLAUDE SCHMITT
Directeur d'études à l'École des hautes études en sciences sociales
JEAN-FRANÇOIS SIRINELLI
Professeur d'histoire contemporaine à l'Institut d'études politiques de Paris
MICHEL SOT
Professeur d'histoire médiévale à l'université Paris IV-Sorbonne
JEAN TRICARD
Professeur honoraire d'histoire médiévale à l'université François-Rabelais de Tours
MICHEL VOVELLE
Professeur émérite à l'université Paris I-Panthéon-Sorbonne
FRANÇOIS WALTER
Professeur d'histoire à la faculté des lettres de l'université de Genève
MICHEL WINOCK
Professeur émérite d'histoire contemporaine à l'Institut d'études politiques de Paris

TABLE*

---

* Cette table reproduit le tableau des dates imposées à la mémoire des élèves par les auteurs du manuel choisi. Ce tableau était assorti du commentaire suivant : « Liste des dates qu'il est demandé aux élèves de connaître par Désiré Blanchet (professeur agrégé d'histoire et de géographie, proviseur honoraire des lycées Louis-le-Grand et Condorcet) et Jules Toutain (docteur ès lettres, professeur à l'École normale primaire supérieure de Fontenay-aux-Roses), auteurs de L'Histoire de France à l'école, Cours élémentaire et moyen, *26ᵉ édition (conformément aux programmes officiels du 23 février 1923), Éditions Belin, 1938. »*

AVANT-PROPOS 5

600 AVANT J.-C. La fondation de Marseille. 7
DE L'AN 58 À L'AN 50 AVANT J.-C. Conquête de la Gaule indépendante par les Romains. 13
451. Le roi Mérovée, vainqueur d'Attila, roi des Huns. 21
DE 481 À 511 APRÈS J.-C. Conquête de la Gaule romaine par Clovis, roi des Francs. 27
732. Charles Martel, chef des Francs, gagne sur les Arabes la bataille de Poitiers. 33
752. Pépin le Bref se fait sacrer roi. 41
800. Charlemagne, roi des Francs, est couronné empereur. 47
843. Charles le Chauve, petit-fils de Charlemagne, porte le premier titre de roi de France. 51
911. Rollon, chef des pirates normands, fonde le duché de Normandie. 57
987. Hugues Capet devient roi de France et fonde la dynastie capétienne. 63
1000. Notre pays souffre d'une grande famine et redoute la fin du monde. 69
1066. Guillaume le Conquérant, duc de Normandie, conquit l'Angleterre, en 1066. 75
1095. Le pape prêche la première croisade au concile de Clermont. 81
1214. Le roi Philippe-Auguste gagne la bataille de Bouvines. 87
1270. Le bon roi Saint Louis meurt à la croisade, sous les murs de Tunis. 93
1302. Le roi Philippe le Bel convoque pour la première fois les états généraux. 101
1314. Philippe le Bel abolit l'ordre des Templiers. 101
1328. Philippe VI de Valois devient roi de France. 107
1346. Philippe VI de Valois est vaincu par les Anglais à Crécy (et siège de Calais). 111
1356. Le roi Jean le Bon est vaincu et fait prisonnier par les Anglais à Poitiers. 117
1380. Mort du brave Du Guesclin, connétable du roi Charles V le Sage. 123

1415. Pendant la folie du roi Charles VI, la noblesse française est vaincue par les Anglais à Azincourt. *129*
1429. Jeanne d'Arc délivre Orléans. *135*
1431. Jeanne d'Arc périt sur le bûcher à Rouen. *141*
1453. Charles VII le Victorieux met fin à la guerre de Cent Ans. *147*
1468. Le roi Louis XI a une entrevue à Péronne avec Charles le Téméraire, duc de Bourgogne. *153*
1495. Le roi Charles VIII gagne la bataille de Fornoue sur les Italiens. *159*
1509. Louis XII est vainqueur à Agnadel. *165*
1515. Le roi François Ier, vainqueur à Marignan, est sacré chevalier par Bayard. *171*
1525. François Ier est vaincu et fait prisonnier par Charles Quint à la bataille de Pavie. *177*
1552. Henri II conquiert Metz, Toul et Verdun. *183*
1572. Les protestants sont massacrés la nuit de la Saint-Barthélemy, sous le règne de Charles IX. *189*
1588. Le roi Henri III fait assassiner son rival, Henri de Guise, au château de Blois. *195*
1598. Le bon roi Henri IV met fin aux guerres religieuses par l'édit de Nantes. *201*
1610. Henri IV est assassiné par Ravaillac. *207*
1627. Le cardinal de Richelieu, ministre de Louis XIII, s'empare de La Rochelle. *213*
1648. La « journée des Barricades » (Paris). *219*
1648. Signature du traité de Westphalie. *225*
1659. Le cardinal Mazarin, ministre de Louis XIV, signe avec l'Espagne le traité des Pyrénées. *225*
1678. Louis XIV signe le traité de Nimègue et reçoit le titre de Louis le Grand. *231*
1682. Le palais de Versailles devient la résidence de Louis XIV. *237*
1685. Louis XIV commet la faute de révoquer l'édit de Nantes. *243*
1712. Villars sauve la France par sa victoire de Denain. *249*
1745. Le maréchal de Saxe gagne sur les Anglais la bataille de Fontenoy. *255*

1763. Le traité de Paris nous fait perdre nos colonies. *261*
1774. Le roi Louis XVI monte sur le trône. *269*
1783. Louis XVI fait reconnaître l'indépendance des États-Unis par le traité de Versailles. *275*
1789. Louis XVI convoque les états généraux. *281*
1789. Le serment du Jeu de paume. *287*
1790. Le 14 juillet a lieu l'anniversaire de la prise de la Bastille. *293*
1792. Les volontaires remportent la victoire de Valmy. *299*
1792. La Convention abolit la royauté, établit la République et condamne Louis XVI à mort. *305*
1793. La mort de Louis XVI. *305*
1794. Les soldats de la Convention sont vainqueurs à Fleurus. *313*
1800. Bonaparte, Premier consul, est vainqueur à Marengo. *319*
1804. Le consul Bonaparte est nommé Empereur sous le nom de Napoléon Ier. *325*
1805. Napoléon est vainqueur à Austerlitz. *331*
1806. Napoléon, vainqueur des Prussiens à Iéna, entre à Berlin. *337*
1809. Napoléon, vainqueur des Autrichiens à Wagram, entre à Vienne. *343*
1812. Napoléon, vainqueur des Russes à la Moskowa, entre à Moscou. *349*
1813. Napoléon est vaincu à Leipzig. *355*
1814. Napoléon signe son abdication à Fontainebleau et se retire à l'île d'Elbe. *359*
1815. Napoléon, vaincu à Waterloo, est interné à l'île Sainte-Hélène. *365*
1815. Louis XVIII restaure la monarchie des Bourbons. *371*
1830. Charles X est renversé par la Révolution, et le duc d'Orléans est roi sous le nom de Louis-Philippe. *377*
1848 (FÉVRIER). Louis-Philippe est renversé par la Révolution. *383*
1848 (MARS). La République établit le suffrage universel. *387*
1852. Napoléon III fonde le second Empire. *393*
1856. La paix signée à Paris met fin à la guerre de Crimée. *399*
1870. Napoléon III capitule à Sedan. Le gouvernement de la Défense nationale est proclamé. *405*

1871. Le traité de Francfort nous enlève l'Alsace-Lorraine. *413*
1875. La Constitution républicaine est votée. *417*
1914. L'Allemagne déchaîne une guerre terrible. *423*
1916. La bataille de Verdun. *429*
1918. La France et ses alliés triomphent de l'Allemagne. *433*
1919. Le traité de Versailles nous a rendu l'Alsace-Lorraine. *439*

REGARDS CROISÉS SUR LA CHRONOLOGIE ET SON APPRENTISSAGE *445*

- Toutain et Blanchet, auteurs du manuel choisi, s'adressent aux enfants *447*
- Relecture du grand récit national et actuel désarroi (Alain Corbin) *451*
- Ce que chronologie veut dire (Pierre Nora) *459*
- Les dates, les notes et le sens (Antoine Prost) *462*
- L'histoire racontée aux enfants à travers le monde (Marc Ferro) *465*

CONTRIBUTEURS *469*

Direction artistique : Valérie Gautier
Maquette : Caroline Chambeau
Impression : Normandie Roto Impression s.a.s. à Lonrai
Dépôt légal : février 2005. N° 67884 (05-0030)
Imprimé en France